UTB

Eine Arbeitsgemeinschaft der Verlage

Böhlau Verlag · Wien · Köln · Weimar
Verlag Barbara Budrich · Opladen · Toronto
facultas.wuv · Wien
Wilhelm Fink · München
A. Francke Verlag · Tübingen und Basel
Haupt Verlag · Bern · Stuttgart · Wien
Julius Klinkhardt Verlagsbuchhandlung · Bad Heilbrunn
Mohr Siebeck · Tübingen
Nomos Verlagsgesellschaft · Baden-Baden
Ernst Reinhardt Verlag · München · Basel
Ferdinand Schöningh · Paderborn · München · Wien · Zürich
Eugen Ulmer Verlag · Stuttgart
UVK Verlagsgesellschaft · Konstanz, mit UVK/Lucius · München
Vandenhoeck & Ruprecht · Göttingen · Bristol
vdf Hochschulverlag AG an der ETH Zürich

Reihe ***Europa Kompakt***, herausgegeben von Johannes Pollak,
Professor für Politikwissenschaften an der Webster Vienna Private University,
Leiter der Abteilung Politikwissenschaften am Institut für Höhere Studien in Wien,
Lehrbeauftragter an den Universitäten Wien und Salzburg.

Johannes Pollak, Peter Slominski

Das politische System der EU

2. Auflage

facultas.wuv

Johannes Pollak, Univ.-Prof. Dr., ist Professor für Politikwissenschaften an der Webster Vienna Private University, Leiter der Abteilung Politikwissenschaften am Institut für Höhere Studien in Wien und Lehrbeauftragter an den Universitäten Wien und Salzburg.

Peter Slominski, Dr., forscht am Institut für Europäische Integrationsforschung der Österreichischen Akademie der Wissenschaften und ist Lehrbeauftragter an der Universität Wien.

Bibliografische Information Der Deutschen Nationalbibliothek
Die Deutsche Nationalbibliothek verzeichnet diese Publikation
in der Deutschen Nationalbibliografie;
detaillierte bibliografische Daten sind im Internet über
http://d-nb.de abrufbar

2., völlig überarbeitete und aktualisierte Auflage 2012

facultas.wuv, Stolberggasse 26, 1050 Wien

Einband: Atelier Reichert, Stuttgart
Gestaltung und Satz: Atelier Tiefenthaler (gesetzt mit Shaker von Jeremy Tankard)
Druck und Bindung: CPI – Ebner & Spiegel, Ulm
Printed in Germany

UTB Band-Nr.: 2852
ISBN 978-3-8252-3688-5

Vorwort zur Reihe *Europa Kompakt*

Die Integration Europas ist ein faszinierendes Studienobjekt, das sich klassischen politikwissenschaftlichen Kategorien entzieht, permanenten Veränderungen unterliegt und in seiner Komplexität schwer zu durchschauen ist. Die Akteure stehen in vielfältiger wechselseitiger Abhängigkeit, die Verhandlungs-, Entscheidungs- und Kommunikationsmuster sind gleichzeitig informell wie auch streng reglementiert, das Einbringen neuer Themen in den Politikprozess ist ebenso vielschichtig wie die Ansatzpunkte für Politikbeeinflussung und die Kontrolle von Entscheidungsprozessen. In all diesen Facetten ist die Europäische Union ein beispielloses Experiment, mit dem versucht wird, Unzulänglichkeiten des Nationalstaates zu kompensieren und den Herausforderungen einer immer kleiner werdenden Welt gemeinsam zu begegnen.

Dieser Prozess ist nicht frei von Rückschlägen, Phasen der Stagnation und der Frustration. Aufmerksamkeit erregt die Union zumeist nur mit negativen Schlagzeilen: von der Rinderseuche bis zur Uneinigkeit bezüglich Europas Rolle in der Welt, von Betrugsfällen bis zu Überregulierung, von Beamtenbezügen bis zu Gipfelstreitigkeiten. Gleichzeitig steigt aber auch die Bedeutung europäischer Politik, die auf vielfältige Weise in das tagtägliche Leben der Bürger und Bürgerinnen eingreift. Diese Eingriffe sind dem seit der Entstehung der EU in den 1950er Jahren immer gleichen Wunsch geschuldet: der friedlichen Einigung des europäischen Kontinents. Nur wie diese Einigung vorangehen und wie weit sie reichen soll, welche Rechte und Pflichten dem Einzelnen zukommen (sollen), darüber herrscht Uneinigkeit. Zu oft werden diese fundamentalen Fragen von kurzsichtig auf die nächste Wahl schielenden nationalen Politikern vereinfacht und polemisch beantwortet. So ist denn auch die „Zuneigung" der Bürgerinnen und Bürger zum Einigungsprojekt volatil und reziprok proportional zur Größe der zu bewältigenden Krisen. Nach fast 60 Jahren europäischer Einigung fühlt sich noch immer nur eine Minderheit gut informiert und nur eine Minderheit versteht, wie die Union funktioniert. Ein Umstand, der die Folge einer oftmals verzerrenden und einseitigen Darstellung von offizieller wie medialer Seite in allen Mitgliedstaaten ist und von etlichen euroskeptischen, der Rückkehr zum Nationalstaat verpflichteten Akteuren ausgenutzt wird.

Die Europäische Union ist weit davon entfernt, perfekt zu funktionieren. Zu groß sind die Unterschiede zwischen den politischen Systemen und Traditionen, zu groß nationalstaatliche Egoismen, zu gravierend die unterschiedlichen Interessen und Abhängigkeiten. Aber als Projekt, das die im 20. Jahrhundert eindrucksvoll unter Beweis gestellte Unzulänglichkeit des europäischen Nationalstaats kompensiert, verdient sie eine fundierte Diskussion, die über Plattitüden hinausgeht.

Dazu will die Reihe *Europa Kompakt* mit Fakten, Zusammenhängen und Hintergrundwissen beitragen und darauf aufbauend kompetent zusammengestelltes Kompaktwissen anbieten: Das Lesen soll bestehendes Wissen vertiefen, mit aktuellen Informationen erweitern und den Leserinnen und Lesern ermöglichen, eigenständige Bewertungen des Integrationsprozesses zu entwickeln.

Der vorliegende Band eröffnet die Reihe *Europa Kompakt*, die Studierenden und allen Interessierten einen fundierten Überblick über Geschichte, Institutionen und Politikprozesse des europäischen Einigungsprozesses geben will. Die anderen Bände der Reihe beschäftigen sich mit der Interessenvermittlung in der EU, dem Wirtschafts- und Sozialmodell Europas, den politischen Parteien, dem Verhältnis von Europas Bürgerinnen zur EU, der Gemeinsamen Außen- und Sicherheitspolitik sowie Fragen der demokratischen Qualität der Union.

Johannes Pollak

Inhalt

1 Einleitung

Das vorliegende Lehrbuch versteht sich als Einführung in das politische System der EU unter besonderer Berücksichtigung seiner rechtlichen Rahmenbedingungen. Es basiert auf der Annahme, dass das Recht nicht nur einen signifikanten Beitrag in der Entwicklung der EU leistet, sondern dass es jene institutionellen Rahmenbedingungen schafft, ohne deren Berücksichtigung das politische System der EU nicht adäquat verstanden werden kann. Dieser Zugang bedingt, dass das Buch für Politikwissenschafterinnen und Politikwissenschafter auf den ersten Blick vielleicht „zu viel" auf rechtliche Grundprinzipien und Regelungen Wert legt. Dies ist allerdings beabsichtigt – ist die EU doch zu allererst eine Rechtsgemeinschaft. Die Verträge der EG/EU und das darauf aufbauende Recht sind ein hervorragender Ausgangspunkt für das Verständnis der Entwicklung und das alltäglich Funktionieren der EU. Ein Beispiel: Der vom EuGH in den 1960er Jahren entwickelte Vorrang des Gemeinschaftsrechts gegenüber nationalem Recht ist nicht nur für Juristen, sondern auch für Politikwissenschafter interessant. Er bedeutet nämlich, dass Entscheidungen auf europäischer Ebene selbst gegen den Willen eines Mitgliedstaates für diesen und seine Bürger und Bürgerinnen verbindlich sein können.

In Kombination mit der Ausweitung der qualifizierten Mehrheitsentscheidungen im Rat seit den 1980er Jahren und dem durch den Vertrag von Lissabon eingeführten ordentlichen Gesetzgebungsverfahren bedeutet dies, dass die demokratisch gewählten Repräsentanten eines Staates nicht länger in der Lage sind, Beschlüsse auf Gemeinschaftsebene zu verhindern. Oder anders formuliert: Die Bürger und Bürgerinnen eines Landes müssen sich Beschlüssen und Vorschriften unterwerfen, denen sie bzw. ihre Repräsentanten nicht zugestimmt haben – ein Vorgang, der in den herkömmlichen internationalen Beziehungen und im Völkerrecht undenkbar ist. Auf der anderen Seite spiegeln die rechtlichen Möglichkeiten der Mehrheitsabstimmung im Rat nur eine – nämlich die juristische Dimension – des politischen

Systems der EU wider. Die politische Praxis zeigt jedoch, dass von der rechtlichen Möglichkeit der Mehrheitsabstimmung relativ selten Gebrauch gemacht wird, ist das politische System der EU doch wesentlich auf konsensuale Entscheidungsfindung ausgelegt.

Insofern kann dieses Buch auch als Plädoyer für eine interdisziplinäre Beschäftigung mit dem Phänomen EU verstanden werden. Weder soll der Politikwissenschafter rechtliche Vorschriften als nur formelle Regeln missverstehen, denen in der Praxis keine Bedeutung zukommt, noch soll der Jurist das Recht der EG/EU als bloß dogmatisches System ohne Politik betrachten. Das Ziel – dieses Buches – ist es vielmehr, beide Bereiche als Kontext und Bedingung für den jeweils anderen zu betrachten. Ansätze in beiden Disziplinen, eine solche synthetisierende Perspektive zu entwickeln, gibt es bereits seit einigen Jahren. So versuchen Teile der Rechtswissenschaft sich von ihrer dogmatischen Fixierung zu lösen und sich in Richtung Sozialwissenschaften zu öffnen (z. B. Snyder 1990; Joerges 1996; Haltern 2005). Auf der anderen Seite gibt es in der Politikwissenschaft seit der Wiederentdeckung des Institutionalismus durch March/Olsen (1989) eine Tendenz, formelle Regeln, insbesondere rechtliche Rahmenbedingungen, verstärkt in die Analyse einzubeziehen.

Die Berücksichtigung der rechtlichen Dimension bei der Darstellung des politischen Systems der EU, einschließlich der zahlreichen Verweise auf konkrete Artikelbestimmungen und Urteile des EuGH, soll dem Studienanfänger ermöglichen, sich selbst verstärkt mit primären Quellen und Dokumenten der EU auseinanderzusetzen. Ergänzt wird dies durch zahlreiche Verweise auf offizielle und politikwissenschaftlich relevante Internet-Seiten und auch durch die Angabe weiterführender Literatur. In diesem Sinne soll dieses Buch nicht nur eine kompakte Einführung sein, sondern zugleich der Ausgangspunkt für eine eigenständige Beschäftigung mit dem komplexen, aber immer wichtiger werdenden politischem System der EU sein.

2 Geschichte der Integration

Die Idee der europäischen Einigung ist keine Erfindung des 20. Jahrhunderts. Ihre Geschichte reicht zumindest bis in das 14. Jahrhundert zurück: Dante Alighieri (1310), Pierre Dubois (1306), Georg Podiebrad (1464), Maximilien de Béthune Herzog von Sully (1460), Abbè Castel de Saint-Pierre (1712) und Immanuel Kant (1795), um nur einige zu nennen, entwarfen Pläne universalistischer Herrschaftskonzeptionen. Ziel dieser frühen Einigungsbemühungen war die Stabilisierung bestehender Herrschaftsordnungen und nicht die Verwirklichung ideeller Ziele. Europaideen waren, und damit zeichnet sich bereits ein durchgehendes Motiv ab, Reaktionen auf politische Krisen. In der Zwischenkriegszeit (1918–1939) traten v. a. der Altösterreicher Richard Coudenhove-Kalergi, dessen Paneuropa-Idee aber der politische Erfolg versagt blieb, und der französische Außenminister Aristide Briand, der in einer Stärkung des Völkerbundes die Garantie für den kontinentalen Frieden sah, für eine europäische Einigung ein. Der nationalsozialistische Wahnsinn kam einem weiteren Ausbau dieser Überlegungen jedoch zuvor. Aber bereits während des Zweiten Weltkriegs wurden von verschiedener Seite, hauptsächlich antifaschistischer Widerstandsgruppen und Exilregierungen, Pläne für eine Nachkriegsordnung unterbreitet. Der Nationalstaat war in den Augen Vieler Ursache der beiden Kriege und damit diskreditiert. Die beiden verheerenden Weltkriege führten die Notwendigkeit einer neuen Form der Zusammenarbeit auf dem europäischen Kontinent drastisch vor Augen.

Damit ist zugleich ein wesentliches Moment der Integration angesprochen: die Schaffung einer neuen Friedensordnung durch die Begrenzung und Einhegung des Nationalstaates. Erst an zweiter Stelle wurden die ökonomischen Vorteile einer Union angeführt, wie sie bereits in den 1920er Jahren diskutiert wurden. Die Abhängigkeit von den amerikanischen Lebensmittel-, Treib- und Rohstofflieferungen führten zu einer massiven Verschuldung – so belief sich im Jahr 1947 das Handelsbilanzdefizit Europas auf 4 742 Milliarden US-Dollar. In dieser Situation war es eine Mischung aus US-amerikanischem Druck zur Koordination des wirtschaftlichen Wiederaufbaus, die zunehmende Entfremdung zwischen den ehemaligen Alliierten USA und UdSSR sowie die Initiative einiger herausragender Persönlichkeiten (z. B. Jean Monnet, Winston Churchill, Robert Schuman, Alcide de Gasperi, Konrad Adenauer), die eine Integration möglich machten.

2.1 Die Nachkriegsjahre

Nach Ende des Zweiten Weltkriegs befand sich Europa in einer nahezu hoffnungslosen Lage: Die Versorgung der Bevölkerung mit dem Notwendigsten konnte nicht gewährleistet werden, zudem war unklar, in welcher Form sich das Zusammenleben auf dem Kontinent gestalten sollte. Gegenseitiges Misstrauen, Vorurteile und Verbitterung waren auf der Tagesordnung. Die wirtschaftliche Abhängigkeit von den USA ließ das Handelsbilanzdefizit ins Astronomische wachsen und die Angst vor sowjetischen Expansionsbestrebungen, die in einem geschwächten Westeuropa ein leichtes Ziel finden würden, war allgegenwärtig. Die Lage in den von der Sowjetunion okkupierten Gebieten Osteuropas war um nichts weniger dramatisch: Die Zwangskollektivierung landwirtschaftlicher Flächen und die stupide Administration führten in Estland dazu, dass „cows blown over by the wind were too weak to get back on their feet unaided" (Judt 2005: 170). Ein erster öffentlichkeitswirksamer Schritt zur Bewältigung dieser Krise des westlichen Europa erfolgte 1946, als Winston Churchill in einer Rede im Münsterhof der Universität Zürich für die Schaffung einer Art „Vereinigter Staaten von Europa" plädierte.[1]

Aus der Rede des britischen Oppositionsführers Winston Churchill, gehalten am 19. September 1946 in Zürich

---

„What is this sovereign remedy? It is to recreate the European fabric, or as much of it as we can, and to provide it with a structure under which it can dwell in peace, in safety, and in freedom. We must build a kind of United States of Europe […].

1 Churchill hatte die Notwendigkeit einer Neuordnung Europas schon als Premier während des Krieges mehrmals anklingen lassen.

We British have our own commonwealth of nations. These do not weaken, on the contrary they strengthen, the world organisation. They are in fact its main support. And why should there not be a European group, which could give a sense of enlarged patriotism and common citizenship to the distracted peoples of this mighty continent? And why should it not take its rightful place with other great groupings and help to shape the honourable destiny of man?

I am now going to say something that will astonish you. The first step in the recreation of the European family must be a partnership between France and Germany […].

The structure of the United States of Europe will be such as to make the material strength of a single State less important. Small nations will count as much as large ones and gain their honour by a contribution to the common cause […].

But I must give you warning. Time may be short. At present there is a breathing space. The cannons have ceased firing. The fighting has stopped, but the dangers have not stopped. If we are to form a United States of Europe, or whatever name it may take, we must begin now […].

In all this urgent work France and Germany must take the lead together. Great Britain, the British Commonwealth of Nations, mighty America, and, I trust, Soviet Russia – for then, indeed, all would be well – must be the friends and sponsors of the new Europe and must champion its right to live.

Therefore I say to you: 'Let Europe arise.'"

Quelle: http://www.euro-know.org/speeches/paperchurchill.html.

Großbritannien sah sich dabei freilich nur in der Rolle eines wohlwollenden Förderers und keinesfalls als integralen Bestandteil. Fundament eines solchen vereinigten Europas sollte laut Churchill die Partnerschaft zwischen Frankreich und Deutschland sein. Eine Idee, die schockieren musste, waren doch im Zuge der Nürnberger Kriegsverbrecherprozesse (1945–1949) gerade erst die gesamten Gräuel des nationalsozialistischen Regimes deutlich gemacht worden. Die Initiative Churchills wurde keineswegs mit einhelliger Begeisterung aufgenommen, da man eine Trennung in ein amerikanisch dominiertes West- und sowjetisch dominiertes Osteuropa, wie es in einer Erklärung des sowjetischen Außenministers Wjatscheslaw M. Molotow Anfang September 1946 für die deutschen Ostgebiete vorgesehen war, nicht akzeptieren wollte. Das Treffen von Vertretern verschiedener, für ein föderalistisches

Europa eintretender Gruppen am Vierwaldstätter See im September 1945 formulierte einen gemeinsamen Nenner: das sog. Hertensteiner Programm, das Europa nicht als Teil eines Machtblocks, sondern als eigenständige Föderation begriff (Schneider 1977: 154f.).[2] Man wollte sich in die aufkommende Rivalität zwischen den Supermächten nicht hineinziehen lassen – ein Anliegen, das mit Beginn des Kalten Krieges bald als zu idealistisch erscheinen musste.

Die unter den Vorzeichen des Zweiten Weltkrieges geschlossene Freundschaft[3] zwischen den USA und der UdSSR sollte nicht lange andauern. Im März 1947 verkündete der US-Präsident Harry S. Truman die *Truman-Doktrin*[4] und beschwor darin das pessimistische Bild von den „zwei alternativen Lebensformen", die eine gekennzeichnet durch die repräsentative Demokratie und individuelle Freiheit, die andere durch Totalitarismus, Terror und Unterdrückung der Minderheit. Diese Doktrin markierte den Beginn der US-amerikanischen Eindämmungspolitik gegenüber der UdSSR und kennzeichnete die US-amerikanische Außenpolitik des Kalten Krieges. Ebenfalls im Jahr 1947 verlangte der Republikaner John Foster Dulles, US-Delegierter bei den Vereinten Nationen und später amerikanischer Außenminister, die Vereinigung Westeuropas, da nur so sowjetischer Expansionspolitik Einhalt geboten werden und die deutsche Frage[5] gelöst werden könne. Er wiederholte damit eine Forderung, die auch von europäischer Seite seit Ende 1944 mehrfach vorgetragen wurde (Lipgens 1986: 191f.).

Schon seit einiger Zeit war den USA klar, dass die deutsche Industrieproduktion für den Aufbau eines von sowjetischem Einfluss unabhängigen

2 Die zwölf Thesen des Programms fordern u. a. eine föderalistische Union, die allen Ländern, die ihre Grundsätze akzeptieren, offensteht. Die teilnehmenden Staaten sollen Teile ihrer wirtschaftlichen, politischen und militärischen Souveränitätsrechte an die von ihnen gebildete Föderation abgeben. Gemeinsam wird für den planmäßigen Wiederaufbau, die wirtschaftliche, soziale und kulturelle Zusammenarbeit gesorgt sowie dafür, dass der technische Fortschritt nur im Dienste der Menschheit verwendet wird.

3 Wer etwa 1945/46 bei den US-amerikanischen Stäben die Idee eines europäischen Zusammenschlusses lancierte, wurde mit der Warnung nach Hause geschickt, einen solchen Versuch der Spaltung der amerikanisch-russischen Freundschaft nicht noch einmal zu wiederholen (Lipgens 1986: 192).

4 Sie legte den außenpolitischen Grundsatz der USA fest, unterdrückten und gefährdeten Völkern Beistand zu gewähren. 1947 richtete sie sich v. a. auf Griechenland, die Türkei und Deutschland.

5 Unter „deutscher Frage" wird hier die Problematik der Staatswerdung verstanden, d. h. der Reorganisation der drei westlichen Besatzungszonen und der Wiederbewaffnung Westdeutschlands nach dem Zweiten Weltkrieg.

Westeuropas unabdingbar war. Reparationsleistungen an die Opfer deutscher Aggression würden diesem Aufbau im Wege stehen und zur Verelendung Deutschlands beitragen. Aber wie sollten die Ängste Frankreichs vor einem wieder erstarkenden Deutschland beruhigt werden? Musste dafür nicht ein Gesamtkonzept erstellt werden? In seiner Eigenschaft als US-Außenminister legte George Marshall im Juni 1947 ein solches Konzept vor: Es war ein Angebot an alle europäischen Staaten, ein gemeinsames Wiederaufbauprogramm (*European Recovery Program*[6]) mit massiver US-amerikanischer Wirtschaftshilfe zu starten, welches gegebenenfalls auch in supranationale Strukturen münden könnte. Hintergrund dieses Angebots war die miserable Versorgungslage in Europa, von der befürchtet wurde, dass sie ein willkommener Anlass für etwaige kommunistische Interventionen in „Bruderstaaten" und damit einer Machtübernahme sein könnte.

Während die Sowjetunion im Juli dieses Angebot ablehnte und auf die Tschechoslowakei, Polen, Rumänien und Ungarn Druck ausübte, führte eine am 16. April 1948 eigens dafür eingerichtete Konferenz zur Gründung der *Organisation für Europäische Wirtschaftliche Zusammenarbeit (OEEC)*. Als oberstes Organ war ein Rat vorgesehen, der zwei- bis viermal jährlich auf Ministerebene und wöchentlich auf Botschafterebene tagte. Beschlüsse erforderten Einstimmigkeit, jedoch war eine konstruktive Stimmenthaltung vorgesehen. An der Spitze der Verwaltung stand ein Generalsekretär. Auf US-amerikanischer Seite zeigte man sich über die bescheidenen europäischen Integrationserfolge im Rahmen der OEEC enttäuscht. Vielmehr forderte man die Beseitigung der innereuropäischen Handelsbarrieren bzw. eine Zollunion als notwendige Voraussetzung für einen effizienten Wiederaufbau. Eine solche weitergehende Integration scheiterte jedoch wesentlich am Widerstand Großbritanniens, das seine Verantwortung und Präferenz für das Commonwealth betonte und zu einer Abgabe nationaler Souveränität nicht bereit war.

Die Niederschlagung der Reformbewegung in der Tschechoslowakei im Februar 1948, der bis 1949 andauernde griechische Bürgerkrieg und die im Juni 1948 beginnende Blockade Berlins verschärften zusehends die Spannungen zwischen den beiden Supermächten. In Westeuropa führten diese Ereignisse zu der Einsicht, dass ein „Dritter Weg" für ein Europa zwischen

6 Im Gegenwert von rund 13 Milliarden Dollar erhielten die OEEC-Staaten Nahrungsmittel, Rohstoffe, Maschinen, Medikamente etc. Ohne diese gewaltige Summe wäre der Wiederaufbau der westeuropäischen Staaten in einer kurzen Zeit kaum möglich gewesen.

den USA und der UdSSR nicht möglich war. Der Vertrag von Dünkirchen zwischen Frankreich und Großbritannien 1947, der Brüsseler Pakt (später, nach dem Beitritt Deutschlands und Italiens, umbenannt in Westunion) zwischen Frankreich, Großbritannien und den Benelux-Ländern im März 1948, der die teilnehmenden Länder zur militärischen Beistandsleistung im Falle eines Angriffs Deutschlands oder der Sowjetunion verpflichtete, sowie die Gründung der NATO im April 1949 waren einerseits Ausdruck der bestehenden Angst vor Deutschland, andererseits aber auch Ausdruck des Kalten Krieges.[7] Ende der 1940er Jahre schienen somit alle Pläne von einem Europa als unabhängiger dritter Kraft bereits Makulatur geworden zu sein.

Während dieser Jahre entstanden in einigen Ländern proeuropäische Bewegungen mit unterschiedlicher Nähe zu den jeweiligen Regierungen, so z. B. das „United European Movement" in Großbritannien (geleitet von Duncan Sandys, dem Schwiegersohn Churchills), das „Conseil français pour l'Europe unie" in Frankreich, auch Coudenhove-Kalergi versuchte die Paneuropa-Union wiederzubeleben. Eine der aktivsten Gruppen war die „Union Européenne des Fédéralistes", ein transnationaler Zusammenschluss zur Förderung der bundesstaatlichen europäischen Einigung. Ehrgeiziges Ziel dieser Bewegungen war es, die Regierungen zu überzeugen, ein föderativ verfasstes Europa zu verwirklichen. Vom 7. bis 10. Mai 1948 versammelten sich etwas 700 Persönlichkeiten (darunter etwa 200 Parlamentarier, Minister und Staatssekretäre) in Den Haag und verabschiedeten eine politische Resolution, in der die Einrichtung einer von den nationalen Parlamenten zu beschickenden „Europäischen Versammlung" gefordert wurde. Wenige Wochen nach Gründung der OEEC und Abschluss des Brüsseler Pakts wurde so für eine Ergänzung der Wirtschafts- und Militärkooperation durch eine politische Organisation plädiert. Vor allem Frankreich machte sich im Konsultativrat des Brüsseler Paktes für die Einberufung einer solchen Versammlung stark. Doch Großbritannien unter Außenminister Ernest Bevin sah in diesem Gremium lediglich „eine Pandora-Büchse voller trojanischer Pferde" (Loth 1996: 70) und schlug seinerseits einen Europarat der Minister vor. Man einigte sich schließlich auf einen Kompromiss: ein einstimmig beschließender *Europarat* der Minister[8] und eine Bera-

7 Prägnant formulierte der NATO-Generalsekretär Lord Hastings Ismay: „NATO was designed to keep the Soviets out, the Americans in and the Germans down" (zit. n. Hanrieder 1995: 39).

8 Auch der Ministerrat konnte allerdings lediglich Empfehlungen an die Regierungen beschließen. Damit sollte garantiert werden, dass die Legislativkompetenz der mitgliedstaatlichen Parlamente nicht ausgehöhlt wird.

tende Versammlung (bzw. Konsultativversammlung)[9], die von den nationalen Parlamenten beschickt wurde und Vorschläge an die Regierungen erarbeiten sollte. Sitz des am 5. Mai 1949 gegründeten Europarates ist Straßburg. Obwohl viele Akteure fälschlicherweise überzeugt waren, dass mit dieser neuen Institution ein erster Schritt in Richtung Supranationalität gelungen war, hatte keine – wie vom Haager Kongress gefordert – Übertragung von „Teilen der Souveränität" stattgefunden. Dennoch sollten diesem ersten Schritt möglichst bald weitere folgen.

Am 5. September 1949 nahm die Versammlung eine Erklärung an, die feststellte, „dass Zweck und Ziel des Europarates die Schaffung einer europäischen politischen Autorität mit begrenzten Funktionen, aber echten Vollmachten ist" (Lipgens 1986: 279). Eine Definition, die in Großbritannien als schiere Provokation aufgefasst werden musste, rührte sie doch an der nationalstaatlichen Souveränität.[10] Der Rückzug der Briten von der kontinentalen Einigungspolitik wurde durch das US-amerikanische Angebot einer präferenziellen Behandlung (z. B. Importerleichterungen) erleichtert. Abgesehen von der Zulassung Deutschlands als assoziiertes Mitglied[11] erhob Bevin auf der Ministerratstagung des Europarats im November 1949 gegen nahezu alle Vorschläge der Beratenden Versammlung des Europarates Einspruch. Damit waren die Hoffnungen, den Europarat als europäische Konstituante zu etablieren, vorerst gescheitert.[12] War denn ohne die Briten eine europäische Einigung überhaupt möglich? Die Franzosen fürchteten, ohne Unterstützung Großbritanniens eine Einbindung Deutschlands nicht

9 Diese Beratende Versammlung bildet denn auch ein wesentliches Unterscheidungsmerkmal zu herkömmlichen internationalen Organisationen, die von den Außenministerien dominiert werden. Nun konnten sich erstmals Parlamentarier direkt in den Prozess der internationalen Meinungsbildung einbringen.

10 In der englischen Fassung hieß dies: „a political authority with limited functions but real powers". „Authority" heißt im Englischen auch „Behörde" und „Hoheitsgewalt einer Institution". „Power" heißt nicht nur Macht, sondern auch rechtmäßige öffentliche Weisungsbefugnis; „powers" sind auch die Staatsgewalten (Schneider 1977: 211).

11 Eine volle Mitgliedschaft war nicht möglich, da Deutschland noch nicht über die notwendige außenpolitische Souveränität verfügte.

12 Bis heute bleibt die größte Leistung des Europarats die *Europäische Konvention zum Schutz der Menschenrechte und Grundfreiheiten* vom 4. November 1950 sowie die *Europäische Sozialcharta* vom 18. Oktober 1961. Beide Texte sind Ausdruck der bereits bei der Schaffung der Beratenden Versammlung des Europarats bestehenden Hoffnung, dass sich mit Hilfe des Europarats eine europäische öffentliche Meinung artikulieren und damit eine Dynamik entwickeln würde, deren einigender Kraft sich die Regierungen der Vertragsstaaten nicht entziehen könnten. Es ging im Europarat also wesentlich um die Schaffung eines europäischen Bewusstseins und einer europäischen Identität.

gewährleisten zu können, den Benelux-Ländern war nicht wohl bei dem Gedanken an eine etwaige französische Dominanz. Zudem hatten Ende 1949 die USA ihr Atomwaffenmonopol verloren, eine Bewaffnung Westdeutschlands zum Schutz gegen die befürchteten Expansionspläne der UdSSR rückte immer mehr als Notwendigkeit und nicht nur als Möglichkeit in die Nähe. In dieser Situation präsentierte Jean Monnet[13] dem französischen Außenminister Robert Schuman das Projekt einer europäischen *Montanunion* für Kohle und Stahl, welches nach Zustimmung des deutschen Bundeskanzlers Konrad Adenauer[14] am 9. Mai 1950 auf einer Pressekonferenz der Öffentlichkeit vorgestellt wurde.[15]

Aus der Schuman-Erklärung über eine Montanunion vom 9. Mai 1950

„Der Friede der Welt kann nicht gewahrt werden ohne schöpferische Anstrengungen, die der Größe der Bedrohung entsprechen. Der Beitrag, den ein organisiertes und lebendiges Europa für die Zivilisationen leisten kann, ist unerlässlich für die Aufrechterhaltung friedlicher Beziehungen. Frankreich, das sich seit mehr als zwanzig Jahren zum Vorkämpfer eines vereinten Europa macht, hat immer als wesentliches Ziel gehabt, dem Frieden zu dienen. Europa ist nicht zustande gekommen, wir haben den Krieg gehabt.

Europa lässt sich nicht mit einem Schlage herstellen und auch nicht durch eine einfache Zusammenfassung: Es wird durch konkrete Tatsachen entstehen, die zunächst eine Solidarität der Tat schaffen. Die Vereinigung der europäischen Nationen erfordert, dass der Jahrhunderte alte Gegensatz zwischen

13 Jean Monnet (1888–1979) war in der Zwischenkriegszeit stellvertretender Generalsekretär des Völkerbunds und ab 1940 Präsident des französisch-britischen Koordinierungsausschusses für die Kriegsproduktion beider Länder. 1943 übernahm er das Amt des Staatskommissars für Ernährung, Rüstung und Wiederaufbau im französischen Befreiungskomitee in Algier. Ab 1946 war er Generalkommissar für den französischen Wirtschaftsplan (Planungsamt) und 1952–1954 erster Präsident der Hohen Behörde der EGKS.

14 Für Konrad Adenauer war die Integration Europas einerseits ein Mittel zur Wiedergewinnung der Einheit Deutschlands, andererseits aber auch ein Instrument, die traditionellen nationalstaatlichen Antagonismen zu überwinden.

15 Eine Reihe ähnlicher Vorschläge folgte: der Stikker-Plan zur Wirtschaftsintegration (14. Juni 1950), der Pella-Plan zur Herstellung einer Präferenzzollzone (8. Juli 1950), der Petsche-Plan zur Schaffung einer europäischen Investitionsbank (7. Juli 1950), der Pflimlin-Plan zur Errichtung einer Behörde der Agrarpolitik (12. Juni 1950), der Bonnefous-Plan zur Schaffung einer Transportbehörde (17. Januar 1951) und der Pleven-Plan zur Schaffung einer europäischen Armee (24. Oktober 1950).

Frankreich und Deutschland ausgelöscht wird. Das begonnene Werk muss in erster Linie Deutschland und Frankreich erfassen.

Zu diesem Zweck schlägt die französische Regierung vor, in einem begrenzten, doch entscheidenden Punkt sofort zur Tat zu schreiten.

Die französische Regierung schlägt vor, die Gesamtheit der französisch-deutschen Kohle- und Stahlproduktion unter eine gemeinsame oberste Aufsichtsbehörde zu stellen, in einer Organisation, die den anderen europäischen Ländern zum Beitritt offen steht.

Die Zusammenlegung der Kohle- und Stahlproduktion wird sofort die Schaffung gemeinsamer Grundlagen für die wirtschaftliche Entwicklung sichern – die erste Etappe der europäischen Föderation – und die Bestimmung jener Gebiete ändern, die lange Zeit der Herstellung von Waffen gewidmet waren, deren sicherste Opfer sie gewesen sind.

Die Solidarität der Produktion, die so geschaffen wird, wird bekunden, dass jeder Krieg zwischen Frankreich und Deutschland nicht nur undenkbar, sondern materiell unmöglich ist. Die Schaffung dieser mächtigen Produktionsgemeinschaft, die allen Ländern offen steht, die daran teilnehmen wollen, mit dem Zweck, allen Ländern, die sie umfasst, die notwendigen Grundstoffe für ihre industrielle Produktion zu gleichen Bedingungen zu liefern, wird die realen Fundamente zu ihrer wirtschaftlichen Vereinigung legen.

Diese Produktion wird der gesamten Welt ohne Unterschied und Ausnahme zur Verfügung gestellt werden, um zur Hebung des Lebensstandards und zur Förderung der Werke des Friedens beizutragen. Europa wird dann mit vermehrten Mitteln die Verwirklichung einer seiner wesentlichsten Aufgaben verfolgen können: die Entwicklung des afrikanischen Erdteils.

So wird einfach und rasch die Zusammenfassung der Interessen verwirklicht, die für die Schaffung einer Wirtschaftsgemeinschaft unerlässlich ist, und das Ferment einer weiteren und tieferen Gemeinschaft den Ländern eingeflößt, die lange Zeit durch blutige Fehden getrennt waren.

Durch die Zusammenlegung der Grundindustrien und die Errichtung einer neuen Obersten Behörde, deren Entscheidungen für Frankreich, Deutschland und die anderen teilnehmenden Länder bindend sein werden, wird dieser Vorschlag den ersten Grundstein einer europäischen Föderation bilden, die zur Bewahrung des Friedens unerlässlich ist.

Um die Verwirklichung der so umrissenen Ziele zu betreiben, ist die französische Regierung bereit, Verhandlungen auf den folgenden Grundlagen aufzunehmen:

Die der gemeinsamen Obersten Behörde übertragene Aufgabe wird sein, in kürzester Frist sicherzustellen:
die Modernisierung der Produktion und die Verbesserung der Qualität,
die Lieferung von Kohle und Stahl auf dem französischen und deutschen Markt sowie auf dem aller beteiligten Länder zu den gleichen Bedingungen,
die Entwicklung der gemeinsamen Ausfuhr nach den anderen Ländern,
den Ausgleich im Fortschritt der Lebensbedingungen der Arbeiterschaft dieser Industrien."

Quelle: http://europa.eu/abc/symbols/9-may/decl_de.htm.

Großbritannien verweigerte die Teilnahme an Verhandlungen, da Frankreich zuerst eine grundsätzliche Zustimmung zur Einrichtung einer „Hohen Behörde" und damit in britischen Augen eine Übertragung von Souveränitätsrechten verlangte. Die Labour-Partei lancierte eine Erklärung, die die britische Position auf den Punkt brachte: „in every respect except distance we in Britain are closer to our kinsmen in Australia and New Zealand on the far side of the world, than we are to Europe" (Stirk/Weigall 1999: 65).[16] Monnet und Schuman verbanden mehrere Hoffnungen mit dem Projekt der Montanunion: Erstens wollten sie damit einer drohenden europäischen Stahlkrise entgegenwirken, zweitens die für den Aufbau der französischen Schwerindustrie notwendige deutsche Kohle sichern und drittens der deutsch-französischen Aussöhnung den Weg bereiten. Das war ein Weg, der auch ohne Großbritannien beschritten werden sollte, das letztlich einsehen musste, dass die Behauptung einer britischen Sonderrolle und der Anspruch auf eine Führungsrolle in der europäischen Einigung nicht miteinander vereinbar waren.

2.2 Die Europäische Gemeinschaft für Kohle und Stahl

Am 18. April 1951 unterzeichneten die Außenminister der sechs Gründungsstaaten – Deutschland, Frankreich, Italien und die Benelux-Länder –

16 Die britische Regierung ließ 1950 wissen: „Eine politische Föderation, begrenzt auf Westeuropa, ist weder mit unseren Bindungen zum Commonwealth noch mit unseren Verpflichtungen als Mitglied der größeren Atlantischen Gemeinschaft noch mit dem Status einer Weltmacht vereinbar" (zit. n. Saeter 1974: 36).

den Vertrag über die *Europäische Gemeinschaft für Kohle und Stahl* (EGKS), der nach dem unbefriedigenden Verlauf der Verhandlungen im Europarat als neuerlicher Schritt zu einer europäischen Föderation betrachtet wurde. Von Anfang an stand daher hinter der wirtschaftlichen Integration ein politisches Ziel. Die EGKS trat am 23. Juli 1952 in Kraft. Da die Geltung auf 50 Jahre beschränkt wurde, endete die EGKS folglich am 23. Juli 2002.[17] Der Vertrag übertrug alle bisher einzelstaatlich üblichen Maßnahmen der Investitionshilfe, der Steuerung von Markt- und Preisentwicklung, die Schaffung eines gemeinsamen Marktes unter Beseitigung aller Zölle, Handels- und Verkehrshemmnisse für den gesamten Montanbereich der alleinigen Entscheidungsgewalt einer aus neun Mitgliedern bestehenden Hohen Behörde. Eine ebenfalls eingerichtete parlamentarische Versammlung verfügte über das Recht, Berichte von der Hohen Behörde anzufordern und sie mit Zweidrittelmehrheit zum Rücktritt zu zwingen. Einem Ministerrat kam die Legislativ- und Richtlinienkompetenz zu, er bestand aus einem Regierungsmitglied pro Mitgliedstaat und entschied mit Mehrheit. Der elfköpfige Gerichtshof wachte über die Vertragsauslegung und fungierte als Verwaltungsgericht und Schlichtungsinstanz, die von allen Organen und Mitgliedstaaten, aber auch von allen natürlichen und juristischen Personen der Gemeinschaft angerufen werden konnte.

Das institutionelle Arrangement spiegelte Monnets Erfahrungen aus dem französischen Planungsamt wider: die Hohe Behörde als technokratische, durch Expertise charakterisierte und zentralisierte Institution, umrahmt von korporatistischen Strukturen zwischen Produzenten und Interessengruppen. Die Erwartung war, dass im Verbund von Technokraten und (ökonomischen) Interessengruppen eine Beförderung des europäischen Gemeinwohls sich geradezu zwingend ergeben musste. Eine demokratische Teilnahme der Bürgerinnen und Bürger war in dieser elitären Konzeption kaum vorgesehen – sie war in den Augen der Gründerväter möglicherweise eine Folge, aber nicht eine Bedingung der europäischen Einigung.

Mit der EGKS wollte man einerseits die Versorgung des Marktes mit Kohle und Stahl sicherstellen, andererseits die Verfügung über die beiden rüstungswichtigen Güter den Nationalstaaten entziehen. Für Monnet war die EGKS nur ein erster Einigungsschritt, für Frankreich bedeutete sie primär

17 Ein dem Vertrag von Nizza beigefügtes Protokoll regelt die finanziellen Folgen des Ablaufs des EGKS-Vertrages. Danach gehen das gesamte Vermögen und alle Verbindlichkeiten der EGKS auf die EG über.

Sicherung der eigenen Stahlproduktion. Für Deutschland war sie Ausgangspunkt staatlicher Gleichberechtigung und einer europäischen Föderation und für die Niederlande ein Mechanismus zur Aufrechterhaltung der nationalstaatlichen Souveränität. Nichtsdestoweniger waren Nationalstaaten erstmals bereit, sich bindenden Mehrheitsentscheidungen zu unterwerfen und dadurch in einem begrenzten Bereich Teile ihrer Souveränität abzugeben – ein Novum in der Geschichte der europäischen Einigungsbemühungen. Obwohl auch andere internationale Entwicklungen wie der Abschluss des Allgemeinen Zoll- und Handelsabkommens (GATT), die Gründung des Internationalen Währungsfonds (IWF) und der OEEC eine positive Rolle für die gesamtwirtschaftliche Entwicklung spielten, zeigten bereits die ersten Jahre, dass enorme positive ökonomische Auswirkungen von der EGKS ausgingen. Dies betraf die Lebens- und Wohnsituation der Arbeiter in den Stahl- und Kohleregionen ebenso wie den Handel zwischen den sechs Gründungsstaaten, der bald den Handel mit Drittstaaten bei Weitem übertraf. Dieser Erfolg nahm Frankreich die Angst vor einem wieder erstarkenden Deutschland.

2.3 Die Europäische Verteidigungsgemeinschaft und die Europäische Politische Gemeinschaft

Der nordkoreanische Angriff auf Südkorea am 25. Juni 1950 veranlasste die USA, eine Stärkung der westeuropäischen Verteidigung und erneut die Aufstellung deutscher Streitkräfte zu fordern. Wollte Frankreich einen US-amerikanisch-deutschen Verbund verhindern, so blieb nur die Möglichkeit, schnellstens selbst mit einen Vorschlag zu einer integrierten europäischen Armee an die Öffentlichkeit zu treten. Im Oktober 1950 schlug der französische Premierminister René Pleven die Integration der Streitkräfte Italiens, Frankreichs und der Benelux-Staaten vor. Eine europäische Armee unter Aufsicht eines europäischen Verteidigungsministers, kontrolliert von einer europäischen Versammlung mit einem gemeinsamen Budget, bildete das Ziel – allerdings unter nur geringfügiger Einbeziehung Deutschlands, da die Frage der Wiederbewaffnung des Landes noch nicht gelöst war. Die Reaktionen auf den Vorschlag waren überwiegend negativ. Die USA standen der Schaffung einer *Europäischen Verteidigungsgemeinschaft* (EVG) mit einiger Skepsis gegenüber, da eine Schwächung der NATO befürchtet wurde; Großbritanniens Militärfachleute und selbst der französische Generalstab nannten den Plan impraktikabel. Nach äußerst zähen Verhandlungen erfolgte am 27. Mai 1952 dennoch die Unterzeichnung des Vertrags zur Errichtung der EVG unter Einschluss Deutschlands, da man erstens der Meinung war, das Land für den Aufbau einer Verteidigungsgemeinschaft zu benötigen, und zweitens, um damit eine enge Westanbindung Deutschlands zu garantieren.[18]

Als parlamentarische Versammlung der EVG sollte die Parlamentarische Versammlung der EGKS unter Hinzuziehung von neun weiteren Mitgliedern aus den drei großen Mitgliedsländern fungieren. Bereits während der Verhandlungen zur EVG war die Frage aufgetaucht, welcher politischen Autorität eine EVG denn unterstellt sein sollte: Musste einer EVG nicht eine politische Gemeinschaft zur Seite gestellt werden? Um den Integrationsbemühungen weiteren Schwung zu verleihen, wurde entschieden, die parlamentarische Versammlung der EVG – auch *Ad-hoc-Versammlung* genannt – bereits vor der Ratifikation des EVG-Vertrags mit dem Entwurf für die „Satzung einer Europäischen Gemeinschaft" zu beauftragen. Diese „endgültige" Organisation, „die an die Stelle der vorläufigen Organisation treten wird, soll so beschaffen sein, dass sie den Bestandteil eines späteren bundesstaatlichen oder staatenbündischen Gemeinwesens bilden kann, das auf dem Grundsatz der Gewaltenteilung beruhen und insbesondere über ein Zweikammernparlament verfügen soll" (Art. 38 EVG-Vertrag[19]). Am 10. März 1953 verabschiedete die Ad-hoc-Versammlung einen weit reichenden Entwurf für eine *Europäische Politische Gemeinschaft* (EPG), der ein Zweikammernparlament und eine daran gebundene Exekutive beinhaltete. Aufgrund von Differenzen zwischen den Niederländern, die ihr Ziel einer Zollunion und einer weitergehenden wirtschaftlichen Integration mit der EPG junktimierten, und den Franzosen, die sich nur eine sehr beschränkte Marktintegration vorstellen konnten, wurde das EPG-Projekt auf die Zeit nach der Ratifizierung der EVG verschoben.

Die Weigerung Großbritanniens, an der EVG teilzunehmen, löste auch innerhalb Frankreichs Sorgen aus, v. a. da ein großer Teil der französischen Streitkräfte in Indochina gebunden war. Frankreich erlitt im Jahr 1954 in

18 Am 26. Mai 1952 kam es zum Abschluss des sog. Deutschlandvertrages, der das Ende des Besatzungsstatuts der Bundesrepublik Deutschland bedeutete. Die Souveränität Deutschlands war eng mit der Frage der Wiederbewaffnung und der EVG verbunden. Da diese 1954 scheiterte, musste auch der Deutschlandvertrag neu verhandelt werden. Daher trat er erst 1955 in Kraft.

19 Abrufbar unter: http://www.uni-muenster.de/Jura.itm/eudoc/gruendung/docs/121001.pdf.

der Schlacht von Dien Bien Phu eine entscheidende Niederlage, die in weiterer Folge zum endgültigen Rückzug aus dieser Region führte. Die Weigerung der USA, Frankreich militärisch zu unterstützen, löste Verbitterung auf französischer Seite aus und führte zu der Einsicht, dass in militärischen Belangen auf andere Staaten wenig Verlass war. In den Meinungsumfragen wuchs die Zahl der französischen EVG-Gegner dramatisch. Im August 1954 lehnte das französische Parlament die Ratifikation der EVG ab. Und damit war das ehrgeizige Projekt einer EPG ebenfalls gescheitert. Es sollte geraume Zeit dauern, bis eine militärische und politische Union wieder auf der Tagesordnung der europäischen Integration stand.

2.4 Die Europäische Wirtschaftsgemeinschaft und die Europäische Atomgemeinschaft

Die aus dem Scheitern der Verteidigungsgemeinschaft und damit auch der politischen Gemeinschaft im Jahr 1954 entstandene Lähmung wurde bald überwunden – allerdings auf dem Gebiet der wirtschaftlichen Integration. Jean Monnet, erster Präsident der Hohen Behörde der Montanunion, setzte seine Hoffnungen v. a. auf das Projekt einer Atomgemeinschaft. Seiner Meinung bot eine solche drei Vorteile: (1) die preiswerte Deckung des steigenden Energiebedarfes und damit die Unabhängigkeit von devisenverschlingenden Ölimporten; (2) die Möglichkeit, ein von den USA unabhängiges Atomwaffenpotenzial aufzubauen; (3) schließlich die zivile Nutzung der Atomkraft durch Deutschland, die nach Aufhebung des Besatzungsstatuts durch die Pariser Verträge möglich geworden war, unter Kontrolle zu halten.

Gemischte Reaktionen waren die Folge: Die niederländische Regierung sprach sich gegen die sektorielle Integration und für eine umfassende Wirtschaftsgemeinschaft aus; in Frankreich wiederum hatte die Ablehnung gegen eine wirtschaftliberale supranationale Integration weiter zugenommen, da man eher an die Vorzüge von Planung und Intervention glaubte (Knipping 2004: 96) – und Deutschland begeisterte sich weder sonderlich für einen Gemeinsamen Markt noch für die Atomgemeinschaft. Jean Monnet ließ sich jedoch nicht entmutigen und schlug eine Verknüpfung von Atom- und Wirtschaftsgemeinschaft vor, da er dachte, auf diese Weise die Widerstände von allen Seiten minimieren zu können. Am 18. Mai 1955 legten die Außenminister der Benelux-Länder den anderen EGKS-Mitgliedern ein Memorandum *(Benelux-Memorandum)* vor, das Monnets Ansatz aufgriff. In der Folge wurde auf der Außenministerkonferenz von Messina (1. bis 3. Juni 1955) die Einrichtung einer Expertengruppe unter der Leitung des belgischen Außenministers Paul Henri Spaak[20] beschlossen, die Vorschläge zur institutionellen Ausgestaltung einer Wirtschafts- und Atomgemeinschaft vorlegen sollte. Der eingeladenen britischen Delegation wurde vermittelt, dass an zukünftigen Gesprächen nur Befürworter der Zollunion teilnehmen könnten. Daraufhin fasste bereits am 11. November 1955 das britische Kabinett den Beschluss, sich nicht an dem geplanten Gemeinsamen Markt zu beteiligen.

Der britische Delegationsleiter erklärte pathetisch: „The future treaty which you are discussing has no chance of being agreed; if it was agreed, it would have no chance of being ratified; and if it were ratified, it would have no chance of being applied. And if it was applied, it would be totally unacceptable to Britain. You speak of agriculture, which we don't like, of power over customs, which we take exception to and of institutions which frighten us [...] au revoir and bonne chance" (zit. n. Stirk/Weigall 1999: 126). Großbritannien hatte in dieser Frühphase der Integration nicht verstanden, dass das Commonwealth kein funktionales Äquivalent zum europäischen Wirtschaftsraum bilden konnte und dass etwaige Großmachtansprüche sehr schnell zu purer Nostalgie verkommen sollten.

Der Spaak-Ausschuss arbeitete zügig und präsentierte trotz vielfältiger Querelen bereits nach acht Monaten am 20. April 1956 einen Bericht, der die Grundzüge der Wirtschaftsgemeinschaft und der Atomgemeinschaft skizzierte. Auf der Außenministerkonferenz der sechs EGKS-Staaten Ende Mai 1956 wurde die Aufnahme von Vertragsverhandlungen beschlossen. Die Suezkanal-Krise[21] wirkte als ein Katalysator für die Verhandlungen, da sie Frankreich die Notwendigkeit einer über die sektorielle Integration (wie die EGKS) hinausgehenden europäischen Einigung deutlich vor Augen führte. Bereits am 25. März 1957 wurden in Rom die Verträge über die *Europäische Wirtschaftsgemeinschaft* (EWG) und die *Europäischen Atomgemeinschaft* (EAG) von den Außenministern der Sechs unterzeichnet *(Römische Verträge)*. Nach einer problemlosen Ratifizierung, die nach dem Scheitern der EVG v.a. in

20 Spaak war 1952–1954 auch erster Präsident der Gemeinsamen Versammlung der EGKS.

21 Die Verstaatlichung des Suezkanals durch den ägyptischen Präsidenten Gamal Abdel Nasser im Juli 1956 führte im Oktober zu einem Angriff Israels, Frankreichs und Großbritanniens. Zwar wurde die Operation „Musketier" zu einem militärischen Erfolg, die Intervention der beiden Supermächte und eine Verurteilung des Angriffs durch die UNO zwang jedoch die Angreifer bereits im November 1956 zu einem Waffenstillstand und Rückzug.

Frankreich alles andere als selbstverständlich war, traten die beiden Verträge am 1. Januar 1958 in Kraft. Die Präambel der Römischen Verträge strebte an, die „Grundlagen für einen immer engeren Zusammenschluss der europäischen Völker zu schaffen“.[22]

Auch die gewählte Bezeichnung „Gemeinschaft“ ist ein Indiz für den Willen, über intergouvernementale Zusammenarbeit hinauszugehen. Der in Angriff genommene gemeinsame einheitliche Wirtschaftsraum beruhte auf den Grundsätzen des freien Waren-, Personen-, Dienstleistungs- und Kapitalverkehrs (der sog. *vier Grundfreiheiten*) und zeichnete sich durch die Zollfreiheit im Handelsverkehr zwischen den Mitgliedstaaten sowie die Festlegung eines gemeinsamen Zolltarifs gegenüber dritten Staaten aus. Da man sich nicht auf einen Gemeinschaftssitz einigen konnte, nahmen EWG und EAG ihre Arbeit provisorisch in Brüssel auf.

Die Struktur der EWG spiegelte das institutionelle Arrangement der EGKS wider: ein Ministerrat, der auf Vorschlag einer Kommission entscheiden sollte. Die Spaak-Arbeitsgruppe hatte darüber hinaus vorgeschlagen, die Kommission in ihrer Vorschlags- und Entscheidungstätigkeit von der Zustimmung der Parlamentarischen Versammlung abhängig zu machen. Dies ging den nationalen Regierungen aber zu weit – und so wurde die Parlamentarische Versammlung der EWG zu einem weitgehend ohnmächtigen Beratungsorgan. Dennoch wurde bereits im EWG-Vertrag angekündigt, diese Parlamentarische Versammlung direkt zu wählen. Eine solche Direktwahl hätte zweifellos die Legitimität der Versammlung gestärkt und als Basis für den Ausbau ihrer Rechte dienen können. Da aber kein Datum genannt wurde, verschob sich diese Hoffnung auf den Erwerb von Legislativkompetenz auf einen nicht näher definierten Zeitpunkt.

Die Parlamentarische Versammlung trat am 19. März 1958 in Straßburg erstmals zusammen und beschloss im März 1962, nach anfänglichen sprachlichen Unklarheiten, sich den Namen „Europäisches Parlament“ zu geben. Im Primärrecht wurde dieser Name erst in der *Einheitlichen Europäischen Akte* (EEA) im Jahr 1987 verankert. Dies spiegelt den nur langsam stattfindenden Verständniswandel v. a. der Exekutiven in Europa wider: Parlamente waren nationalstaatliche Angelegenheiten und nicht transnationale Organe. So war der gewählte Name auch Programm: „In choosing to call itself a 'parliament', the Assembly was not so much pretending to be a par-

22 Siehe http://eur-lex.europa.eu/de/treaties/dat/11957E/tif/TRAITES_1957_CEE_1_XM_0174_x111x.pdf.

liament as clearly pointing out that it wanted to become one" (Westlake 1994: 16). Der Europäische Gerichtshof (EuGH) war und ist für die Auslegung der Verträge, die Schlichtung von Streitigkeiten zwischen den Mitgliedstaaten und Organen sowie für Klagen von Unternehmen und Bürgern zuständig. Als beratendes Organ wurde der Wirtschafts- und Sozialausschuss (WSA) geschaffen. Dieses institutionelle Arrangement ist in seinen Grundzügen bis heute unverändert geblieben.

Der gleichzeitig mit dem EWG-Vertrag abgeschlossene EAG-Vertrag hatte die friedliche Nutzung der Kernenergie für industrielle Zwecke zum Ziel. In den 1950er Jahren legte man große Hoffnung in das Potenzial der Kernenergie, die als Zukunftstechnologie betrachtet wurde. Die Organe der Atomgemeinschaft ähnelten denen der EWG: Versammlung, Rat, Kommission, Gerichtshof und Wirtschafts- und Sozialausschuss. In praktischer Hinsicht erlangte die EAG jedoch niemals die Bedeutung der EWG, da die Mitgliedstaaten eigene Wege gegenüber gemeinschaftlichen vorzogen und die Euphorie aufgrund der langsam klar werdenden Nachteile der Atomenergie nachließ.

Mit der die sechs Gründungsmitglieder Deutschland, Frankreich, Italien, und die Beneluxländer umfassenden EWG entstand ein Markt von 180 Millionen Konsumenten. Die Industrieproduktion der EWG wuchs in den Jahren 1958 bis 1962 um 37 Prozent – eine enorme Steigerung verglichen mit den USA (28 Prozent) und Großbritannien (14 Prozent). In den Jahren von 1959 bis 1969 nahm das Bruttosozialprodukt der EWG um rund 80 Prozent zu, der Lebensstandard wurde um das Doppelte erhöht. Die Gründung der EWG übte Druck auf diejenigen Staaten aus, die nicht teilnehmen konnten – oder wollten.[23] Als Konsequenz gründeten am 4. Januar 1960 Dänemark, Großbritannien, Norwegen, Österreich, Portugal, Schweden und die Schweiz eine *Europäische Freihandelszone* (EFTA). Wesentlicher Unterschied zur EWG war die Betonung der intergouvernementalen Zusammenarbeit, d. h. die Ablehnung supranationaler Institutionen.[24] Britischer Pragmatismus und eine Zahlungsbilanzkrise führte allerdings bereits im Juli 1961 zu einem Antrag Großbritanniens (gemeinsam mit Irland, Dänemark und Norwegen) auf Vollmitgliedschaft in der EWG.

23 Beispielsweise wurde Österreich von sowjetischer Seite unmissverständlich klargemacht, dass eine Teilnahme an der EWG eine Verletzung seines Neutralitätsstatuts bedeuten würde.

24 Zum Begriff der Supranationalität siehe Kap. 5.3.

2.5 Vom Luxemburger Kompromiss zur Einheitlichen Europäischen Akte

Im Sommer 1960 unterbreitete der französische Präsident Charles de Gaulle die sog. Fouchet-Pläne, die auf eine intergouvernementale Zusammenarbeit in politischen, kulturellen und verteidigungspolitischen Bereichen zwischen den sechs Mitgliedstaaten im Rahmen einer *Europäischen Politischen Union* (EPU) abzielten. De Gaulles Idealbild einer engen Zusammenarbeit zwischen Regierungen beruhte auf seiner Überzeugung von der Bedeutung des (französischen) Nationalstaates. Einen supranationalen Zusammenschluss nannte er unverblümt „ein Märchen aus *Tausendundeiner Nacht*" (Lipgens 1986: 378). Frankreich stieß mit den Plänen auf heftige Kritik, die auch durch eine Modifizierung des Plans (Fouchet-Plan II) Anfang 1962 nicht geringer wurde, sah der Plan doch vor, die bereits bestehenden Institutionen der EWG unter die Aufsicht des Ministerrats der EPU zu bringen und damit dem supranationalem Gedanken (verkörpert in der von den Staaten unabhängig agierenden Kommission) den Garaus zu machen. In einer völligen Verkennung der Lage reagierte de Gaulle im Januar 1963 auf die Kritik mit einem Veto zu den bereits seit einem Jahr laufenden Beitrittsverhandlungen mit Großbritannien.

Die Krise verschärfte sich, als im Zuge der Verhandlungen um die Agrarfinanzierung und die Schaffung eines Systems eigener Einnahmen[25] der EWG de Gaulle einen Abbruch der Verhandlungen am 30. Juni 1965 erzwang und seinen Ministern untersagte, an weiteren Sitzungen des EWG-Ministerrates teilzunehmen. Entgegen den Bestimmungen des EWG-Vertrags und etwaigen weitergehenden Plänen der anderen fünf Mitgliedstaaten wollte de Gaulle die Kommission auf die Rolle eines Sekretariats zurückstufen und keinesfalls Mehrheitsentscheidungen im Ministerrat akzeptieren. Diese Politik des „leeren Stuhls", die einen klaren Bruch des EWG-Vertrags bedeutete, konnte erst am 29. Januar 1966 durch den sog. *Luxemburger Kompromiss* revidiert werden. Der Kompromiss war in Wahrheit lediglich ein „agreement to disagree": Man kam überein, in kontroversen Angelegenheiten den Konsens zu suchen. Zudem musste die Kommission alle Gesetzesentwürfe und Vorhaben dem Ausschuss der Ständigen Vertreter der Mitgliedstaaten (ASTV) in Brüssel vorlegen. Frankreich interpretierte den Kompromiss als na-

25 Die EWG sollte damit von nationalen Mitgliedsbeiträgen unabhängiger gemacht werden.

tionale Vetomöglichkeit im Falle der Berührung vitaler nationaler Interessen. Diese Sichtweise sollte sich in den kommenden Jahren fatalerweise durchsetzen. Die Abkehr von Mehrheitsentscheidungen im Ministerrat aus Rücksicht auf de Gaulle bedeutete für die folgenden Jahre eine Stagnation des Integrationsprozesses (sog. *Eurosklerose*), die erst durch die Verabschiedung der EEA im Jahr 1986 beendet wurde.

In der Öffentlichkeit gingen die wirtschaftlichen Erfolge gegenüber den politischen Querelen fast unter. Erst der Rücktritt de Gaulles am 28. April 1969 machte eine Wiederbelebung der Integration möglich. Die Haager Gipfelkonferenz im Dezember 1969 fasste die sog. Norderweiterung der EWG ins Auge. Die Verhandlungen mit Großbritannien gestalteten sich schwierig, weil einerseits das Land die supranationale Orientierung der EWG mit Skepsis betrachtete und andererseits v.a. Frankreich Großbritannien immer als „trojanisches Pferd" für US-amerikanischen Einfluss sah. Die Verhandlungen mit Großbritannien, Dänemark, Norwegen und Irland konnten am 22. Januar 1972 mit der Unterzeichnung der Beitrittsverträge abgeschlossen werden. Da in Norwegen im September 1972 eine Bevölkerungsmehrheit (53,5 Prozent) einen EWG-Beitritt ablehnte, kam es am 1. Januar 1973 zur Norderweiterung der EWG durch Großbritannien, Irland und Dänemark.

In der Zwischenzeit wurde am 8. April 1965 der sog. *Fusionsvertrag* unterzeichnet. Man versprach sich von der Zusammenlegung der Exekutivorgane der EGKS, der EWG und EAG[26] eine Vereinfachung der Verwaltung und Effizienzsteigerung. In Zukunft sollte es somit nur mehr eine Kommission, einen Ministerrat, einen Gerichtshof und eine Versammlung für die Geschicke der drei – rechtlich unabhängigen – Gemeinschaften geben. Im Fusionsvertrag wurde erstmals auch der eminent wichtige Ausschuss der Ständigen Vertreter (ASTV) primärrechtlich erwähnt.[27]

Der Erfolg der EWG und der Beschluss des Luxemburger Kompromisses ließ die Staats- und Regierungschefs mutiger werden: Auf der Grundlage des Davignon-Berichts[28] beschlossen die Mitgliedstaaten am 27. Oktober

26 Der Fusionsvertrag von 1967 ersetzte die drei Ministerräte (EWG, EGKS und Euratom), die beiden Kommissionen (EWG, Euratom) und die Hohe Behörde (EGKS) durch einen gemeinsamen Rat und eine gemeinsame Kommission. Der Gerichtshof, die Parlamentarische Versammlung und den Wirtschaftsausschuss teilte man sich bereits seit den Römischen Verträgen.

27 Siehe dazu Kap. 4.3

28 Etienne Davignon war zu dieser Zeit politischer Direktor im belgischen Außenministerium; der Bericht findet sich unter http://aei.pitt.edu/4540/01/epc_davignon_report_draft.pdf.

1970 die *Europäische Politische Zusammenarbeit* (EPZ).[29] Sie basierte ausschließlich auf der freiwilligen Zusammenarbeit der beteiligten Regierungen, war also rein intergouvernemental ausgerichtet und hatte keine vertragliche Grundlage – selbige wurde erst mit der Einheitlichen Europäischen Akte (1987) geschaffen. Die EPZ sollte das zentrale Instrument der Koordinierung der Außenpolitiken darstellen. Eine erste Bewährungsprobe anlässlich des israelisch-ägyptischen Yom-Kippur-Krieges im Oktober 1973 verlief allerdings eher kläglich. Des Weiteren bekundete man den Willen, die erreichte Integration durch die Realisierung einer Wirtschafts- und Währungsunion (basierend auf dem sog. *Werner-Plan*[30]) bis zum Jahr 1980 voranzutreiben. Grundlegende Interessendivergenzen und eine suboptimal verlaufende Wirtschaftsentwicklung verhinderten jedoch die angestrebte Koordinierung der Wirtschaftspolitiken und ein fixes Wechselkurssystem. Erst am 13. März 1979 trat das *Europäische Währungssystem* (EWS) in Kraft. Das EWS wurde von den Mitgliedstaaten auch als Instrument interpretiert, die immer größer werdende Abhängigkeit vom Stabilitätskurs der Deutschen Bundesbank zu verringern. Die Einführung der Rechnungseinheit *European Currency Unit* (ECU) war ein erster Aufbruch in Richtung *Wirtschafts- und Währungsunion* (WWU).

Im Jahr 1970 beschloss man zudem die 1965 gescheiterte Einführung von Eigenmitteln für die EWG: Abschöpfungen, Prämien, Zusatz- und Ausgleichsbeträge aus der gemeinsamen Agrarpolitik, Einnahmen aus dem gemeinsamen Zolltarif, Abgaben sowie ein Mehrwertsteueranteil aus den Mitgliedstaaten bildeten die Grundlage für das sog. Eigenmittelsystem. Als Haushaltsbehörde fungierten der Ministerrat und das EP, wobei Ersterer für den weit größeren Anteil der obligatorischen Ausgaben, das EP für die nicht obligatorischen Ausgaben zuständig war.[31]

Auf Initiative des französischen Präsidenten Valéry Giscard d'Estaing und des deutschen Bundeskanzlers Helmut Schmidt erfolgte im Jahr 1974 die Einrichtung des *Europäischen Rates*[32], der heute viermal jährlich tagt und der „Union die für ihre Entwicklungen erforderlichen Impulse [geben] und

29 Die EPZ ist also die Nachfolgerin der EPG und Vorläuferin der Gemeinsamen Außen- und Sicherheitspolitik (GASP), eingeführt durch den Vertrag von Maastricht 1992.

30 Siehe dazu Kap. 9.3.

31 Siehe dazu Kap. 7.

32 Die Basis dafür wurde auf der Pariser Gipfelkonferenz (Oktober 1972) gelegt, die ein Programm für ein politisches Europa entwickelte. Es zeigte sich jedoch sehr bald, dass Gemeinschaftsorgane zur Umsetzung dieses Programms nicht genügend Kompetenzen hatten. Frankreich unter Präsident Pompidou stand einem Kompetenzzuwachs der Organe aber skeptisch gegenüber und propagierte eine „Europäische Regierung" der

die allgemeinen politischen Zielvorstellungen und Prioritäten hierfür" festlegen soll (Art. 15 EUV). Mit der Einrichtung des Europäischen Rates, der die Staats- und Regierungschefs sowie die Außenminister und den Kommissionspräsidenten zusammenbrachte, wollten Giscard d'Estaing und Helmut Schmidt die durch den Luxemburger Kompromiss nur allzu oft stattfindenden Blockaden im Ministerrat umgehen. Gleichzeitig drückte die Einrichtung des Rates auch ein Unbehagen gegenüber den als ineffizient empfundenen Gemeinschaftsorganen und deklaratorischen Gipfelkonferenzen aus (vgl. de Schoutheete 2002: 23f.). Eine parlamentarische Legitimation schien ihnen für die Einrichtung eines solchen Lenkungsgremiums außerhalb der bestehenden Verträge nicht notwendig, jedoch erwartete man von der Gemeinsamen Versammlung die Vorlage neuer Vorschläge zur allgemeinen Direktwahl.

Auch das Projekt einer politischen Union wurde auf der Basis des Davignon-Berichts (1970) wieder aufgenommen. Die Staats- und Regierungschefs beauftragten im Oktober 1972 den Davignon-Ausschuss, einen zweiten Bericht zur politischen Zusammenarbeit vorzulegen. Im Jahr 1975 präsentierte der belgische Premierminister Leo Tindemans, der mit dem außenpolitischen Teil des Berichts beauftragt war, einen Reformbericht, der Schritte zu einer Europäischen Union skizzierte. Tindemans befürwortete hier u. a. eine signifikante Stärkung der supranationalen Organe, konkrete Schritte folgten aber nicht, da die von Tindemans vorgeschlagene Verpflichtung zur Konsultation vor nationalen außenpolitischen Beschlüssen den Mitgliedstaaten zu weit ging. So lehnten die Regierungen im November 1976 den Tindemans-Bericht ab.

Ein wichtiges Datum für die Parlamentarisierung des europäischen Integrationsprojekts ist das Jahr 1976: Am 26. April wurde die Rechtsakte zur „Einführung allgemeiner, unmittelbarer Wahlen der Abgeordneten der Versammlung" (*Direktwahlakt*[33]) unterzeichnet. Bereits Art. 21 des Vertrags zur Gründung der EGKS aus dem Jahr 1951 eröffnete den Mitgliedstaaten die Möglichkeit, die Mitglieder der Versammlung zu wählen. Art. 138 des EEG-Vertrags 1957 hielt fest: „Die Versammlung arbeitet Entwürfe für allge-

Staats- und Regierungschefs. Jean Monnet nahm dies auf und schlug im Spätsommer 1973 dem britischen Premier Heath, dem deutschen Kanzler Brandt und Pompidou eine solche europäische Regierung vor. Erst in einem zweiten Anlauf, nach einem Regierungswechsel in Frankreich und Deutschland, gelang die Einrichtung des Europäischen Rates (Knipping 2004: 202ff.). Siehe dazu Kap. 4.2.

33 Entscheidung des Rates Nr. 76/787/EGKS, EWG, Euratom, Abl. 1976 L278.

meine unmittelbare Wahlen nach einem einheitlichen Verfahren in allen Mitgliedstaaten aus. Der Rat erlässt einstimmig die entsprechenden Bestimmungen". Bereits 1961 legte die Versammlung einen Entwurf vor (den sog. Dehousse-Bericht), weitere Entschlüsse folgten 1963 und 1969. Aber erst 1974, nach der Gründung des Europäischen Rates, war der Rat der Minister willens, die neuen Vorschläge der Versammlung aus dem Jahr 1973 (den sog. Patijn-Bericht) zu diskutieren und den Direktwahlakt zu verabschieden. Im Juni 1979 fanden schließlich die ersten Wahlen statt. Im Vorfeld dieser Wahlen hatten sich Parteifamilien zusammengeschlossen, so etwa die Europäische Volkspartei und die Sozialdemokratische Partei Europas.

Insgesamt waren 25 Jahre vergangen, ehe sich die Staats- und Regierungschefs der Mitgliedstaaten durchringen konnten, eine bereits in den Römischen Verträgen gemachte Ankündigung einer direkten Wahl der parlamentarischen Versammlung zu realisieren. Das EP verband mit der Direktwahl die Erwartung einer raschen weiteren Parlamentarisierung der EWG und der eigenen Bedeutungszunahme. Dies sollte sich jedoch nur äußerst langsam erfüllen und führte auf der Seite des EP zu beträchtlichen Frustrationen. Im Januar 1981 wurde Griechenland als zehntes Mitglied in die EWG aufgenommen. Da das Ende der griechischen Militärdiktatur (1967–1974) erst einige Jahre zurücklag, konzentrierte sich die Hoffnung auf beiden Seiten v. a. auf eine Stabilisierung der relativ jungen Demokratie.[34]

Der vom deutschen Außenminister Genscher und seinem italienischen Amtskollegen Colombo 1981 vorgelegte Plan (*Genscher-Colombo-Plan*[35]) visierte einmal mehr die Schaffung einer politischen Union an. Weder Frankreich unter der Führung von François Mitterand noch Großbritannien zeigten ein Interesse an dieser Initiative. Der Plan mündete im Juni 1983 in die „Feierliche Erklärung zur Europäischen Union" (*Stuttgarter Erklärung*). Sie schlug eine ganze Reihe neu zu vergemeinschaftender Politikbereiche vor, blieb aber aufgrund ihrer Unverbindlichkeit letztlich wirkungslos, sowohl was die Anregung institutioneller Reformen als auch die Ausweitung der Gemeinschaftspolitiken betraf. In dieser Situation erarbeitete der institutionelle Ausschuss des EP unter Vorsitz von Altiero Spinelli einen Entwurf einer europäischen föderalen Verfassung. Spinelli hatte bereits zu Beginn der

34 Die Europäische Kommission hatte aus einer ökonomischen Perspektive Griechenland als nicht beitrittsreif eingeschätzt.

35 Der „Entwurf einer Europäischen Akte" (Genscher-Colombo-Plan) schlug weit reichende institutionelle Veränderungen und eine Einbindung der EPZ in die EG vor.

1980er Jahre föderalistisch gesinnte Politiker im „Club Crocodile“[36] versammelt, um eine tief greifende, in Richtung Bundesstaat weisende Reform zu diskutieren, die seiner Meinung nach nur vom EP ausgehen konnte. Der *Entwurf eines Vertrages zur Gründung der Europäischen Union* wurde am 14. Februar 1984 vom EP mit überwältigender Mehrheit angenommen. Herzstück des Verfassungsentwurfes war die Effizienzsteigerung durch Mehrheitsabstimmungen im Rat sowie die Demokratiesteigerung durch eine Stärkung der legislativen Funktion des EP.

Wieder einmal konnte sich der Europäische Rat nicht auf Reformen einigen – der *Spinelli-Entwurf* blieb auf der Strecke. Zumindest wurden auf dem Gipfeltreffen der Staats- und Regierungschefs in Fontainbleau 1984 zwei Ausschüsse ins Leben gerufen: Der *Adonnino-Ausschuss* sollte Vorschläge für ein bürgernäheres Europa erarbeiten; der *Dooge-Ausschuss* (auch Ad-hoc-Ausschuss für institutionelle Fragen genannt) beschäftigte sich mit Fragen der institutionellen Reform. Ein wichtiges Ereignis dieser Jahre war die Ernennung von Jacques Delors zum Präsidenten der Europäischen Kommission, er trat sein Amt 1985 an.

Am 1. Januar 1986 traten in der sog. zweiten Süderweiterung Spanien und Portugal der EWG bei. Beide Länder hatten bis Mitte der 1970er Jahre autoritäre Regime. Acht Jahre lang wurden schwierige Beitrittsverhandlungen geführt, da insbesondere Frankreich die spanische Konkurrenz in der Landwirtschaft und die spanische Fischereiflotte fürchtete. Zudem betrugen zu dieser Zeit die Ausgaben für die gemeinsame Agrarpolitik über 70 Prozent des Gesamthaushaltes der Gemeinschaft, womit klar war, dass der Beitritt der beiden agrarintensiven Volkswirtschaften die Ausgaben der EWG beträchtlich erhöhen würde.

2.6 Zeit der Reformen

Jacques Delors und andere erkannten in der Fragmentierung der westeuropäischen Wirtschaft ein substanzielles Problem. Deregulierung und Liberalisierung galten als die Lösung. Der französische Präsident François Mitterand, der zu Beginn der 1980er Jahre eine „linke“ Wirtschaftspolitik verfolgte (die

36 Benannt nach dem Namen jenes Straßburger Restaurants, in dem das erste Treffen stattgefunden hatte.

damit im Gegensatz zum herausragenden Ziel der Inflationsbekämpfung des Europäischen Währungssystems stand; Mitterand beendete schließlich 1984 auf Drängen seines damaligen Finanzministers Jacques Delors diese Politik), musste sich letztlich Großbritannien unter Margaret Thatcher und Deutschland unter Helmut Kohl beugen, die sich für die Deregulierung und einen möglichst „schlanken Staat" einsetzten. Die Europäische Kommission veröffentlichte im Jahr 1985 das Weißbuch zur Vollendung des Binnenmarktes. Ziel war die Beseitigung der materiellen, rechtlichen und steuerlichen Hindernisse zur Vollendung des Binnenmarktes bis zum Jahr 1992 – ein Ziel, das Eingang in die EEA fand.

Beeinflusst auch durch den ehrgeizigen Reformvorschlag des EP und des Dooge-Ausschusses, kam es somit Mitte 1985 zur Einberufung einer keineswegs unumstrittenen Regierungskonferenz.[37] Bereits im Dezember wurde auf der Tagung des Europäischen Rates in Luxemburg nach beinahe 30 Stunden Verhandlungen der Entschluss gefasst, eine tief greifende Reform der Römischen Verträge in die Tat umzusetzen. Im Februar 1986 wurde die EEA unterzeichnet, die am 1. Juli 1987 in Kraft trat. Sie war die erste große Vertragsreform seit der Gründung der Gemeinschaften und stellte eine beachtliche Kraftanstrengung zur Vollendung des Binnenmarktes v.a. mittels umfangreicher Deregulierungsmaßnahmen dar. Überdies kam es zu wichtigen institutionellen Veränderungen, allen voran der Übergang vom Prinzip der Einstimmigkeit zu qualifizierten Mehrheitsabstimmungen im Rat, eine Aufwertung der Rolle des EP durch die Einführung des Kooperationsverfahrens sowie die Ausweitung der EWG-Kompetenzen auf neue Bereiche wie Umwelt, Forschung, Entwicklung, Technologie und Sozialpolitik. Darüber hinaus wurde der Europäische Rat erstmals im Primärrecht erwähnt und die EPZ auf eine rechtliche Basis gestellt. Nach den Jahren der Stagnation erschien die EEA als durchaus bedeutender Schritt zur Vertiefung des Integrationsprozesses. Symbolisch wurde dies durch die Annahme einer Europahymne (Beethoves *Ode an die Freude*) und der blauen Flagge mit zwölf goldenen Sternen demonstriert.

37 Auf der Tagung des Europäischen Rates in Mailand im Juni 1985 sprachen sich Griechenland, Großbritannien und Dänemark gegen eine Reform aus. Gemäß dem unausgesprochenen Prinzip der Einstimmigkeit bei wichtigen Fragen wäre die Reform damit vom Tisch gewesen, jedoch entschloss sich der damalige Vorsitzende, der italienische Ministerpräsident Bettino Craxi, eine Mehrheitsabstimmung herbeizuführen. In dieser unterlagen die reformunwilligen Staaten – zum ersten Mal seit dem Luxemburger Kompromiss 1966 wurden Mitgliedstaaten überstimmt.

Im Jahr 1988 wurde von der Kommission der *Cecchini-Bericht* („The Cost of Non-Europe") vorgelegt. Eine Steigerung des Bruttoinlandsproduktes um 4,5 Prozent und 1,7 Millionen neue Arbeitsplätze wurden prognostiziert – eine verlockende Prognose für den Europäischen Rat. Bereits im April 1989 legte Kommissionspräsident Delors den Bericht zur Wirtschafts- und Währungsunion vor, der vom Europäischen Rat im Juni 1989 genehmigt wurde. Wie im Werner-Plan aus dem Jahr 1970 wurde eine Verwirklichung der WWU in drei Stufen anvisiert (siehe dazu weiter unten).

Die unter Michail Gorbatschow begonnen Reformbestrebungen in den UdSSR ließen in den sozialistischen Bruderstaaten Hoffnung auf Reform aufkommen. Mit Reformen war es jedoch nicht getan: Misswirtschaft, Versorgungsengpässe, Korruption und Repressionsmaßnahmen führten in Polen, Ungarn, der DDR, der Tschechoslowakei, Bulgarien und Rumänien 1989 zu einem vollständigen Zusammenbruch der herrschenden politischen Systeme. Der Fall des Eisernen Vorhangs war Auslöser einer tief greifenden Transformation des europäischen Kontinents. Alle genannten Staaten bemühten sich umgehend um eine Bindung an NATO und EU. Am 4. April 1994 stellten Polen und Ungarn einen EU-Beitrittsantrag, 1995 folgten Bulgarien, Estland, Lettland, Litauen, Rumänien, die Slowakei, Slowenien und Tschechien. Bereits 1990 reichten Zypern und Malta Beitrittsgesuche ein.

Die Wiedervereinigung der beiden deutschen Staaten fand am 3. Oktober 1990 statt. Zwar wurden öffentlich von keinem Mitgliedstaat Vorbehalte gegen die Wiedervereinigung artikuliert, hinter den Kulissen war aber ein gewisses – insbesondere französisches und britisches – Unbehagen nicht zu leugnen. Kommissionspräsident Delors unterstützte jedoch den deutschen Kanzler Kohl mit dem Argument massiver Wachstumsimpulse, die von einem starken Deutschland ausgehen würden. Jedenfalls erforderte die Wiedervereinigung eine feste Einbindung Deutschlands in ein europäisches politisches System. Angesichts der sich bereits abzeichnenden Erweiterung durch die mittel- und osteuropäischen Staaten erschien eine grundlegende Reform des EWG-Vertragsgebäudes nicht minder wichtig.

Diese Reform erfolgte mit der Unterzeichnung des *Vertrags über eine Europäische Union* am 7. Februar 1992 im niederländischen Maastricht (Maastrichter Vertrag). Ursprünglich war ein Inkrafttreten bereits für den 1. Januar 1993 anvisiert worden, jedoch verweigerte die dänische Bevölkerung in einem Referendum ihre Zustimmung: 50,7 Prozent stimmten gegen den neuen Vertrag.[38] Diese Ablehnung führte bei den Politikern Europas zu einem Schock. Erstmals verweigerten die Bürgerinnen und Bürger eines Mitgliedstaates ihre Zustimmung zu einem Integrationsschritt. Eine heftige Debatte über Ausmaß und Geschwindigkeit der weiteren Integration setzte ein.[39] Während für die einen Europa zum Inbegriff des Bürokratismus, des Protektionismus und des Demokratiedefizits geworden war, verwiesen andere auf die ungebrochene Attraktivität des Integrationsmodells und auf die dringende Notwendigkeit von Reformen, um die Union erweiterungsfähig zu machen. Dänemark erhielt in eiligst einberufenen Verhandlungen Sonderregelungen *(opt-outs)*, sodass bei einer neuerlichen Befragung am 18. Mai 1993 eine Mehrheit von 56,8 Prozent zustande kam. Als schließlich auch das deutsche Bundesverfassungsgericht die Verfassungskonformität der Ratifikation des Maastricht-Vertrages im Oktober 1993 bejahte, konnte dieser mit fast einem Jahr Verspätung am 1. November 1993 in Kraft treten. Eine grundsätzliche Debatte über das Ziel der Integration *(finalité)* wurde jedoch nicht geführt.

Das durch den Maastrichter Vertrag eingerichtete Drei-Säulen-Modell umfasste die supranationalen Europäischen Gemeinschaften bestehend aus der EG (bisher EWG) sowie der EGKS und der EAG; die zweite Säule beinhaltete die intergouvernementale Gemeinsame Außen- und Sicherheitspolitik (GASP); die dritte Säule betraf die intergouvernementale Zusammenarbeit in den Bereichen Justiz und Inneres. Weitere wichtige Neuerungen waren die Verankerung des Subsidiaritätsprinzips[40], die Unionsbürgerschaft und das Mitentscheidungsverfahren[41], mit dem die Rolle des EP erheblich gestärkt wurde. Institutionell wurde das Subsidiaritätsprinzip durch die Einrichtung eines Ausschusses der Regionen (AdR) ergänzt. Zudem wurden die Wahlperioden von EP und Kommission angeglichen. Letztere musste nunmehr durch das EP bestätigt werden. Im Bereich der Außenpolitik wurde die EPZ durch die GASP abgelöst. Neben gemeinsamen Standpunkten waren ab nun auch gemeinsame Aktionen möglich. Als längerfristiges Ziel sollte eine gemeinsame Verteidigungspolitik entwickelt werden. Vereinbart wurde eine Ausweitung der Gemeinschaftspolitik um die Bereiche der beruflichen Bildung, Kulturpolitik, Jugendpolitik, Verbraucherschutz und

38 In Frankreich fiel das Referendum denkbar knapp aus: 51,05 Prozent votierten im September 1992 für den Vertrag von Maastricht.

39 Siehe dazu auch die Ausführungen zum Konzept der flexiblen Integration in Kap. 6.5.2.

40 Siehe dazu Kap. 5.4.

41 Siehe dazu Kap. 6.2.3.2.

Transeuropäische Netze (TEN). In der Sozialpolitik und im Bereich Forschung und Entwicklung einigte man sich auf eine Vertiefung der bereits gesetzten Integrationsschritte.

Eine wesentliche Neuerung war die Einführung der WWU. Auf der Grundlage des *Delors-Berichts* (1989) wurde mit dem Maastricht-Vertrag ein Drei-Stufen-Plan zur Realisierung der WWU in Gang gesetzt. Die erste Stufe umfasste eine Kapitalverkehrsliberalisierung und eine verstärkte Koordination der nationalen Währungspolitiken. Ab 1. Januar 1994 kam es zur Errichtung des Europäischen Zentralbankensystems (2. Stufe). Dritte Stufe war schließlich die endgültige Fixierung der Wechselkurse in zunächst elf Teilnehmerländern (Griechenland trat am 1. Januar 2001 bei). Der Euro wurde 2002 alleinig gültiges Zahlungsmittel in zwölf Mitgliedstaaten. Heute, im Jahr 2012, ist der Euro die Währung von 17 Mitgliedsländern – Bulgarien, die Tschechische Republik, Dänemark, Lettland, Litauen, Ungarn, Polen, Rumänien, Schweden und das Vereinigte Königreich nehmen nicht am Euro teil.[42]

Der Einführung einer solchen gemeinsamen Währung waren jahrelange Diskussionen vorausgegangen. Großbritannien war der Ansicht, wirtschaftliche Integration sei auch ohne eine Währungsvereinheitlichung zu erreichen, während für Deutschland eine Annäherung der Wirtschaftssysteme durch den Euro gekrönt werden sollte. Frankreich wiederum plädierte für die möglichst frühe Einführung der gemeinsamen Währung, da es auf eine Sogwirkung für eine zukünftige Vergemeinschaftung der Wirtschaftspolitik baute. Letztlich setzte sich die deutsche Haltung durch, auch weil die Deutsche Bundesbank einem vorzeitigen Verzicht auf die D-Mark sehr kritisch gegenüberstand und zuerst Schritte für eine Vergemeinschaftung der Wirtschaftspolitiken verlangte. Als Bedingung für die Teilnahme an der WWU wurden die sog. *Konvergenzkriterien* (anhaltende Preisstabilität, geringes Haushaltsdefizit, Wechselkursstabilität im EWS für mindestens zwei Jahre, langfristiger Zinssatz für Staatsanleihen nicht mehr als zwei Prozent höher als der Durchschnitt der drei preisstabilsten Mitgliedsländer) im Vertrag von Maastricht eingeführt. Frankreich stimmte den Konvergenz- oder Stabilitätskriterien zu, da es die Einbindung der deutschen Volkswirt-

42 Daneben ist der Euro gesetzliches Zahlungsmittel in den Überseegebieten Frankreichs, in Andorra, Monaco, San Marino, Vatikanstadt, dem Kosovo und in Montenegro. Darüber hinaus existieren Länder, insbesondere in Afrika, aber auch im Nordatlantik (Grönland, Färöer) und im Südpazifik, deren Währungen direkt oder indirekt an den Euro gekoppelt sind und deren Wechselkurs zum Euro daher fixiert ist.

schaft in einem gemeinschaftlichen Rahmen anstrebte, versuchte jedoch selbige zugunsten staatlicher Konjunktur- und Arbeitsmarktprogramme aufzuweichen. Daher wurde am Gipfel von Dublin im Juni 1997 zusätzlich zu den Konvergenzkriterien der sog. Stabilitäts- und Wachstumspakt beschlossen.

Über die ökonomische Sinnhaftigkeit dieser Kriterien wird seit einigen Jahren diskutiert, da ein Zusammenhang zwischen der hohen Arbeitslosigkeit in Europa und der Fixierung der EZB (die am 1. Juni 1998 das EWI ablöste) auf die Preisstabilität gesehen wird. Daher kam es im März 2005 zu einer Flexibilisierung des Stabilitäts- und Wachstumspaktes. Zwar müssen die Mitgliedstaaten weiterhin die Höchstgrenze für Haushaltsdefizite (3 Prozent des BIP) und ihre Gesamtverschuldung (60 Prozent des BIP) beachten, allerdings kann unter bestimmten Bedingungen eine befristete Überschreitung im Einzelfall gewährt werden.

Ende der 1980er bzw. Anfang der 1990er Jahre bewogen v.a. wirtschaftliche Interessen die drei EFTA-Mitglieder Finnland, Österreich und Schweden, um Aufnahme in die EU anzusuchen. Die Verhandlungen dauerten lediglich etwas mehr als ein Jahr (Februar 1993 bis April 1994). Die zur Ratifikation in den Mitgliedstaaten erforderlichen Volksabstimmungen verliefen ohne negative Überraschungen. In Österreich stimmten sogar 66,58 Prozent der Wählerinnen und Wähler für einen Beitritt. Im Jahr 1992 überreichte Norwegen ein neues Beitrittsgesuch. Nachdem auch in diesem Fall die Verhandlungen mit der EU positiv abgeschlossen waren, machte der norwegischen Regierung einmal mehr die Bevölkerung einen Strich durch die Rechnung: In einem Referendum am 27./28. November 1994 sprachen sich 52,6 Prozent der Norweger gegen einen Beitritt aus.

Der Startschuss zur Osterweiterung fiel auf dem Gipfel von Kopenhagen (Juni 1993). Der Europäische Rat beschloss, „dass die assoziierten mittel- und osteuropäischen Länder, die dies wünschen, Mitglieder der Europäischen Union werden können“.[43] Allerdings wurden an dieses Angebot Bedingen geknüpft, die sog. *Kopenhagener Kriterien*: (1) institutionelle Stabilität als Garantie für Demokratie, rechtsstaatliche Ordnung und Menschenrechte; (2) eine funktionierende Marktwirtschaft und (3) die Übernahme des *acquis communautaire*. Die ersten Beitrittsgesuche kamen aus Ungarn und Polen 1994, in kurzen Abständen folgten die anderen Länder. Um einen solchen Beitritt auch zu ermöglichen, wurde auf dem Europäischen Rat in

43 Schlussfolgerungen des Vorsitzes – Kopenhagen, Europäischer Rat, 21. und 22. Juni 1993 (http://www.europarl.europa.eu/enlargement/ec/cop_de.htm).

Essen eine sog. Heranführungsstrategie beschlossen, die den Ländern bei der Übernahme des gemeinschaftlichen Besitzstandes helfen sollte. Der Europäische Rat von Luxemburg (12./13. Dezember 1997) beschloss die Aufnahme von Beitrittsverhandlungen mit Estland, Tschechien, Polen, Slowenien, Ungarn und Zypern. Der Helsinki-Gipfel 1999 erweiterte die Runde um Bulgarien, Lettland, Litauen, Malta, Rumänien und die Slowakei. Die Lösung der institutionellen Probleme wurde immer dringlicher, es lag auf der Hand, dass eine Union, die im Wesentlichen seit den Gründungsverträgen dieselbe institutionelle Architektur beibehalten hatte, mit potenziell 27 Mitgliedern neue Wege der Entscheidungsfindung suchen musste.

Bereits beim Maastrichter Vertragsabschluss war klar, dass weitere Änderungen im institutionellen Gefüge der Union notwendig werden würden. Art. N Abs. 2 EUV (sog. Revisionsklausel) ordnete die Einberufung einer Konferenz der Regierungen der Mitgliedstaaten für das Jahr 1996 an. Die sog. Maastricht-*left-overs* (Stimmgewichtung im Rat, Ausweitung der qualifizierten Mehrheitsabstimmungen im Rat, Größe der Kommission) berührten substanzielle Machtfragen und sind letztlich bis heute nicht zufriedenstellend gelöst. Unter italienischem Vorsitz begann am 29. März 1996 eine Regierungskonferenz zur Verbesserung der institutionellen Handlungsfähigkeit der EU. Über 14 Monate Verhandlungen zeitigten nur bescheidene Ergebnisse.[44] Am 2. November 1997 wurde der Vertrag in Amsterdam unterzeichnet und trat nach der Ratifikation am 1. Mai 1999 in Kraft. Zu den institutionellen Neuerungen gehörte die verstärkte Stellung des Kommissionspräsidenten, die Obergrenze von 700 Sitzen im EP und die Ausweitung des Mitentscheidungsverfahrens auf über 20 neue Politikbereiche. Ein auch symbolisch wichtiger Schritt gelang mit der Einführung des Amtes eines „Hohen Vertreters" der GASP. Dieser sollte der bisher kaum gemeinsamen Außenpolitik der EU (besonders sichtbar in der sog. Balkankrise in der ersten Hälfte der 1990er Jahre) neuen Schwung verleihen.

Sowohl durch die Aufnahme der „Petersberger Aufgaben"[45] (humanitäre, friedenssichernde und friedensschaffende Aktionen) als auch der WEU in das Primärrecht der EU wurde versucht, ein stärkeres sicherheitspolitisches Profil zu gewinnen. Ebenfalls in den Vertrag integriert wurde das Schengener Abkommen.[46] Verstärkt wurde die Zusammenarbeit im Be-

44 Dazu zählt auch die neue Nummerierung der Artikel des EU- und EG-Vertrags.

45 Die Petersberger Aufgaben wurden Ende Juni 1992 bei einer Tagung des Ministerrats der WEU geschaffen, die im Hotel Petersberg bei Bonn stattfand.

46 Siehe dazu Kap. 9.6.

reich Justiz und Inneres („Dritte Säule“) durch die Schaffung eines Raums der Freiheit, der Sicherheit und des Rechts (RFSR). Im Vertrag von Amsterdam gelang es allerdings nicht, die notwendigen institutionellen Reformen vorzunehmen. Anstelle von Maastricht-*left-overs* wurde nun von den Amsterdam-*left-overs* gesprochen. Vor allem war es nicht gelungen, die Union „bürgernäher“ zu gestalten bzw. das „Demokratiedefizit“, welches seit spätestens 1991 in aller Munde war, zu beseitigen.

Die Möglichkeit, eine „bürgernähere“ Union zu verwirklichen, bot sich durch den Ausbau eines gemeinsamen europäischen Grundrechtsschutzes. Auf deutsche Initiative wurde im Dezember 1999 ein Konvent unter der Leitung des früheren deutschen Bundespräsidenten Roman Herzog eingesetzt, der bereits nach kurzer Zeit (Dezember 2000) eine Charta der Grundrechte vorlegte. Die Bedeutung dieser Charta lag v. a. im politischen Bereich, da das Fehlen eines vertraglichen Grundrechtskatalogs durch die Rechtsfortbildung des EuGH ohnehin großteils ausgeglichen wurde. Mit Inkrafttreten des Vertrags von Lissabon (1. Dezember 2009) ist die Grundrechtecharta nunmehr Teil des europäischen Primärrechts. In der Charta verankerte Rechte sind nunmehr für die Mitgliedstaaten verbindlich, wenn sie EU-Recht umsetzen, und damit einklagbar.

Vier Tage und eine Nacht rangen die Staats- und Regierungschefs auf der Regierungskonferenz von Nizza im Dezember 2000 um Ergebnisse. Die Verhandlungen wurden treffend als „Bazar“ von Nizza bezeichnet, auf dem nationale Eitelkeiten die Agenda dominierten. Einmal mehr war das Ziel die Institutionenordnung der EU so zu reformieren, dass die Union auch nach Aufnahme neuer Mitglieder arbeits- und entscheidungsfähig bleibt. Am 26. Februar 2001 wurde das Vertragswerk unterzeichnet – und seine Kritiker waren bei Weitem zahlreicher als seine Befürworter: zu technokratisch, zu kompliziert, intransparent und undemokratisch und v. a. nicht der notwendige Reformschritt. So scheiterte der Vertrag auch im nationalen irischen Referendum, wo er am 7. Juni 2001 mit 53,78 Prozent abgelehnt wurde. Erst in einem zweiten Anlauf stimmte die irische Bevölkerung im Oktober 2002 für den Vertrag, nachdem der Rat von Sevilla im Juni 2002 bekräftigte, dass die GASP-Bestimmungen des Vertrages die Neutralität Irlands nicht berühren würden. Der Vertrag von Nizza trat schließlich am 1. Februar 2003 in Kraft.

Folgende Neuerungen wurden vereinbart: Die großen Staaten verzichteten ab November 2004 auf „ihr“ zweites Mitglied in der Kommission und es wurde eine Neuverhandlung der Kommissionsgröße ab dem 27. Mitglied vereinbart. Des Weiteren kam es zu einer Stärkung der Stellung des Kommissionspräsidenten, der nun Kommissionsmitglieder mit Billigung des Gesamtkollegiums zum Rücktritt auffordern konnte; das bisher als sakrosankt geltende Kollegialitätsprinzip wurde damit gelockert. Im Rat kam es zu einer Neugewichtung der Stimmverteilung: Die vier größten Mitgliedstaaten erhielten 29, Malta als kleinster Mitgliedstaat drei Stimmen. Mehrheitsentscheidungen sind nur noch möglich, wenn eine Mehrheit der Stimmen, der Staaten und der Bevölkerung[47] erreicht wird. Im Gegenzug einigte man sich auf eine Obergrenze von 732 Sitzen im EP bei 27 Mitgliedern – die Abgeordnetenzahl wurde zur Verschubmasse für die teilweise als ungerecht empfundene Stimmverteilung im Rat. Des Weiteren wurde eine neuerliche Ausweitung der qualifizierten Mehrheitsentscheidungen beschlossen, da klar war, dass bei 27 Mitgliedern Einstimmigkeit nur noch schwer erzielt werden konnte. Um der erweiterten Union Rechnung zu tragen, wurde auch die Zahl der Mitglieder des WSA und des AdR auf die Zahl 344 festgelegt. Der Vertrag von Nizza schuf zudem die Agentur EUROJUST zur Bekämpfung der organisierten Kriminalität. Dieser Kampf umfasst die Koordinierung der Ermittlungen von Strafverfolgungsbehörden, die verbesserte Zusammenarbeit bei der Rechtshilfe sowie die Effizienzsteigerung grenzüberschreitender Strafverfolgungsmaßnahmen.

Bereits im Amsterdamer Vertrag waren Regeln zur verstärkten Zusammenarbeit zwischen einzelnen Mitgliedstaaten eingeführt worden. Diese Regeln sollten garantieren, dass es aufgrund einzelstaatlicher Vorbehalte nicht zu einer totalen Blockade der Unionspolitik kommt. Der Vertrag von Nizza formulierte diese Regeln neu und weitete sie auch auf die GASP aus. Die vom Grundrechtekonvent erarbeitete Charta wurde auf dem Gipfel von Nizza zwar feierlich verkündet, mehr als der Status einer Erklärung ohne gesetzliche Bindung kam dieser Verabschiedung aber nicht zu.

Am 4. Februar 2000 kam es aufgrund der Regierungsbeteiligung der rechtspopulistischen FPÖ zur Verhängung von „Sanktionsmaßnahmen" gegen die österreichische Bundesregierung. Obwohl ein sog. Weisen-Komitee diese im September 2000 in einem Bericht als kontraproduktiv bezeichnete und sie wieder aufgehoben wurden, erfolgte im Vertrag von Nizza auch eine Neufassung des Art. 7 EUV. Dieser Artikel regelt die Verhängung

47 Art. 205 EGV wurde ein Absatz hinzugefügt, demgemäß ein Mitglied des Rates beantragen kann, dass bei einer Beschlussfassung mit qualifizierter Mehrheit überprüft wird, ob diese qualifizierte Mehrheit zumindest 62 Prozent der Gesamtbevölkerung der Union repräsentiert. Ist dies nicht der Fall, kommt der betreffende Beschluss nicht zustande.

von Sanktionen wegen schwerwiegender und anhaltender Verletzung der Grundsätze der Union.

Im April 2003 wurden in Athen die Verträge mit Estland, Lettland, Litauen, Malta, Polen, der Slowakei, Slowenien, der Tschechischen Republik, Ungarn und Zypern unterzeichnet, die nach erfolgreichen innerstaatlichen Ratifikationen am 1. Mai 2004 der EU beitraten. Die nunmehr letzte Erweiterungsrunde wurde mit dem Beitritt von Rumänien und Bulgarien am 1. Januar 2007 abgeschlossen. Ohne Zweifel stellt die bisher größte Erweiterungsrunde die EU vor beträchtliche Herausforderungen. Zum einen verstärkt sich die Heterogenität der Union, da die osteuropäischen Länder (noch) über ein geringeres Wirtschaftspotenzial verfügen und kurz nach der Wiedergewinnung der staatlichen Unabhängigkeit einer Vertiefung – und damit Abgabe von Souveränität – skeptisch gegenüberstehen.

Die EU-25 umfasst auf einer Fläche von über drei Millionen Quadratkilometern heute 450 Millionen Einwohner (zum Vergleich: die Russische Föderation 143,4 Millionen Einwohner auf 17 Millionen Quadratkilometern; die USA 290,8 Millionen Einwohner auf 9,8 Millionen Quadratkilometern; China 1,3 Milliarden Einwohner auf 9,5 Millionen Quadratkilometern) und ist der größte Exporteur von Waren und Dienstleistungen. Zwar hat sich das BIP durch den Beitritt der zehn Länder um ca. 4,8 Prozent gesteigert, das BIP pro Kopf ist allerdings um 12,4 Prozent gesunken. Es gehört zur Verantwortung der reichen Mitgliedsländer, für eine wirtschaftliche und soziale Kohärenz des europäischen Binnenmarktes und für eine Stabilisierung der Demokratie zu sorgen – ebenso wie dies im Falle Griechenlands, Portugals, Spaniens und Irlands geschehen ist. Dabei ist allerdings zu bedenken, dass das Ausmaß der notwendigen Hilfestellung um ein Vielfaches größer ist und die wirtschaftliche Situation (auch aufgrund der rigorosen Stabilitätsorientierung der EZB) der etablierten Mitgliedsländer eine angespannte ist.

Am 16./17. Dezember 2004 einigten sich die Staats- und Regierungschefs darauf, Beitrittsverhandlungen mit der Türkei und Kroatien aufzunehmen. Diese starteten im Oktober 2005 und lösten erwartungsgemäß eine emotionsgeladene Debatte über einerseits die Aufnahmefähigkeit der EU und andererseits die „Europareife" der Türkei aus. In der öffentlichen Diskussion wurde zumeist vergessen, dass die Türkei ohnehin bereits seit 1963 mit der E(W)G assoziiert ist, seit 1996 mit ihr eine Zollunion bildet und seit Dezember 1999 (Europäischer Rat von Helsinki) Kandidatenstatus besitzt. Im Vordergrund stehen vielmehr die demokratische Qualität der türkischen Institutionen, gravierende Menschenrechtsverletzungen, die Diskriminierung der kurdischen Minderheit sowie der allzu große Einfluss des Militärs im politischen System der Türkei. Tiefer liegende Ressentiments fanden ihren Ausdruck zudem in den Aussagen über die mangelnde europäische (aber auch christliche) Identität des Landes. Auf Druck der medialen Öffentlichkeit forderten einige Staaten, so z. B. Österreich, das Konzept des Vollbeitritts zu revidieren und der Türkei eine „privilegierte Partnerschaft" anzubieten. Nachdem die Türkei erhebliche zivilrechtliche Reformschritte unternommen hatte, wurden im Jahr 2005 die formalen Beitrittsverhandlungen mit der Türkei aufgenommen – gleichzeitig mit Kroatien.[48]

Bisher konnte lediglich ein Kapitel (von insgesamt 35) – Wissenschaft und Forschung – mit der Türkei abgeschlossen werden. Wesentliche Hürde für die Verhandlungen ist die türkische Haltung in der Zypernfrage und die Weigerung, das Zusatzprotokoll zum Ankara-Abkommen[49] zu unterzeichnen. Auf dem Gipfel des Europäischen Rates im Dezember 2006 wurde daher beschlossen, acht Verhandlungskapitel zu suspendieren und kein Kapitel vorläufig zu schließen. Faktisch bedeutet dies, dass der Verhandlungsprozess ruhend gestellt ist. Selbst wenn alle Probleme gelöst und Verhandlungskapitel geschlossen würden, haben einige Staaten bereits angekündigt, die Ratifizierung eines etwaigen Beitrittsvertrages mit der Türkei einem nationalen Referendum zu unterwerfen. Angesichts der derzeitigen großen Skepsis gegenüber einem EU-Mitglied Türkei, aber auch der erfolgenden Ostorientierung der türkischen Außenpolitik, bleibt fraglich, ob dieser Beitritt jemals Realität wird. Faktum ist, dass es gewaltiger ökonomischer Anstrengungen bedarf, um ein Land mit 74 Millionen Einwohnern, einem Bruttoinlandsprodukt pro Kopf von weniger als 30 Prozent des EU-Durchschnitts und geringer Industrialisierung an die Union heranzuführen.

Neben der Türkei und Kroatien stehen noch weitere Mitgliedschaftsaspiranten vor den Toren der Union: Island reichte am 17. Juli 2009 sein Beitrittsgesuch ein. Durch die internationale Finanzkrise und die unverantwortliche Kreditpolitik einiger Banken an den Rande des Bankrotts getrieben,

48 Ursprünglich wollte man die Beitrittsverhandlungen mit Kroatien bereits im März 2005 beginnen. Der Verhandlungsbeginn wurde jedoch zunächst auf unbestimmte Zeit verschoben, da man die Zusammenarbeit des Landes mit dem Internationalen Strafgerichtshof in Den Haag als ungenügend beurteilt hatte. Im Oktober 2005 bescheinigte die Chefanklägerin des Gerichtshofes, Carla del Ponte, eine zufriedenstellende Zusammenarbeit und die Verhandlungen wurden gleichzeitig mit der Türkei aufgenommen.

49 Dieses Zusatzabkommen dehnt die Zollunion zwischen der Türkei und der EU auch auf die zehn neuen Mitgliedstaaten aus.

blieb Island nichts anderes übrig, als in der zuvor ungeliebten Union vorzusprechen. Die im Sommer 2010 aufgenommenen Beitrittsverhandlungen werden sich v. a. an der Frage der Fischfangrechte[50] entscheiden, da in dem übrigen Kapiteln keine ernsthaften Probleme zu erwarten sind. Mazedonien wurde im Dezember 2005 der Status eines Beitrittskandidaten verliehen, Montenegro im Dezember 2010. Es kann angenommen werden, dass nach erfolgreicher Bewältigung der Eurokrise Länder wie Albanien (Bewerbung um Mitgliedschaft eingereicht im April 2009), Serbien (Bewerbung um Mitgliedschaft eingereicht im Dezember 2009), Bosnien und Herzegowina sowie Kosovo verstärkt auf eine Mitgliedschaft drängen werden.

Ein eminent wichtiges Ergebnis des Vertrags von Nizza ist die Erklärung zur Zukunft der Union (Erklärung Nr. 23). In dieser Erklärung sprachen sich die Mitgliedstaaten für die Aufnahme eines breit angelegten Dialogs aus *(Post-Nizza-Prozess)*, der insbesondere vier Themen umfassen sollte: den Status der Charta der Grundrechte, die Abgrenzung der Kompetenzen zwischen Mitgliedstaaten und EU, die Rolle der nationalen Parlamente im europäischen Willensbildungsprozess und die Vereinfachung der Verträge.

In der Erklärung von Laeken, angenommen am Gipfel vom 14./15. Dezember 2001, wurde in über 60 Fragen die Reformnotwendigkeit der Union angesprochen. Unter anderem forderte die Erklärung auch die Einsetzung eines neuen Gremiums zur Ausarbeitung von Reformvorschlägen, da sich Regierungskonferenzen – nach Art. 48 EUV die einzig berechtigte Institution zur Änderung der Vertragstexte – offensichtlich nicht mehr als das geeignetes Instrument erwiesen, um nationale Eitelkeiten und Egoismen zu überwinden. Zumindest dies hat die Regierungskonferenz von Nizza deutlich gezeigt. Nach dem Vorbild des Grundrechtekonvents wurde nun ein Verfassungskonvent einberufen. Der Konvent unter der Leitung des früheren französischen Präsidenten Valéry Giscard d'Estaing umfasste 105 Mitglieder (plus 102 Stellvertreter): Regierungsvertreter, Abgeordnete der nationalen Parlamente und des EP sowie Mitglieder der Kommission. Die Beitrittskandidaten waren ebenso vertreten, konnten einen möglichen Konsens jedoch nicht verhindern. Bereits von Anfang an machte Giscard d'Estaing klar, dass der Konvent zur Ausarbeitung einer Verfassung und nicht lediglich zwecks einer Vorschlagssammlung zusammengetreten war. Nach etwas mehr als 17 Monaten Verhandlungen präsentierte der Konvent einen Europäischen Verfassungsentwurf. Dieser wurde am 18. Juli 2003 der damaligen italieni-

50 Vgl. die sog. „Kabeljaukriege" (1958–1975) zwischen Großbritannien und Island.

schen Ratspräsidentschaft überreicht und diente der folgenden Regierungskonferenz als Grundlage für weitere Verhandlungen.

Im Dezember 2003 scheiterte der Brüsseler Verfassungsgipfel der Staats- und Regierungschefs an der Frage der „doppelten Mehrheit" (Staaten und Bevölkerung) bei Abstimmungen im Rat. Insbesondere Spanien und Polen sprachen sich für die Beibehaltung des Systems von Nizza aus, das ihnen ein vergleichsweise größeres Gewicht zusprach. Eine ebenfalls vorgeschlagene Verkleinerung und Zweiteilung der Kommission in 15 stimmberechtigte und zehn nicht stimmberechtigte Kommissare (sog. „EU-nuchen") stieß am Verfassungsgipfel ebenfalls auf Ablehnung. Finnland, Griechenland, Österreich, Portugal und die damaligen Kandidatenländer mit Ausnahme Polens forderten die Beibehaltung je eines stimmberechtigten Kommissars pro Mitgliedsland. Es wurde sehr deutlich, dass, obwohl sich die Regierungsvertreter im Konvent für den Verfassungsvertrag ausgesprochen und ihre Unterschrift unter das Abschlussdokument gesetzt hatten, der Europäische Rat schon am Gipfel in Rom im Oktober 2003 eine lange Liste von Änderungswünschen hatte. Es gelang erst unter irischer Ratspräsidentschaft, einen gemeinsamen Nenner zu finden. Allerdings sollte sich die am 18. Juni 2004 von Bertie Ahern, dem damaligen irischen Ratspräsidenten, freudig verkündigte Mitteilung über die Annahme des Vertrags über eine Verfassung für Europa (VVE) als verfrüht herausstellen. Am 29. Mai 2005 votierten 54,7 Prozent der Franzosen gegen den Verfassungsvertrag; am 1. Juni 2005 gaben 61,6 Prozent der Niederländer ebenfalls ein negatives Votum ab. Angesichts dieser Ergebnisse gelangte der Europäische Rat auf seiner Tagung am 16./17. Juni 2005 zu der Einschätzung, dass im Lichte der negativen Referenden eine gemeinsame Nachdenkpause angebracht sei und der Ratifizierungsprozess bis Mitte 2007 verlängert wird.[51]

Angesichts der Interpretation, die das französische Nein auch als ein Votum gegen den amtieren Staatspräsidenten Jacques Chirac verstand, und der im Mai 2007 anstehenden französischen Präsidentschaftswahlen war diese Pause ein kluger Schachzug. Aber bereits unter österreichischer Präsidentschaft wurde im Januar 2006 vorgeschlagen, den Ratifizierungsprozess wieder in Gang zu bringen, was allgemein kritisiert wurde. Ein Ende der Reflexionspause zeichnete sich erst auf dem Europäischen Rat im Juni 2006

51 Erklärung der Staats- und Regierungschefs der Mitgliedstaaten der Europäischen Union zur Ratifizierung des Vertrags über einer Verfassung für Europa, Tagung des Europäischen Rates am 16./17. Juni 2005 (SN 117/05) (http://ue.eu.int/ueDocs/cms_Data/docs/pressData/de/ec/85329.pdf).

ab: Man einigte sich auf eine Lösung der Vertragskrise bis zum Ende des Jahres 2008, wenn Frankreich die Ratspräsidentschaft innehaben würde. Der deutschen Ratspräsidentschaft im ersten Halbjahr 2007 traute man unter Führung von Angela Merkel die formale Ausarbeitung der Grundzüge eines neuen Vertrages zu. Geschickt wurde anlässlich der Feiern zum 50. Jahrestag der Römischen Verträge eine „Berliner Erklärung" lanciert, die neben feierlichen Erklärungen zu grundlegenden Werten und Zielen der Union auch ein Bekenntnis zu den Zielen der Verfassung beinhaltete. Diese Erklärung bildete die Basis für Verhandlungen hinter den Kulissen, in denen Deutschland die Positionen der einzelnen Mitgliedschaften zum Verfassungsvertrag sondierte. Die Frage war, welche Inhalte übernommen werden konnten und welche Inhalte einer Änderung bedürfen. Im Juni 2007 beschloss der Europäische Rat, von einer weiteren Ratifizierung des Verfassungsvertrags abzusehen und stattdessen eine Regierungskonferenz mit dem expliziten Mandat der Ausarbeitung eines Reformvertrags zu beauftragen.

Bereits nach relativ kurzer Zeit (Oktober 2007) einigte man sich in der Regierungskonferenz auf den Inhalt des neuen *Vertrags von Lissabon* (auch Reformvertrag genannt), der am 13. Dezember formell unterzeichnet wurde. Bevor er in Kraft treten konnte, musste einmal mehr eine Ratifizierung in allen Mitgliedstaaten durchlaufen werden – und einmal mehr gab es Zweifel, ob dies gelingen würde. Im Sommer 2008 stimmte das irische Wahlvolk mit 53,1 Prozent gegen den neuen Vertrag. Die Gegner des Vertrags, hier v. a. die von Declan Ganley gegründete Plattform Libertas, führten eine äußerst erfolgreiche Kampagne, die allerdings mit dem Inhalt des Vertrags wenig zu tun hatte. Nachdem Irland weit reichende Garantien zugesichert worden waren[52], kam es bei einem neuerlichen Referendum im Herbst 2009 zu einer positiven Abstimmung. In Österreich wurde die parlamentarische Ratifikation von heftigen Protesten und Forderungen nach einem Referendum begleitet. Auf konservativer Seite hatte man Angst vor der Aushöhlung der Neutralität, auf sozialdemokratischer Seite befürchtete man einen europaweiten Ausbau der Kernenergie – auf rechtsextremer Seite bemühte man einmal mehr vollkommen bizarre Argumente: von der Wiedereinführung der Todesstrafe und der Errichtung eines zentralistischen Superstaates bis zum Ende der österreichischen Identität. Dennoch stimmte der Nationalrat am 9. April 2008 mit 151 Ja- gegen 27 Nein-Stimmen für den Vertrag. So konnte der Vertrag von Lissabon am 1. Dezember 2009 in Kraft treten.

52 So wurde z. B. der irischen Forderung nach einem Kommissionsmitglied pro Land stattgegeben und ein Zusatzprotokoll zu Steuerfragen vereinbart.

Inhaltlich gleicht der Vertrag von Lissabon dem Verfassungsvertrag über weite Strecken, staatsähnliche Bestimmungen (z. B. Flagge und Hymne) wurden jedoch gestrichen. Eine Bereinigung im Sinne einer klareren Strukturierung der Verträge ist einmal mehr unterblieben. Der vollständige Titel des Vertrages lautet „Vertrag von Lissabon zur Änderung des Vertrags über die Europäische Union und des Vertrags zur Gründung der Europäischen Gemeinschaft".[53] Er besteht aus zwei Teilen: dem Vertrag über die EU (EUV) und dem Vertrag über die Arbeitsweise der Union (AEUV) – dieser löst den „Vertrag zur Gründung der Europäischen Gemeinschaft" (EGV) ab. Der Vertrag bringt weit reichende institutionelle und prozedurale Änderungen.[54] So wird der Europäische Rat zu einem Organ der EU und unterliegt damit der Rechtssprechung des EuGH. Des Weiteren verfügt er nunmehr über einen permanenten Vorsitzenden, der für zweieinhalb Jahre gewählt wird (Art. 15 EUV). Derzeit ist dies der Flame Herman van Rompuy. Deutlicher Gewinner des neuen Vertrags ist das Europäische Parlament: Es erhält volle Mitentscheidungsrechte im Rahmen des Haushaltsverfahrens sowie ein konkurrierendes Initiativrecht für die Änderung der Verträge.

Die Umwandlung des Kodezisionsverfahrens zum „ordentlichen Gesetzgebungsverfahren" (Art. 294 AEUV) und die Ausweitung des Anwendungsbereiches lassen das EP zum vollwertigen Partner im Legislativverfahren werden. Die Anzahl der Mitglieder des EP wurde auf 750 plus Parlamentspräsident festgelegt (zuvor 736). Das EP wählt nunmehr auch den Präsidenten der Kommission – dieser wird allerdings zuvor vom Europäischen Rat unter Berücksichtigung der Wahlergebnisse zum EP designiert (Art. 17 Abs. 7 EUV). Ebenfalls eine Aufwertung erfuhren die nationalen Parlamente (Art. 12 EUV): In einem sog. Frühwarnsystem können sie innerhalb von acht Wochen nach Einbringung eines Legislativvorschlags durch die Kommission Subsidiaritätsbedenken vortragen. Wird dies von einem Drittel der nationalen Parlamente getragen, muss die Kommission ihren Vorschlag überprüfen. Im Rat gilt bei Abstimmungen nunmehr das Prinzip der doppelten Mehrheit. Für eine Entscheidung müssen 55 Prozent der Mitgliedstaaten zustimmen, die mindestens 65 Prozent der EU-Bevölkerung repräsentieren. Diese Regelung tritt allerdings erst 2014 in Kraft und auf Verlangen eines Mitgliedstaates kann sogar bis 2017 nach der Regelung des Vertrags von Nizza abgestimmt werden (siehe Erklärung Nr. 7).

53 Im Gegensatz zum Verfassungsvertrag ersetzt der Vertrag von Lissabon auch nicht die bestehenden Verträge, sondern ergänzt sie lediglich.

54 Zu Details siehe Kap. 4 und 6.

Neu ist das Verfahren der Europäischen Bürgerinitiative, mit welchem die Europäische Kommission dazu aufgefordert werden kann, einen Rechtsakt vorzuschlagen (so er in die Zuständigkeit der Kommission fällt), wenn dies von einer Million wahlberechtigter Unionsbürger unterstützt wird.[55]

Zwar gelang es nicht, wie vom Verfassungsvertrag vorgeschlagen, die Umbenennung des Hohen Vertreters der GASP in Außenminister in den Vertrag von Lissabon zu retten, wesentliche Veränderungen betreffen aber den „Doppelhut" der Hohen Vertreterin – seit 2009 ist dieses Amt mit der Britin Catherine M. Ashton besetzt. Sie ist Ständige Vorsitzende der neugeschaffenen Ratsformation Auswärtige Angelegenheiten und Vizepräsidentin der Kommission. Unterstützt wird sie vom im Aufbau befindlichen Europäischen Auswärtigen Dienst (EAD). Weiters enthält der Vertrag von Lissabon einen Kompetenzkatalog, welcher zwischen ausschließlichen, geteilten und unterstützenden Kompetenzen unterscheidet (Art. 2 AEUV). Damit will man Unklarheiten über Zuständigkeiten vermeiden. Einer langjährigen Forderung kommt die Zuerkennung von Rechtspersönlichkeit der EU nach (Art. 47 EUV). Die Grundrechtecharta, die im Jahr 2000 vom Europäischen Rat in Nizza verabschiedet worden war, jedoch keinerlei Rechtsverbindlichkeit besaß, wird nun rechtskräftig (Art. 6 Abs. 1 EUV).

Der Vertrag von Lissabon erfüllte nicht alle Hoffnungen derjenigen, die Europas Zukunft in einem Bundesstaatsmodell sehen, er ist jedoch ein wichtiger Schritt, die Handlungsfähigkeit der Union zu erhalten, sie transparenter und demokratischer zu gestalten und für die Herausforderungen einer Gemeinschaft mit 27 Mitgliedern zu rüsten. Eine Union der 27+ erfordert andere Entscheidungsmechanismen und eine andere institutionelle Struktur als eine Gemeinschaft der Sechs, wenn sie das selbstgewählte Ziel einer „neuen Stufe der Integration" und „einer immer engeren Union der Völker Europas" (Präambel, EUV) erreichen will. Ständige, wenn auch nicht immer erfolgreiche Adaptionen des politischen Systems sind aus den Nationalstaaten bekannt. Auf europäischer Ebene gestaltet sich die Suche nach neuen Strukturen ebenso schwierig, denn das europäische Projekt ist nichts Statisches, sondern „ein Prozess ständiger Schöpfung auf wirtschaftlichem, gesellschaftlichem, institutionellem und damit politischem Gebiet" (Groeben 1987: 18).

55 Siehe dazu die Verordnung (EU) Nr. 211/2011 des Europäischen Parlaments und des Rates vom 16. Februar 2011 über die Bürgerinitiative.

Weiterführende Literatur

Brunn, G. (2002). *Die Europäische Einigung von 1945 bis heute*, Stuttgart: Reclam.

Dinan, D. (Hg.) (2006). *Origins and Evolution of the European Union*, Oxford: Oxford University Press.

Gehler, M. (2010). *Europa. Ideen, Institutionen, Vereinigung*, München: Olzog.

Gillingham, J. (2003). *European Integration, 1950–2003: Superstate or New Market Economy?*, Cambridge: Cambridge University Press.

Judt, T. (2005). *Postwar. A History of Europe since 1945*, London: Penguin.

Knipping, F. (2004). *Rom, 25. März 1957. Die Einigung Europas. 20 Tage im 20. Jahrhundert*, München: dtv.

Websites

http://library.byu.edu/~rdh/eurodocs – umfangreiche historische Dokumentensammlung.

www.ena.lu und http://www.eu-history.leidenuniv.nl – spezialisiert auf die europäische Integrationsgeschichte.

http://aei.pitt.edu/aei-eu.html – ausgezeichnete Dokumentensammlung der Universität Pittsburgh.

http://vlib.iue.it/hist-eur-integration/Index.html – hilfreich aufgrund zahlreicher Suchmöglichkeiten.

http://europa.eu.int/abc/history/index_de.htm – offizielle Seite der EU zur Geschichte der Integration.

http://www.swp-berlin.org/fileadmin/contents/products/arbeitspapiere/Vertrag_Lissabon_Kurzkommentar_3rd_edition_090421_KS.pdf – Papiere der Forschungsgruppe Europäische Integration der Berliner Stiftung Wissenschaft und Politik speziell zum Vertrag von Lissabon (Kurzkommentar von A. Maurer und J. Lieb).

http://www.swp-berlin.org/de/swp-themendossiers/die-eu-nach-lissabon/der-weg-nach-lissabon.html – Analyse der Genese des Lissabonner Vertrags.

3 Theorien der Europäischen Integration

Theorien sind Sätze von Aussagen, die in einem logischen Zusammenhang stehen und beanspruchen, die Wirklichkeit in überprüfbarer und nachvollziehbarer Weise zu erklären. Sie dienen weiter dazu, Untersuchungsdaten zu strukturieren und aus den gewonnenen Ergebnissen Schlüsse zu ziehen und Prognosen abzugeben. Theorien sind ein integraler Bestandteil menschlichen Lebens und ein konstitutiver Bestandteil wissenschaftlichen Arbeitens, da sie unsere Beobachtungen anleiten und ordnen. Weil unser Wissen nicht neutral ist, müssen wir die Regeln, nach denen es zustande gekommen ist, immer wieder überprüfen und gegebenenfalls verbessern. Die Existenz von mehreren Theorien zur Erklärung ein und derselben Realität ist so nicht Ausweis der Beliebigkeit, sondern Ausdruck des Strebens nach Verbesserung, nach einer exakteren Erklärungen unserer sozialen Welt und ihrer Phänomene. Integrationstheorien versuchen den Prozess, aber auch das Ergebnis der Integration zu analysieren, zu erklären und zukünftige Entwicklungsmöglichkeiten und -pfade aufzuzeigen.

Die nach dem Ende des Zweiten Weltkriegs entstandenen internationalen und europäischen Institutionen zum Wiederaufbau Westeuropas boten sowohl ein Anwendungsfeld für bestehende Theorien aus den Internationalen Beziehungen als auch ein Laboratorium für die Entwicklung neuer Ansätze. Wie sollte die substanzielle Transformation Westeuropas erklärt werden? Welche Auswirkungen hat die Abgabe von Souveränitätsrechten an eine supranationale Ebene auf die Rolle des Staates? War Westeuropa auf dem Weg zu einer postnationalen Ordnung etc.? Zur Beantwortung dieser Fragen musste erst überprüft werden, ob das für die internationalen Beziehungen von der Politikwissenschaft entwickelte analytische Instrumentarium tauglich war. War z. B. die EGKS aber mehr als eine internationale Organisation, dann würden auch neue theoretische Ansätze zur Klärung notwendig werden. Es dauerte bis zu Beginn der 1970er Jahre, bis problematisiert wurde, dass es keinerlei verbindliche Definition von „Integration" gab – ein Problem, das unter dem Namen „dependent variable problem" bekannt wurde. Ist Integration ein Prozess oder ein Ergebnis? Ist sie ein primär ökonomisches oder politisches Phänomen? Ab welchem Zeitpunkt können Staaten als integriert gelten?

Ernst Haas (1958: 16), der wichtigste Vertreter des neofunktionalistischen Theorieansatzes, definierte politische Integration als den Prozess, „whereby political actors in several, distinct national settings are persuaded to shift their loyalties, expectations and political activities toward a new centre, whose institutions process or demand jurisdiction over the pre-existing national states. The end result of a process of political integration is a new political community, superimposed over the pre-existing ones." Haas bietet eine sehr weit reichende Definition an, da er sowohl soziale (den Transfer von Loyalität) als auch politische Prozesse inkludiert (vgl. Wiener/Diez 2004: 2). William Wallace (1990: 9) definiert Integration als „the creation and maintenance of intense and diversified patterns of interaction among previously autonomous units" und unterscheidet zwischen „formaler" und „informeller" Integration. Erstere besteht aus den Resultaten zielgerichteter Politik wie z.B. die Einrichtung von Institutionen und das Formulieren von Politiken. Letztere umfasst Prozesse, die für das Handeln der Akteure Konsequenzen haben, selbst wenn sie nicht formell geregelt sind und ohne aktives Eingreifen der politischen Autoritäten zustande kommen.

Wallace fokussiert im Unterschied zu Haas mehr auf die Wechselwirkung zwischen ökonomischen und politischen Prozessen. Dies spiegelt auch die Auffassung der frühen Theorien von der Integration als primär politischem Prozess wider. Im Folgenden wird unter Integration die „friedliche und freiwillige Zusammenführung von Gesellschaften, Staaten und Volkswirtschaften über bislang bestehende nationale, verfassungspolitische und wirtschaftspolitische Grenzen hinweg" verstanden (Kohler-Koch/Schmidberger 1996: 152).

Auf folgende Fragen will die Integrationstheorie Antworten finden: (1) Warum sind Staaten bereit, Teile ihrer Souveränität abzugeben? (2) In welchen Bereichen sind sie bereit Kompetenzen abzugeben? (3) Welche Form der institutionellen Ausgestaltung finden sie dafür? (siehe Rittberger/Schimmelfennig 2005: 22). Integrationstheorien können nicht lediglich mit Blick auf die historische Entwicklung der EU entworfen werden. Vielmehr müssen laufende Politikprozesse im „dynamischen Mehrebenensystem" erklärt werden. D.h., es müssen Erklärungen für das Zustandekommen von Politikentscheidungen unter bestimmten Bedingungen geboten werden.

Funktionalismus, Neofunktionalismus, Regimeanalyse, Liberaler Intergouvernementalismus, Institutionalismus, Mehrebenen-Governance, Konstruktivismus, Regulationstheorie, Rationalismus, Transaktionalismus – es herrscht wahrlich kein Mangel an Theorien zur Erklärung des europäischen Integrationsprozesses und seiner Konsequenzen. Zumeist handelt es sich aber bei den jüngeren Ansätzen nicht um Theorien im Sinne der obigen Definition, sondern um „more or less elaborate languages for describing what the authors thought had taken place in the recent past – devoid of any discrete and falsifiable hypotheses" (Schmitter 2004: 45). Grob kann in supranationalistische und intergouvernementalistische Theorien differenziert werden. Die wesentliche Unterscheidung zwischen Supranationalismus und Intergouvernementalismus besteht in der Antwort auf die Frage, welche Akteure – Staaten oder europäische Institutionen – die treibenden Kräfte des Integrationsprozesses sind. Im Intergouvernementalismus wird die Rolle der Mitgliedstaaten betont, die, unabhängig vom Grad der Vergemeinschaftung, gemäß ihren Interessen den Integrationsprozess steuern und kontrollieren. Der Supranationalismus hingegen sieht in den europäischen Institutionen von den Staaten unabhängige Akteure[1], die den Integrationsvorgang durch das bewusste Setzen von Vertiefungs-, Erweiterungs- und Reformschritten lenken oder zumindest mitbestimmen. Zwar beruhen die Anfänge der Integration auf zwischenstaatlichen Verhandlungen, mit der ersten Einrichtung supranationaler Behörden wurde jedoch eine institutionelle Eigendynamik in Gang gesetzt. Damit bilden diese Institutionen den Kern eines eigenständigen politischen Systems.

Innerhalb der beiden Hauptrichtungen Supranationalismus und Intergouvernementalismus haben sich verschiedene Theorieansätze entwickelt. Zu den supranationalen Integrationstheorien gehören als wichtigste Vertreter der Neofunktionalismus und der Konstruktivismus. Intergovernementalistische Theorieansätze unterscheiden sich in der Frage, wie staatliche Präferenzen zustande kommen und welche Rolle der Staat bei der Übermittlung dieser Präferenzen auf die europäische Ebene spielt. Als wichtigster Ansatz hat sich der von Andrew Moravcsik (1993) geprägte „liberale Intergouvernementalismus" erwiesen.

1 Dies entspricht auch den Annahmen des Neo-Institutionalismus, der analysiert, welche Eigeninteressen einmal eingerichtete Institutionen entwickeln und welche Beharrungskräfte sie einer Veränderung entgegensetzen (North 1990; Pierson 1996).

3.1 Funktionalismus, Neofunktionalismus und Konstruktivismus

Die Ursprünge des Funktionalismus liegen in der Theorie der internationalen Beziehungen. David Mitrany entwickelte in seinem Buch *A Working Peace System* (1943) einen Ansatz, der das friedliche Zusammenleben in den Mittelpunkt stellte. Nicht ein Idealbild zukünftiger Gesellschaften stand ihm dabei vor Augen, sondern die Frage, welche Funktionen ein modernes, internationales, friedliches System erfüllen sollte. Mitrany hatte zu Ende des Zweiten Weltkriegs durchaus Zweifel an der Fähigkeit des Nationalstaates, die menschlichen Bedürfnisse zu befriedigen, da der Fluchtpunkt politischen Handels nicht die Erfüllung von Funktionen, sondern der Erhalt der Macht ist. Eine Einsicht, die auch von den Gründungsvätern Schuman und Monnet geteilt wurde. Handlungsanleitend folgt daraus ein technokratisch-rationalistischer Prozess der Integration, der mit den Worten „form follows function" beschrieben werden kann – nicht das Endergebnis von Integration steht im Zentrum, vielmehr ein praktischer Prozess der Erfüllung von Funktionen. Allerdings enthält der Funktionalismus ein starkes normatives Element: die Annahme, dass funktionierende internationale Organisationen zwischenstaatliche Konflikte reduzieren können. Das ist angesichts des Scheiterns des Völkerbundes zwischen zwei Weltkriegen eine gewagte Annahme.[2] Die Hauptbedeutung des Funktionalismus liegt in der Abkehr vom staatszentristischen Denken – Staaten werden nicht als die einzigen Akteure internationaler Politik gesehen – und damit in der Vorbereitung der Theorie des Neofunktionalismus.

Der Prozess (neo)funktionalistischer Integration lässt sich folgendermaßen beschreiben: Zuerst bemüht man sich um die Zusammenarbeit in einem überschaubaren technischen Bereich. Zu diesem Zweck wird eine supranationale Institution eingerichtet, z. B. die Hohe Behörde der EGKS. Funktioniert diese Zusammenarbeit zum Vorteil aller, entsteht wechselseitiges Vertrauen und eine Logik, eine weitere Zusammenarbeit in anderen Bereich zu forcieren. Diese Logik wird durch Interessengruppen, die von dieser Politikkoordination profitieren, und durch die Eigeninteressen der

2 Die Theorie des Realismus in den internationalen Beziehungen bezeichnete angesichts dieser Erfahrungen den Glauben an die friedenserhaltende Kraft internationaler Organisationen als naiv. Die einzigen Akteure in den internationalen Beziehungen sind Staaten – und Staaten streben nach dem Erhalt und Ausbau ihrer Macht.

supranationalen Institution vorangetrieben. Die Schaffung einer technokratischen Hohen Behörde in der EGKS legt Zeugnis ab von Monnets Erfahrungen als Leiter des französischen Planungsamtes. Experten sollten den Kern der Einigungsbemühungen bilden, beratende Gremien die Verbindung zu Interessengruppen leisten. Die Kombination von technischer Expertise und ökonomischen Interessengruppen in transnationalen Koalitionen würden den Integrationsprozess zwangsläufig vorantreiben (Wallace 1993: 293).

Für die klassische Politik und ihr Ziel des Machterhalts war darin wenig Platz. Monnet richtete sein Augenmerk also wesentlich auf bürokratische und ökonomische Eliten – die Zustimmung der europäischen Bevölkerungen sollte Ergebnis, aber nicht Voraussetzung der Integration sein (Wallace/Smith 1995: 140). Damit einher geht auch Monnets Zurückweisung der föderalistischen Modelle für ein geeintes Europa. Zwar akzeptierte Monnet sehr früh die Notwendigkeit einer parlamentarischen Versammlung, ihre Rechte nahmen sich jedoch sehr bescheiden aus. Dies gilt für die EGKS ebenso wie für die EG und EU. Besondere Berücksichtigung verdienen vor einer vorschnellen Qualifikation als demokratiefeindliche Konzeption die besonderen Umstände der Gründung in den 1950er Jahren. Die verheerenden Folgen des Zweiten Weltkriegs und die reale Angst vor einem dritten großen Krieg ließen eine depolitisierte und technokratische Elite als wünschenswert erscheinen, da zuerst die notwendigsten Bedürfnisse (z. B. Lebensmittelversorgung) der Bevölkerungen befriedigt werden mussten. Zwar war die politische Einigung des Kontinents immer das ultimative Ziel, zeitlich war dem aber die rasche Schaffung realer Wohlfahrtssteigerung vorgelagert – und dies konnte nur mittels einer Politik der kleinen Schritte erfolgen. Die Legitimität des Unternehmens Integration sollte sich durch Ergebnisse – den *Output* – ergeben. Der Neofunktionalismus fasste dies in einem theoretischen Rahmen zusammen.

Kernkonzept des Neofunktionalismus ist der von Ernst Haas (1958) entwickelte *Spillover*-Mechanismus[3], der von Leon Linberg (1963: 10) als eine Situation definiert wurde, „in which a given action, related to a specific goal, creates a situation in which the original goal can be assured only by taking further actions, which in turn create a further condition and a need for more action and so forth." Philippe Schmitter (1969) differenzierte das Spillover-Konzept in a) funktionale, b) politische und c) institutionelle Spillover.

3 Haas entwickelte den Funktionalismus in Auseinandersetzung mit den Schriften von David Mitrany (1943).

a) Funktionaler Spillover: Die Integration einzelner sektoraler Bereiche führt zu suboptimalen Ergebnissen, wenn nicht auch andere Bereiche integriert werden. Nehmen wir das Beispiel der EGKS: Die supranationale Regelung des Kohleabbaus und der Stahlproduktion ließ eine Integration der europäischen Transportkapazitäten als logisch erscheinen. So kommt es zur Einbeziehung weiterer Politikfelder. Ein illustratives Beispiel mag genügen: Unterschiedliche nationalstaatliche technische Standards im Eisenbahnwesen mussten zur effizienten Güterbeförderung vereinheitlicht werden; verschiedene Spurbreiten der Eisenbahnen, differierende Signalanlagen und Elektrizitätsversorgungssysteme standen einem grenzübergreifenden reibungslosen Transport entgegen. So entwickelt sich ein Integrationssog, der immer mehr Sektoren erfasst. Von der EGKS war es also ein logischer Schritt zu EEG und Euratom 1957.

b) Politischer Spillover: Erkennen politische Eliten, Bürokratien und Interessengruppen die Vorteile der Integration bei der Umsetzung ihrer eigenen Ziele, so werden sich ihre Erwartungen und ihre Loyalität auf die neue Entscheidungsebene orientieren. Es wird politischer Druck erzeugt und eine weitere Expansion der Integration gefordert, um eine Optimierung der Vorteile zu erreichen. In den frühen 1960er Jahren wurde auf Druck der europäischen Industrie ein zeitlich ehrgeizigerer Fahrplan zur Verwirklichung des Gemeinsamen Marktes in Kraft gesetzt.

c) Institutioneller Spillover: Supranationale Organe besitzen aufgrund ihrer „Schanierfunktion" zwischen den einzelnen mitgliedstaatlichen Regierungen einen Informationsvorsprung, den sie zur Förderung der Integration und zum Ausbau ihrer eigenen Kompetenzen nutzen. Als Beispiel kann der von der Europäischen Kommission initiierte Cecchini-Bericht (*The costs of non-Europe,* 1988) dienen, den Kommissionspräsident Delors als willkommene Stütze für sein in der Einheitlichen Europäischen Akte (1987) formuliertes Programm der Finalisierung des Binnenmarktes nutzte.

Der Spillover verläuft aber keinesfalls als Automatismus, sondern ist von den jeweiligen Politikbereichen, exogenen Faktoren (z. B. der Wechsel von Keynesianismus zum Liberalismus als Paradigma der US-Wirtschaftspolitik) und politischen Machtverhältnissen (wie z. B. der Stärke der Kommission, der Aufnahme neuer Mitglieder) abhängig.

Autoren, die in der Tradition des Neofunktionalismus stehen und hier in Anlehnung an Rittberger/Schimmelfennig (2005) rationalistische Supranationalismus-Vertreter genannt werden – etwa Alec Stone Sweet, Wayne Sandholtz, Neil Fligstein –, verstehen die europäische Integration als ein

Produkt dreier Faktoren: der Ausweitung transnationaler Austauschbeziehungen, der Effizienz der supranationalen Organe, diese Austauschbeziehungen zu organisieren, und der zunehmenden Regeldichte auf EU-Ebene (Stone Sweet/Sandholtz/Fligstein 2001). Transnationale Akteure profitieren von einer europaweiten Regulierung, da Transaktionskosten reduziert werden. Die Einsicht in die Vorteile und v. a. den Profit einheitlicher Regeln lässt sie an die nationalen Regierungen oder die supranationalen Organe mit der Forderung nach weiterer Integration herantreten. Die Regeln und Vorschriften, die diese Integration leiten, werden im ständigen Austausch zwischen supranationalen Organen, transnationalen Akteuren und Interessengruppen und nationalen Regierungen geschaffen und modifiziert. Dies führt zu einer „Konstitutionalisierung“ der EU.

Im Unterschied zum Funktionalismus von Ernst Haas erwarten aktuelle Autoren keinen Automatismus im Integrationsverlauf. Ging Ernst Haas noch von einem logischen Spillover-Prozess aus, so wird heute größeres Augenmerk auf die Festigung des erreichten Integrationsstandes oder sogar einer mögliche Renationalisierung *(Spillback)* gelegt.[4] Für die Stabilität des Integrationsstandes (Tsebelis 2002: 281) spricht die Annahme des historischen Institutionalismus, dass Vertrags- und Politikrevisionen aufwendig, zeitraubend und potenziell konfliktreich sind. Veränderungen sind oft von einer qualifizierten Mehrheit oder gar Einstimmigkeit abhängig: Profitiert eine Gruppe von Staaten von einer Regelung, können Änderungen blockiert werden.[5] Zudem sind die Investitionskosten zur Anpassung nationaler Regelsysteme sehr hoch – eine Entflechtung im Falle eines Austritts extrem aufwendig und kostenintensiv und für die nationalen Volkswirtschaften wohl ein nicht zu verkraftender Schock. Ein wichtiger Kritikpunkt am (Neo-)Funktionalismus betrifft dessen Schwierigkeiten, Stagnationsphasen der Integration, wie z. B. die „Krise des leeren Stuhls“ (1963–1965), zu erklären. Die Vertiefung des europäischen Integrationsprozesses verlief keineswegs so linear, wie vom Funktionalismus angenommen. Des Weiteren fällt es schwer, „politische“ und „technische“ Politikbereiche zu trennen. Verschiedene Adaptionen an der Theorie wurden vorgenommen, führten jedoch nur bedingt zu einer leichteren Operationalisierbarkeit, da der theoretische Kern des (Neo-)Funktionalismus zusehends abhanden kam.

4 Bereits Leon Lindberg und Stuart Scheingold sprachen in einer Publikation im Jahr 1970 von „Spillback“.

5 Siehe dazu auch das von Fritz Scharpf (1985) entwickelte Modell der „Politikverflechtungs-Falle“.

Die konstruktivistische Variante des Supranationalismus soll hier nur der Vollständigkeit halber erwähnt werden, da bisher nur Grundzüge einer konstruktivistischen Integrationstheorie vorliegen. Grundlage des Konstruktivismus ist die von Peter Berger und Thomas Luckmann bereits 1966 formulierte Annahme einer „social construction of reality". Menschen agieren nicht unabhängig von ihrer sozialen Umgebung, sondern konstituieren sich als Akteure erst in Wechselwirkung mit ihrem Umfeld. Ebenso sind politische Institutionen Ausdruck bestimmter Ordnungsvorstellungen und Traditionen. Zentrales Element des Konstruktivismus sind Identitätsbildungsprozesse (Egeberg 1999; Checkel 1999; Risse et al. 1999; Risse 2003): Je besser ausgebildet die europäische Identität der Akteure ist, desto größer ist ihre Integrationsbereitschaft. Und je größer der Grad an erfolgreicher europäischer Integration ist, desto größer auch die Identifikation mit dem Einigungsprojekt. Ein weiterer wichtiger Faktor ist die Legitimität des Integrationsprozesses: Stehen nationale Legitimitätstraditionen und -erfordernisse mit der europäischen Konstruktion im Einklang oder sind dieser zumindest ähnlich, so erhöht sich die Integrationsbereitschaft. Zurückgewiesen werden damit rein funktionalistische Erklärungen des Integrationsprozesses bzw. die Annahme von rational agierenden Akteuren, die zu jeder Zeit absolute Sicherheit über ihre Interessen und Ziele besitzen.

Erklärungskräftig ist dieser Ansatz z. B. in der Frage der Einführung des Euro. Warum hat sich Deutschland als traditionelles Hartwährungsland auf eine Währungsunion mit Italien, Frankreich, Spanien etc. eingelassen? Thomas Risse et al. (1999) erklären dies mit dem deutschen „Euro-Patriotismus", der unter den politischen Eliten grundlegender Bestandteil der deutschen Nachkriegsidentität geworden ist. Für Großbritannien hingegen, das von Europa traditionell als „the continent" spricht, ist die Abgrenzung von Europa wichtiger als das Zugehörigkeitsgefühl zu Europa.[6] Ohne Zweifel kann der Konstruktivismus einen wichtigen Beitrag zum Verständnis der Sozialisation von Akteuren innerhalb der EU leisten.

6 Die Aufrechterhaltung der nationalen parlamentarischen Souveränität Großbritanniens als ein Grundpfeiler des britischen politischen Systems ist ein weiterer wichtiger Faktor in der Erklärung britischer Europapolitik.

3.2 (Liberaler) Intergouvernementalismus

Die Ursprünge des Intergouvernementalismus liegen in der realistischen Theorie der internationalen Beziehungen, die davon ausgeht, dass Staaten die zentralen Akteure der internationalen Politik sind (Morgenthau 1985; Hoffmann 1995) und in einem prinzipiell anarchischen Umfeld agieren, welches durch die Abwesenheit einer zentralen Autorität, die politische Entscheidungen durchsetzt, gekennzeichnet ist. Die EU weist laut den Hauptvertretern Stanley Hoffmann, Alan Milward und Andrew Moravcsik genügend Ähnlichkeiten zu internationaler Politik im Allgemeinen auf, um sinnvoll aus dieser Perspektive analysiert zu werden. Der klassische Intergouvernementalismus (Hoffmann 1966 und 1982; Milward 1984 und 1994) betrachtet die Mitgliedstaaten als dominante Akteure: sowohl was die Errichtung als auch das tägliche Funktionieren internationaler Organisationen betrifft. Das Verhalten der Staaten wird dabei durch unterschiedliche Traditionen, Politikstile, Bürokratien, Identitäten und geopolitische Interessen bestimmt. Auch eine weitgehende Integration wie z. B. in der EU untergräbt die Bedeutung und die Rolle der Nationalstaaten nicht – ganz im Gegenteil, eine solche Integration stärkt ihre Position, da sie sich dem internationalen Wettbewerb, internationalen Bedrohungen und Herausforderungen gemeinsam stellen.

Die Mitgliedstaaten zeigen aber einen gewissen Integrationsvorbehalt, wenn es zur Berührung nationalstaatlicher Prärogative kommt: Außen- und Sicherheitspolitik, Steuerpolitik oder andere redistributive Politiken bleiben vom Integrationsprozess weitgehend ausgeschlossen. Entsprechend schwach sind die supranationalen Institutionen der EU ausgebildet. Die EG wurde als ein Mechanismus interstaatlicher Kooperation verstanden, eingerichtet, um in einer zunehmend bipolaren Welt einer Gruppe von westeuropäischen Staaten die Existenz zu sichern.

Andrew Moravcsik (1993: 480), der profilierteste Vertreter des liberalen Intergouvernementalismus, bezeichnet die EU als ein „internationales Regime zur Politikkoordination". Er präzisiert den klassischen Intergouvernementalismus und geht von drei Grundannahmen aus: (1) Staaten agieren rational; (2) einem liberalen Modell nationaler Präferenzformierung und (3) einer intergouvernementalen Analyse zwischenstaatlicher Verhandlungen (Moravcsik 1993: 480). Die Entwicklung der europäischen Integration erfolgt zudem aufgrund eines Angebot-Nachfrage-Schemas. Die Nachfrage *(demand)* nach Integration kommt durch die Präferenzen nationaler Interessengruppen zustande, die die Vorteile der ökonomischen Kooperation auf europäischer Ebene erkennen. Staatliche Akteure aggregieren die verschiedenen Interessen und versuchen ihnen auf europäischer Ebene zum Durchbruch zu verhelfen. Sie tun dies, da ihr Handeln primär durch den rationalen Wunsch nach Wiederwahl bestimmt ist, wofür sie die Unterstützung der Interessengruppen benötigen. Das Angebot *(supply)* der Integration ist eine Funktion zwischenstaatlicher Verhandlungen. Die durch Regierungen gebündelten nationalen Interessen eröffnen einen gewissen Verhandlungsspielraum, d.h.: Regierungen wählen eine (Ver-)Handlungsstrategie, die eine Optimierung verspricht. Dabei fließt in ihre Kalkulation auch ein, dass supranationale Lösungen zwar effizient sein mögen, gleichzeitig aber immer einen Verlust an Macht bedeuten.

Die Einrichtung der EU ist daher das Resultat rationaler Verhandlungen zwischen Regierungen. Der Grund, dass Regierungen überhaupt in solche Verhandlungen eintreten, liegt in der Reduktion der Transaktionskosten und in der größeren Effizienz gemeinsamer Problemlösung – mit einem Wort: im Zweckrationalismus. Ein gelungenes Modell internationaler Kooperation reduziert die Politikkosten für die teilnehmenden Staaten. Da für den vertrauensvollen Umgang zwischen den Staaten ein hohes Maß an Information und effektiver Kommunikation notwendig ist, verständigen sich die Akteure auf die Einrichtung internationaler Institutionen. Die Verhandlungsergebnisse werden weiters von der relativen Verhandlungsmacht der Akteure geprägt. Es ist klar, dass Staaten, die ja unterschiedliche Präferenzen haben, auch über unterschiedliche Informationen verfügen und unterschiedliche Gewinne aus Vereinbarungen erzielen. Grundsätzlich gilt, dass ein höherer Wissensstand und eine größere Auswahl aus unterschiedlichen Optionen zu einem besseren Verhandlungsergebnis führen. Dies gilt ebenfalls für den privaten Bereich: Ein Kunde, der z.B. ein Auto erwerben will, wird durch ein einigermaßen solides technisches Grundwissen und einen Preisvergleich zwischen verschiedenen Anbietern eine optimale Lösung erzielen.

Wie im privaten Bereich muss aber auch in der internationalen Politik für die Einhaltung gewisser (z.B. technischer) Standards gesorgt werden. Effektive Überwachungs- und Sanktionsverfahren können (in Abwesenheit eines Hegemons) von internationalen Organisationen durchgeführt werden. Zugleich gilt, dass Staaten, die von einer internationalen Vereinbarung am wenigsten profitieren, Druck zur Erringung von Konzessionen ausüben können[7]: Die Androhung von Kooperationsverweigerung wird zu Zugeständnissen bei den Verhandlungspartnern führen (Moravcsik 1998: 3).

Die Präferenzen von Staaten werden nicht erst im Zuge internationaler Verhandlungen ausgeprägt oder verändert – so die Annahme des klassischen Intergovernementalismus –, sondern ergeben sich aufgrund innerstaatlicher, liberaler Präferenzbildung. „National interests [...] emerge through domestic political conflict as societal groups compete for political influence"; Regierungspräferenzen spiegeln das Kräfteverhältnis gesellschaftlicher Interessengruppen (Moravcsik 1993: 481). Ist der Integrationsprozess durch ökonomische Ziele geprägt, werden wesentlich ökonomische Interessengruppen die Haltung der Regierungen beeinflussen, da sie den meisten Nutzen aus einer Vereinbarung erzielen. Regierungen sind also Instrumente nationaler Interessengruppen, während sie im klassischen Intergouvernementalismus ihre außenpolitischen Präferenzen unabhängig von nationalen gesellschaftlichen Interessen gestalten können. Auch kleinere Staaten versprechen sich von einer solchen internationalen Kooperation Gewinne, da sie erwarten, durch eine solche Zusammenarbeit mehr Einfluss auf das Verhalten großer Staaten zu haben als außerhalb eines geregelten Rahmens.

Kann der liberale Intergouvernementalismus das institutionelle Design der europäischen Organe erklären? Wären die mitgliedstaatlichen Regierungen nur an einer Optimierung der ökonomischen Situation interessiert, so hätte die Errichtung einer europäischen Freihandelszone wohl genügt. Moravcsik (1998: 476ff.) führt zur Erklärung des tieferen Integrationsgrades ideologische oder geopolitische Präferenzen an, etwa die europäische Einbettung Deutschlands. Zudem sind die Mitgliedstaaten daran interessiert, dass einmal abgeschlossene Verträge eingehalten werden. Zur effektiven Kontrolle müssen die supranationalen Organe mit Autorität ausgestattet werden. Und das bedingt eine Übertragung von Souveränitätsrechten.

Die Ergebnisse von Integrationsverhandlungen sind in der Theorie des liberalen Intergouvernementalismus die Folge zwischenstaatlicher Verhandlungen und spiegeln die relative Macht der beteiligten Staaten wider. Der Aufbau unabhängiger europäischer Institutionen wie der Europäischen Kommission ist dem Wunsch nach effektiver Kontrolle zu verdanken. Da die Mitgliedstaaten aufgrund asymmetrischer Machtverhältnisse nur ein begrenztes Vertrauen in rein intergouvernementale Regelwerke haben, wird

7 Dies gilt v. a. unter der Voraussetzung, dass für den Abschluss einer Vereinbarung die Zustimmung aller Beteiligten erforderlich ist (z. B. ordentliches Vertragsänderungsverfahren nach Art. 48.4 EUV).

in Abhängigkeit von den erwarteten Autonomie- oder Wohlfahrtsgewinnen auf Souveränität in Teilbereichen verzichtet. Supranationale Akteure haben im liberalen Intergouvernementalismus kaum Gewicht, da sie wenig Verhandlungsmacht besitzen. Die Kritik am Liberalen Intergovernementalismus richtet sich v. a. auf seine staatszentrierte Perspektive. Das tägliche politische Agieren kann damit kaum erklärt werden.

3.3 Institutionalismus und Multi-level Governance

Die theoretischen Grundlagen des neuen Institutionalismus wurden von James March und Johan Olsen (1989) erarbeitet. Sie kritisieren die Sichtweise, dass menschliches Handeln lediglich als Resultat des freien und selbstbewussten Wählens zwischen Alternativen zu verstehen ist. Unsere Handlungen werden zudem von bestehenden gesellschaftlichen Normen, von Erwartungen und Traditionen beeinträchtigt, die einen erheblichen Einfluss auf die Möglichkeit der freien Wahl ausüben. Der Staat wird nicht nur als Aggregation oder gar Summe vorhandener individueller und gesellschaftlicher Präferenzen verstanden, sondern als Akteur mit „standard operating procedures and structures that define and defend values, norms, interests, identities, and beliefs" (March/Olsen 1989: 17). Ganz im Kontrast zum liberalen Intergouvernementalismus wird der Integrationsprozess nicht monokausal gesehen, d. h. von den Mitgliedstaaten bestimmt, sondern die Bedeutung supranationaler Institutionen betont (z. B. Bulmer 1993; Wincott 1995; Pierson 1996). Der Grundgedanke des Ansatzes kann einfach beschrieben werden: „Institutions matter".

Vom Institutionalismus als Integrationstheorie in der Einzahl zu sprechen ist nicht ganz korrekt, da drei Hauptströmungen des Institutionalismus unterschieden werden müssen (Hall/Taylor 1996): (1) Der Rational-Choice-Institutionalismus suchte in den 1970er Jahren eine Erklärung für die Bildung stabiler Präferenzen im US-amerikanischen Kongress, da diese Stabilität den Grundannahmen des Rational-Choice-Modells widersprach. Man fand eine Erklärung in der Rolle, die institutionelle Strukturen als Kanäle für die Aufbereitung von Informationen und die Anzahl der Wahlmöglichkeiten bieten (Riker 1980; Shepsle 1989). Ein Beispiel auf der Ebene der EU sind Abstimmungsregeln im Rat, die die Mitglieder zu strategischen Koalitionen zur Erreichung ihrer Ziele zwingen. (2) Der soziologische Institutionalismus subsumiert unter Institutionen auch informelle Normen und Konventionen und nicht lediglich formale Regeln. Dieser Ansatz sieht die Akteure durch Institutionen konstituiert, d. h.: Institutionen beeinflussen die Art, wie wir die Welt betrachten (Hall/Taylor 1996). (3) Der historische Institutionalismus konzentriert sich auf die Frage, wie bestehende Institutionen das Verhalten von Akteuren über einen längeren Zeitraum hinweg beeinflussen (Hall 1986; Pierson 2000).

Dieser Ansatz zeichnet sich durch die Ablehnung der funktionalistischen Erklärung für das Bestehen von Institutionen aus. In solchen funktionalistischen Ansätzen werden Institutionen als Ergebnis rationaler Entscheidung und als effiziente Instrumente für die Erfüllung spezifischer Aufgaben betrachtet. Der historische Institutionalismus hingegen hebt die Bedeutung vergangener Entscheidungen für bestimmte Institutionen hervor und verweist auf die langfristigen Effekte. Institutionen erweisen sich als langlebig, schwer zu verändern, bzw. sind Veränderungen mit hohen Kosten verbunden (Pollack 1996). Sind solche Institutionen einmal geschaffen, so können sich daraus nicht intendierte Konsequenzen ergeben. So war es etwa nicht vorauszusehen, dass sich der EuGH zu einem sehr starken Advokaten der Integrationsvertiefung (siehe z. B. die Cassis-de-Dijon-Entscheidung, die Entscheidung im Fall Costa/ENEL und im Fall Van Gend en Loos) entwickeln würde. Nichtsdestotrotz mussten sich alle Akteure in der Folge nach den Entscheidungen des EuGH richten. Alle drei Formen des Institutionalismus wurden für die Erklärung der europäischen Integration herangezogen (zu den Ergebnissen siehe Pollack 1996; Jupille/Caporaso 1999; Aspinwall/Schneider 2001).

Der Multi-level-Governance-Ansatz kann als Anwendung des neuen Institutionalismus verstanden werden. Wie Markus Jachtenfuchs und Beate Kohler-Koch (2004: 98) zu Recht feststellen, ist die Bezeichnung „Governance" zu einem sehr beliebten Topos der Integrationsforschung geworden (siehe auch Kohler-Koch/Rittberger 2006). Mit der Ausweitung der Verwendung eines Begriffs ist oftmals der Verlust präziser Bedeutung verbunden. Dies trifft in besonderem Maße auf „Governance" zu. Eine mögliche Definition lautet: „the continuous political process of setting explicit goals for society and intervening in it in order to achieve these goals" (Jachtenfuchs/Kohler-Koch 2004: 99). Der Multi-level-Governance-Ansatz konstituiert nicht eine kohärente Integrationstheorie, sondern offeriert eine synthetisierende Perspektive. Es wird versucht, die Nachteile policy-orientierter Ansätze, institutionen- oder gesellschaftszentrierter Modelle zu überwinden und eine flexible, dem Untersuchungsfeld angemessene Sicht zu präsentieren. Dabei geht es weniger um eine Erklärung der institutionellen Entwicklung der Union als vielmehr um die Prozesse und Auswirkungen europäischer Politik. Die EU wird als „unique set of multi-level, non-hierarchical and regulatory institutions, and a hybrid mix of state and non-state actors" verstanden (Hix 1998: 3). Supranationale und nationale Politik können nicht mehr als exklusive Sphären konzipiert, sondern müssen in ihrem vielfältigen Zusammenspiel analysiert werden.

Die staatszentrierte Sicht des liberalen Intergouvernementalismus wurde selbst bald zum Gegenstand von Kritik. Den EuGH, die Kommission und das EP lediglich als Ausführungsorgane nationalstaatlichen Willens zu konzipieren, wird der Realität des Integrationsprozesses nicht gerecht. Zudem organisieren sich auch nationale Interessengruppen zunehmend transnational und agieren, an staatlichen Akteuren vorbei, direkt auf europäischer Ebene. Eine Trennung von nationalstaatlicher und internationaler oder europäischer Politik wird vom Mehrebenen-Ansatz abgelehnt. Das Augenmerk richtete sich auf das komplexe Zusammenspiel unterschiedlicher Akteure und Ebenen. Der Integrationsprozess wird als „polity creating process in which authority and policy-making are shared across multiple levels of government – sub-national, national and supranational" konzipiert (Marks/Hooghe/Blank 1996: 341). Staaten sind in diesem Prozess wichtige Akteure, aber sie kontrollieren ihn nicht, da politische Entscheidungen „are shared by actors at different levels rather than monopolized by state executives" (Marks/Hooghe/Blank 1996: 346). Und dieser Prozess beinhaltet für nationale Exekutiven eine substanzielle Abgabe von politischer Macht.

Unter welchen Umständen sind staatliche Akteure zu so einer Abgabe von Macht bereit? Dies kann der Einsicht in die effizientere Problemlösungskapazität der supranationalen Ebene geschuldet sein – oder aber auch dem Wunsch, die Verantwortung für unpopuläre Entscheidungen abzugeben, z. B. Einsparungen im Wohlfahrtssystem. Ist der Prozess der Übertragung von Zuständigkeiten an die europäischen Institutionen einmal erfolgt, so bleiben den Mitgliedstaaten nur mehr geringe Einflussmöglichkeiten im täglichen Entscheidungsprozess. Die enormen Kontrollkosten, bestehende Informationsasymmetrien, aber auch der geringe Grad an Vertrauen zwischen den Mitgliedstaaten schränken die Möglichkeiten staatlicher Steuerung erheblich ein. Die Proponenten des Multi-level-Governance-Ansatzes analysieren zur Unterstützung ihres theoretischen Anspruchs u. a. den Prozess der Entscheidungsfindung auf europäischer Ebene. Formal besitzt die

Kommission ein Initiativmonopol. In der Realität verteilt sich diese Agenda-Setting-Funktion aber auf mehrere Organe wie z. B. den Rat, den Europäischen Rat und das EP. Auch transnational agierende Interessengruppen beeinflussen diesen Prozess. Das EP, welches seit der Einheitlichen Europäischen Akte immer mehr Rechte bekam, nützte diese nicht nur im Kodezisionsverfahren, sondern auch schon in der Phase des Agenda-Settings. In der Politikumsetzungsphase oder Implementationsphase wird das Zusammenspiel subnationaler, nationaler und europäischer Experten augenscheinlich.

Alec Stone Sweet und Wayne Sandholtz (1997 und 1998) haben die bisher profundeste theoretische Grundlegung des Multi-level-Governance-Ansatzes vorgelegt. Zwischen rein intergouvernementaler und supranationaler Politik erstreckt sich ein Kontinuum. Weder sind Staaten die alleinigen Herren des europäischen Politikprozesses noch durch die supranationalen Organe fremdbestimmt. Vielmehr sind unterschiedliche Politikbereiche auf unterschiedlichen Punkten des Kontinuums anzusiedeln. Wie ergeben sich Bewegungen auf dem Kontinuum z. B. in Richtung mehr Supranationalität? Interessengruppen, die transnational agieren, erkennen die Vorteile gemeinsamer Regelungen und Standards auf europäischer Ebene. Hauptsächlich ökonomische Gruppen haben ein Interesse an solchen Regelungen, da Transaktionskosten (etwa im grenzüberschreitenden Handel) gesenkt werden. Diesen Interessengruppen stehen zwei Wege offen, um politischen Druck auszuüben: Sie können einerseits die staatlichen Akteure zu beeinflussen suchen oder wenden sich direkt an die europäischen Institutionen.

Wie sind die einzelnen Theorien nun hinsichtlich ihrer Erklärungskraft zu bewerten? Berthold Rittberger und Frank Schimmelfennig (2005: 79) kommen in ihrer theorievergleichenden Analyse anhand der Fallbeispiele WWU, GASP, Rechtsintegration, Kompetenzzuwachs des EP und zweier Erweiterungsrunden zu dem Schluss, dass „keine Integrationstheorie beanspruchen [kann], die europäische Integration in ihrer Gesamtheit zu erklären". Sie plädieren für eine Kombination der jeweiligen Theoriestränge, da nur eine solche in der Lage ist, befriedigende Erklärungsansätze für die Frage nach dem Warum der Integration zu liefern.

Sehr wohl lassen sich anhand ihrer illustrativen Beispiele Stärken und Schwächen der einzelnen Theorien beobachten. Der liberale Intergouvernementalismus eignet sich insbesondere, um das Verhalten von Regierungen in internationalen Verhandlungen zu erklären. Seine Schwäche liegt indes in der Explikation der weitgehenden Selbstbindung mitgliedstaatlicher Regierungen durch den Integrationsprozess. Supranationalistische Theorien

Tabelle 1: Theorievergleich

Theorie	Vertreter	Annahmen	Kritik
Neofunktionalismus	E. Haas L. Lindberg S. Scheingold P. Schmitter	Supranationale Institutionen sind bestimmende Akteure im Integrationsprozess, der durch Spillover angetrieben wird	Stagnationsphasen können nicht erklärt werden
Intergouverne-mentalismus	S. Hoffmann A. Milward	Staaten mit fixen Präferenzen sind die bestimmenden Akteure der Integration; supranationale Institutionen sind lediglich Instrumente ihrer Interessen	Zu staatszentriert
Liberaler Intergouverne-mentalismus	A. Moravcsik	Staaten kontrollieren die Integration; ihre Präferenzen sind flexibel und abhängig von der nationalen Interessenlage	Zu staatszentriert; kann tagtägliche Entscheidungsprozesse nur schwer erklären
Konstruktivismus	J. Checkel T. Risse	Akteure stehen in Wechselwirkung mit sozialer Umgebung; Legitimität und Identität der Integration wichtig	Schwierigkeiten der Operationalisierung der Kernkonzepte
(Historischer) Institutionalismus	S. Bulmer P. Pierson	Supranationale Institutionen sind nicht nur das Ergebnis rationaler Entscheidung; Pfadabhängigkeit	Die Macht supranationaler Institutionen wird überschätzt
Multi-level Governance	B. Kohler-Koch G. Marks L. Hooghe A. Stone Sweet W. Sandholtz	Synthese von policy-orientierten und institutionenzentrierten Modellen; Integration findet auf und durch alle Ebenen statt	Konzentriert sich auf Entscheidungsprozesse; institutionelle Entwicklung wird nicht erklärt

Quelle: Adaption von Bomberg/Stubb (2003: 12).

können v.a. die inkrementelle institutionelle und rechtliche Weiterentwicklung des politischen Systems EU jenseits von großen Richtungsentscheidungen auf Regierungskonferenzen erklären. Nicht alleine Regierungen bestimmen den Fortgang der Integration, auch die supranationalen Organe beeinflussen Richtung, Grad und Form. Der konstruktivistische Ansatz versucht Veränderungen im Integrationsprozess durch eine Analyse der Transformation nationaler kollektiver Identitäten zu begründen und stößt dabei

u. a. auf das Problem der Operationalisierbarkeit des amorphen Konzepts der kollektiven Identität. Fazit ist, dass der Untersuchungsgegenstand die Theorie bestimmt bzw. dass im Falle des komplexen Systems der EU ein Theorienpluralismus angebracht ist. Denn es gilt: „The EU is already the most complex polity ever created by human artifice and it is going to become even more so before it reaches its end-state – whatever that will be" (Schmitter 2004: 69).

Weiterführende Literatur

Holzinger, K., et al. (2005). *Die Europäische Union. Theorien und Analysekonzepte,* Paderborn: Schöningh.

Hooghe, L./Marks, G. (2001). *Multilevel Governance and European Integration,* Oxford: Rowman & Littlefield.

Rosamond, B. (2000). *Theories of European Integration,* Houndsmills: Macmillan.

Wiener, A./Diez, T. (2009²). *European Integration Theory,* Oxford: Oxford University Press.

Websites

http://eiop.or.at/erpa/ – Zugang des European Research Paper Archive (ERPA) zu diversen Plattformen, die Arbeits- und Diskussionspapiere der Integrationsforschung zur Verfügung stellen (Artikel zu theoretischen Fragestellungen, empirischen Untersuchungen und Detailstudien zu unterschiedlichen Politikfeldern).

http://europeangovernance.livingreviews.org/ – ausgezeichnete Quelle sind auch die *Living Reviews in European Governance,* herausgegeben von der European Community Studies Association Austria.

4 Organe und Institutionen der EU

Seit dem Inkrafttreten des Vertrags von Maastricht im Jahre 1993 war die EU durch das sog. „Tempelmodell" bzw. „Drei-Säulen-Modell" geprägt. Dieses umfasste unter dem Dach des EU-Vertrags die supranationalen Europäischen Gemeinschaften[1] (1. Säule), die Gemeinsame Außen- und Sicherheitspolitik (2. Säule) und die Polizeiliche und justizielle Zusammenarbeit in Strafsachen (3. Säule). Die Politikbereiche der zweiten und dritten Säule waren angesichts der schwachen Kompetenzen von Europäischen Parlament, Europäischen Gerichtshof und Kommission vornehmlich von den Mitgliedstaaten geprägt, also intergouvernemental. Der Verfassungsvertrag sah nicht nur eine Auflösung dieser komplizierten Grundstruktur, sondern eine Zusammenführung der drei Säulen in einen einzigen Rechtstext vor. Der seit 1. Dezember 2009 geltende Vertrag von Lissabon normiert nun ebenfalls eine formelle Auflösung der Säulenstruktur, sieht aber weiterhin zwei[2] zentrale, rechtlich gleichrangige Verträge vor. Grundlage der Europäischen Union ist nunmehr zum einen der Vertrag über die Europäische Union (EU-Vertrag) sowie zum anderen der Vertrag über die Arbeitsweise der Europäischen Union (AEUV) (Art. 1 EUV; Art. 1 AEUV).

Obgleich die Säulenarchitektur abgeschafft wurde und die Kompetenzen des Europäischen Parlaments und des Europäische Gerichtshofes, insbesondere im Bereich der vormaligen dritten Säule, erheblich ausgeweitet wurden, bestehen viele intergouvernementale Charakteristika in den Politikbereichen der Gemeinsamen Außen- und Sicherheitspolitik sowie in der Innen- und Justizpolitik[3] nach wie vor weiter.

1 Die Europäischen Gemeinschaften bestehen einerseits aus der Europäischen Gemeinschaft, vormals Europäische Wirtschaftsgemeinschaft, sowie aus der Europäischen Atomgemeinschaft.

2 Der dritte Vertrag über eine Europäische Atomgemeinschaft bleibt weiterhin aufrecht. Auf ihn wird im Folgenden jedoch nicht eingegangen.

3 Die Bestimmungen der früheren EU-Innen- und -Justizpolitik wurden durch den Vertrag von Lissabon in einen eigenständigen Titel („Raum der Freiheit, der Sicherheit und des Rechts") zusammengefasst (vgl. Art. 67–89 AEUV).

Wie jede internationale Organisation besitzt auch die EU eigene Organe, die für sie handeln. Es sei daran erinnert, dass zu Beginn des Integrationsprojektes drei selbständige Gemeinschaften (EGKS, EAG und EWG, danach EG) existierten, die jeweils über eigene Organe verfügten.[4] Diese Organe wurden durch das Fusionsabkommen (1957) und den Fusionsvertrag (1967) zusammengeführt. Durch den Vertrag von Maastricht hat auch der Rechnungshof Organqualität erhalten. Andere Institutionen wie der Wirtschafts- und Sozialausschuss und der Ausschuss der Regionen besitzen nach wie vor keine Organqualität. Der EU-Vertrag nennt in Art. 13 explizit die Organe der Union. Diese sind

- das Europäische Parlament,
- der Europäische Rat,
- der Rat,
- die Europäische Kommission,
- der Europäische Gerichtshof,
- die Europäische Zentralbank,
- der Rechnungshof.

Die konkreten Regelungen über die Bestellung und Aufgaben der einzelnen Organe finden sich – etwas unübersichtlich – sowohl im EU-Vertrag als auch im AEUV. Im Vergleich mit der Rechtslage vor dem Inkrafttreten des Vertrags von Lissabon kennt diese Aufzählung zwei zusätzliche Organe. Zum einen handelt es sich um den Europäischen Rat, dessen Organqualität in der rechtswissenschaftlichen Literatur umstritten war, jedoch überwiegend bejaht wurde (Thun-Hohenstein/Cede/Hafner 2005: 86 ff.; Streinz 2005: 95 f.). Zum anderen besitzt nun die Europäische Zentralbank Organqualität. Die Einbeziehung dieser beiden Institutionen in die Organqualität unterstreicht die „institutionelle Einheitlichkeit" (Lorenzmeier 2011: 116) der EU und dient der „Kohärenz, Effizienz und Kontinuität ihrer Politik" (Art. 13 Abs. 1 EUV). Wie bisher normiert der Vertrag, dass die Organe loyal zusammenarbeiten müssen (Art. 13 Abs. 2 EUV).

Während die Kommission, das EP, der Gerichtshof, die Europäische Zentralbank und auch der Rechnungshof als supranationale Organe betrachtet werden, gelten der Europäische Rat und der Rat (umgangssprachlich Ministerrat) üblicherweise als jene Organe, durch die primär nationale Interessen verfolgt werden. Obwohl diese Betrachtung nicht völlig verfehlt ist, übersieht

4 Während etwa die EGKS eine Hohe Behörde, einen Besonderen Ministerrat und eine Gemeinsame Versammlung sowie einen Gerichtshof besaß, hatte die EWG einen Rat, eine Kommission, eine Versammlung und ebenfalls einen Gerichtshof.

sie jedoch die Vielzahl an Verflechtungen, die es im politischen Alltag auf europäischer Ebene gibt und die einer simplen Schwarz-Weiß-Sicht zuwiderlaufen. So ist etwa der Ministerrat ein Organ und auch in stark vergemeinschafteten Politikbereichen tätig, welches sich aus nationalen Repräsentanten zusammensetzt und im Regelfall mit qualifizierter Mehrheit entscheidet, was es wiederum als intergouvernementales Organ disqualifiziert (Westlake/Galloway 2004: 7 ff.). Überdies ist zu berücksichtigen, dass bei den Ratssitzungen zumeist nicht nur Vertreter der Kommission anwesend sind, sondern es wird grundsätzlich in jedem Stadium des Politikprozesses versucht, den größtmöglichen Konsens zwischen den beteiligten Organen herzustellen.

4.1 Das Europäische Parlament

Das Europäische Parlament ist das einzige Organ der EU, das direkt von den Bürgerinnen und Bürgern gewählt wird. Folglich setzt es sich aus den Vertretern der Unionsbürgerinnen und -bürgern zusammen. Der Vertrag regelt nur die Grundsätze der Zusammensetzung, nämlich die Maximalanzahl der Abgeordneten (750[5]) sowie die Mindestanzahl (sechs) und die Höchstanzahl (96) an Mandataren pro Mitgliedstaat. Damit ist klargestellt, dass auf europäischer Ebene nicht jede Stimme den gleichen Einfluss auf das Wahlergebnis besitzt. Das EP ist somit weniger eine Vertretung aller Unionsbürger als vielmehr ein Parlament der Völker der einzelnen Mitgliedstaaten, das sich degressiv proportional im Verhältnis zur Bevölkerungsanzahl der einzelnen Mitgliedstaaten zusammensetzt. Beispielsweise repräsentiert ein EP-Mandatar aus Malta rund 67 000 EU-Bürger, während ein EP-Abgeordneter aus Deutschland mehr als 800 000 Einwohner vertritt (Herdegen 2011: 125). Diese Wahlrechtsungleichheit oder die überproportionale Begünstigung kleiner und mittlerer Staaten erklärt sich historisch aus dem politischen Kompromiss zwischen dem völkerrechtlichen Prinzip der formalen Gleichheit souveräner Staaten und dem Bemühen, die Bevölkerungsgröße der Mitgliedstaaten in einem gewissen Ausmaß zu berücksichtigen.[6]

5 Der Präsident des EP ist in dieser Zahl jedoch nicht enthalten, sodass sich die rechtlich mögliche Gesamtanzahl tatsächlich auf 751 beläuft. Derzeit (Stand: Juli 2011) setzt sich das EP aus 736 Mandataren zusammen.

6 Ähnliches findet sich auch in einigen Nationalstaaten wie in Deutschland in Bezug auf den Bundesrat oder in den USA in Bezug auf den Senat, vgl. dazu Frenz (2011: 146 f.).

Das EP hat einen offiziellen Sitz (Straßburg), aber drei Arbeitsorte (Brüssel, Luxemburg und Straßburg).[7] Die Abgeordneten werden alle fünf Jahre in den 27 Mitgliedstaaten der EU seit 1979 direkt gewählt[8] und vertreten insgesamt rund 500 Millionen Bürgerinnen und Bürger. Da es derzeit noch kein einheitliches Wahlrecht gibt, richtet sich das Wahlrecht nach den einzelnen Mitgliedstaaten.[9] Um die finanziellen Interessen der EP-Abgeordneten offenzulegen, führt das EP ein Register, wo jeder Abgeordnete seine beruflichen Tätigkeiten sowie jedwede berufliche, personelle und materielle Unterstützung von Dritten offenzulegen hat; zusätzlich ist auch die etwaige Identität dieser Dritten anzugeben. Darüber hinaus sind die Annahme von Geschenken und Zuwendungen untersagt (Art. 9 i. V. m. Art. 2 Anlage I GOEP).

Das Europäische Parlament wählt aus seiner Mitte einen Präsidenten und ein Präsidium. Der Präsident des EP leitet die Plenartagungen, kontrolliert die Einhaltung der Geschäftsordnung und vertritt das EP nach außen (Art. 20 GOEP).

Der politische Willensbildungs- und Entscheidungsprozess im EP wird durch die politischen Parteien bzw. Fraktionen geprägt, die sich entlang des klassischen Links-Rechts-Schemas gruppieren (Hix/Noury/Roland 2006). Die innere Organisation der Abgeordneten folgt nicht nach nationaler, sondern nach politischer Zugehörigkeit (Art. 30 Abs. 1 GEOP).[10] Politische Par-

7 In Straßburg finden die zwölf monatlichen Plenartagungen einschließlich der Haushaltstagung statt. Zusätzliche Plenarsitzungen tagen wie die Ausschüsse in Brüssel. Das Generalsekretariat des EP und dessen Dienststellen sind in Luxemburg angesiedelt (Art. 289 EGV i. V. m. Protokoll über die Festlegung der Sitze der Organe und bestimmter Einrichtungen und Dienststellen der Europäischen Gemeinschaften, 1997). Die Pluralität der Arbeitsorte wurde von den Mitgliedstaaten beschlossen und ist für das EP verbindlich. Der EuGH (Rs. C-345/95, Frankreich/Europäisches Parlament, Slg. 1997, I-5215) hat aufgrund einer Klage Frankreichs einen Beschluss des EP zur Festlegung seines Sitzungskalenders für 1996 für nichtig erklärt, soweit für 1996 nicht zwölf, sondern nur elf ordentliche Plenartagungen in Straßburg vorgesehen waren.

8 Vgl. dazu den Direktwahlakt 76/787/EGKS, EWG, Euratom der im Rat vereinigten Vertreter der Regierungen der Mitgliedstaaten (ABl. 1976 L 287/1). Bis 1979 setzte sich das EP aus entsandten Mitgliedern der nationalen Parlamente zusammen.

9 Erste Ansätze eines einheitlichen Wahlverfahrens finden sich im Beschluss des Rates (2002/772/EG, Euratom), vgl. dazu näher Koenig/Haratsch (2003: 73 f.).

10 Diese Entscheidung wurde bereits 1953 getroffen. Davor saßen die Abgeordneten in alphabetischer Reihenfolge (Judge/Earnshaw 2003: 31). Abgeordnete, die sich einer Fraktion zusammenschließen, akzeptieren, dass sie eine politische Zusammengehörigkeit aufweisen. Mit dieser Bestimmung soll verhindert werden, dass sich Abgeordnete unterschiedlicher politischer Ausrichtung zu einer Fraktion zusammenschließen, um dadurch finanzielle und administrative Vorteile zu erhalten. Ein diesbezüglicher Versuch fand etwa 1999 statt, als sich Abgeordnete verschiedener Richtungen zu einer Fraktion zusammenschließen wollten, jedoch eine politische Zusammengehörig-

teien werden seitens des EU-Vertrages als wichtiger Faktor der Integration angesehen, indem sie nicht nur den Willen der EU-Bürgerinnen und -Bürger zum Ausdruck bringen, sondern auch zur „Herausbildung eines europäischen politischen Bewusstseins" beitragen (Art. 10 Abs. 4 EUV). Zur Bildung einer Fraktion bedarf es mindestens 25 Mitglieder, die in mindestens einem Viertel der Mitgliedstaaten gewählt wurden (Art. 30 Abs. 2 GOEP).[11] Gegenwärtig gibt es im EP sieben Fraktionen.[12] Die derzeit stärkste Fraktion ist die Fraktion der Europäischen Volkspartei (Christdemokraten) und europäischer Demokraten. Sie löste im Jahr 1999 die bis dahin stärkste Fraktion der Sozialdemokratischen Fraktion im EP ab.

Abgeordnete, die nicht in einer Fraktion vertreten sind, gelten als fraktionslos.[13] Je stärker eine nationale Partei ist, desto größer ist auch ihr Einfluss innerhalb ihrer EP-Fraktion. Von besonderer Bedeutung ist der Kontakt der EP-Abgeordneten mit dem Parteiapparat in ihrem Herkunftsland. Dabei sind formale Verknüpfungen, wie der Umstand, dass der nationale Delegationsleiter im EP zugleich auch in den Führungsgremien der nationalen Partei ist, ebenso wichtig wie regelmäßige informelle Kontakte. Von besonderer Bedeutung ist die Beziehung einer Regierungspartei zu ihrer entsprechenden Delegation im EP. So etablierte die britische Labour-Partei im Jahr 1997 innerhalb ihrer EP-Delegation fixe Kontaktpersonen, die die jeweiligen Minister in London über die Entwicklungen im EP im Allgemeinen und in der sozialdemokratischen EP-Fraktion im Besonderen regelmäßig informieren (Judge/Earnshaw 2003: 145).

keit explizit in Abrede stellen. Aus diesem Grund wurde ihnen der Fraktionsstatus verwehrt (vgl. Judge/Earnshaw 2003: 120). Das EuG hat die Entscheidung des EP nachträglich bestätigt (Verb. Rs T-222/99, T-327/99 und T-329/99, Martinez u. a. gegen Europäisches Parlament, Slg. 2001 II-2823).

11 Die Bestimmung, dass eine Fraktion sich aus Abgeordneten aus mehr als einem Mitgliedstaat zusammensetzen muss, wurde im Zuge der Geschäftsordnungsreform 1999 eingeführt. Davor konnte beispielsweise eine Partei eines einzigen Mitgliedstaates, wie z. B. Forza Italia, eine eigenständige Fraktion im EP, in diesem Fall: Forza Europa, bilden (vgl. Judge/Earnshaw 2003: 119f.).

12 Fraktion der Europäischen Volkspartei (Christdemokraten); Fraktion der Progressiven Allianz der Sozialisten und Demokraten im Europäischen Parlament (vormals: Sozialdemokratische Fraktion im EP); Fraktion der Allianz der Liberalen und Demokraten für Europa; Europäische Konservative und Reformisten; Fraktion der Grünen/Freie Europäische Allianz; Konföderale Fraktion der Vereinigten Europäischen Linken/Nordische Grüne Linke; Fraktion „Europa der Freiheit und der Demokratie". Eine aktuelle Übersicht über die einzelnen EP-Fraktionen findet sich unter http://www.europarl.europa.eu/members/expert/groupAndCountry.do?language=DE.

13 Derzeit (Stand: Juli 2011) sind 29 EP-Abgeordnete keiner Fraktion zuzurechnen.

Tabelle 2: Die parteipolitische Zusammensetzung des EP und Anzahl der Abgeordneten je Mitgliedstaat

	EVP	S&D	ALDE	ECR	Grüne/ EFA	GUE/ NGL	EFD	NI	**Gesamt**
Belgien	5	5	5	1	4			2	**22**
Bulgarien	6	4	5					2	**17**
Tschechische Republik	2	7		9		4			**22**
Dänemark	1	4	3	1	2	1	1		**13**
Deutschland	42	23	12		14	8			**99**
Estland	1	1	3		1				**6**
Irland	4	3	4			1			**12**
Griechenland	7	8	1		1	3	2		**22**
Spanien	23	21	2		2	1		1	**50**
Frankreich	29	14	6		14	5	1	3	**72**
Italien	35	22	6				9		**72**
Zypern	2	2				2			**6**
Lettland	3	1	1	1	1	1			**8**
Litauen	4	3	2	1			2		**12**
Luxemburg	3	1	1		1				**6**
Ungarn	14	4		1				3	**22**
Malta	2	3							**5**
Niederlande	5	3	6	1	3	2	1	4	**25**
Österreich	6	4			2			5	**17**
Polen	28	7		15					**50**
Portugal	10	7			1	4			**22**
Rumänien	14	11	5					3	**33**
Slowenien	3	2	2						**7**
Slowakei	6	5	1				1		**13**
Finnland	4	2	4		2		1		**13**
Schweden	5	5	4		3				**17**
Vereinigtes Königreich		13	12	26	5	1	9	6	**72**
Gesamt	**264**	**185**	**85**	**56**	**56**	**33**	**27**	**29**	**735**

Quelle: http://www.europarl.europa.eu/members/expert/groupAndCountry.do?language=DE.

Obwohl die transnationalen Fraktionen innerhalb des EP ihren Mitgliedern ein gewisses Maß an Parteidisziplin abverlangen, weicht das Stimmverhalten der MEPs tendenziell öfter von der Fraktionslinie ab, als dies in nationalen Parlamenten üblicherweise der Fall ist. Dennoch hat das parteipolitische Abstimmungsverhalten im Zeitverlauf an Geschlossenheit erheblich zugenommen (Hix/Lord 1997; Hix 2001).

Die beiden „großen" EP-Fraktionen, die konservative EVP-ED und die sozialdemokratische S&D, vereinen zusammen seit jeher weit mehr als die Hälfte der Sitze, sodass ein Beschluss üblicherweise nur dann gefasst werden kann, wenn sich diese beiden Fraktionen politisch einigen können.[14] Im Ergebnis bedeutet dies eine faktische „große Koalition", die in der überwiegenden Anzahl Entscheidungen der „politischen Mitte" produziert (Kreppel 2002). Sind die beiden großen EP-Fraktionen ideologisch gespalten, erhöht dies naturgemäß den Einfluss der kleineren Fraktionen, insbesondere der drittgrößten Fraktion, der Liberalen oder der Grünen.

Jüngere Studien haben bestätigt, dass sich EP-Parlamentarier in ihrem politischen Verhalten verstärkt an ihrer jeweiligen Fraktion orientieren, was den ideologischen Wettbewerb im EP erhöht (Hix/Noury/Roland 2005).[15] Trotzdem sind die nationalen Parteidelegationen im EP jene Gruppierung, die vermutlich am geschlossensten auftritt – noch vor den multinationalen EP-Fraktionen (Hix/Noury/Roland 2007). Gleichzeitig liegen zu vielen Fragen bezüglich des Abstimmungsverhaltens einzelner MEPs, der politischen Willensbildung innerhalb der einzelnen EP-Fraktionen sowie der Zusammenarbeit zwischen den einzelnen Fraktionen nach wie vor zu wenige umfassende empirische Untersuchungen vor (Lord 2010).

Trotz bemerkenswerter Bemühungen, den parteipolitischen Wettbewerb im EP zu verstärken (vgl. etwa die Verknüpfung der EP-Wahl mit der Wahl des Kommissionspräsidenten gemäß Art. 17 Abs. 7 EUV), bietet das gegenwärtige institutionelle Arrangement der EU zu wenig Anreize, sich an einem ideologischen Links-Rechts-Schema zu orientieren. Vielmehr dominiert bei vielen EP-Abgeordneten ein einheitliches parlamentarisches Bewusstsein, wodurch das EP „als eine Institution, geeint entweder gegen die Kommission oder – häufiger – gegen die Mitgliedstaaten im Ministerrat" auftritt (Hix 2003: 166).

Neben den EP-Fraktionen gibt es gesamteuropäische Parteizusammenschlüsse entlang ideologischer Parameter, die sich in den 1970er Jahren gegründet haben. Traten die transnationalen Parteizusammenschlüsse an-

14 Auf die EVP-ED entfallen mit Stichtag 31. Dezember 2005 264 und auf die SPE 200 Sitze, was zusammen eine eindeutige absolute Mehrheit von 464 der 732 Stimmen ergibt; vgl. Gesamtbericht über die Tätigkeit der EU 2005 (http://europa.eu.int/abc/doc/off/rg/de/2005/rg7.htm).

15 Lord (2010) hat jedoch kritisch darauf hingewiesen, dass die meisten Untersuchungen hinsichtlich des Abstimmungsverhalten von EP-Angeordneten auf namentlichen Abstimmungen (*roll-call analysis*) basieren, die jedoch nur rund ein Drittel aller Abstimmungen im EP ausmachen.

fänglich noch überaus heterogen in Erscheinung, so erfolgte nach dem Vertrag von Maastricht, der die Bedeutung der politischen Parteien für den Integrationsprozess primärrechtlich verankerte, eine Restrukturierung, die zu einer strafferen Organisation und einem einheitlicheren Auftreten auf europäischer Ebene führte (Hix 2003: 160 f.).

Insgesamt gesehen kann die Frage, ob es europäische Parteien gibt, die mit europaweit einheitlichen Partei- und Wahlprogrammen um gesamteuropäische Wähler kämpfen, nach wie vor verneint werden. Folglich sind EP-Wahlen nach wie vor *second-order-elections*, in denen nationale und gerade nicht EU-Themen dominieren (Reif/Schmitt 1980). Dem Wähler ist – angesichts des dominierenden konsensualen Politikstils auf europäischer Ebene – allzu oft nicht klar, welche Rolle das EP im Mehrebenensystem der EU tatsächlich spielt und welche Positionen es einnimmt. Infolgedessen wird den EP-Wahlen weniger Relevanz beigemessen, was sich nicht zuletzt auch in einer kontinuierlich sinkenden Wahlbeteiligung ausdrückt. Nahmen an der ersten EP-Direktwahl im Jahre 1979 noch 62 Prozent der Bürgerinnen und Bürger teil, so waren es bei der letzten Wahl im Jahr 2009 nur noch 43 im EU-Durchschnitt. Normativ offen bleibt, ob eine niedrige Wahlbeteiligung sowie ein weit verbreitetes Desinteresse ein zu akzeptierendes Faktum moderner Demokratien sind und der Schwerpunkt sich vielmehr auf andere Bedingungen wie etwa Rechtsstaatlichkeit verlagern soll oder ob eine fehlende politische Partizipation bei politischen Wahlen negativ auf die demokratische Qualität eines politischen Gemeinwesens durchschlägt (Marsh/Mikhaylov 2010).

Wie in jedem Parlament werden auch im EP die Debatten und Abstimmungen im Plenum von Fachausschüssen vorbereitet. Konkret prüfen die einzelnen Ausschüsse die Legislativvorschläge der Kommission und schlagen etwaige Änderungen vor. Die Sitzungen der derzeit 20 ständigen Ausschüsse[16] sind grundsätzlich öffentlich zugänglich (Art. 103 Abs. 3 GOEP). Darüber hinaus können Sonder- und Unterausschüsse eingerichtet werden (Art. 184 und 185 GOEP). Die Ausschüsse und ihre Vorsitzenden spielen eine eminent wichtige Bedeutung bei der Einhaltung des legislativen Programms des Parlaments. Damit die Ausschussarbeit über die letztlich notwendige politische Unterstützung verfügt, werden die Willensbildungs- und Entscheidungsprozesse in und zwischen den einzelnen Ausschüssen jeweils auch

16 Für eine Übersicht der nach Themenbereichen eingeteilten Ausschüsse vgl. http://www.europarl.europa.eu/activities/committees/committeesList.do?language=DE; die Zuständigkeiten der einzelnen Ausschüsse sind derzeit in Anhang VII GOEP geregelt.

Tabelle 3: Die Beteiligung an den Europawahlen 1979–2009 (in %)

	1979	1981	1984	1987	1989	1994	1995	1996	1999	2004	2007	2009
BE	91,36		92,09		90,73	90,66			91,05	90,81		90,39
DK	47,82		52,38		46,17	52,92			50,46	47,89		59,54
DE	65,73		56,76		62,28	60,02			45,19	43,00		43,30
IE	63,61		47,56		68,28	43,98			50,21	58,58		58,64
FR	60,71		56,72		48,80	52,71			46,76	42,76		40,63
IT	85,65		82,47		81,07	73,60			69,76	71,72		65,05
LU	88,91		88,79		87,39	88,55			87,27	91,35		90,75
NL	58,12		50,88		47,48	35,69			30,02	39,26		36,75
UK	32,35		32,57		36,37	36,43			24,00	38,52		34,70
EL		81,48	80,59		80,03	73,18			70,25	63,22		52,61
ES				68,52	54,71	59,14			63,05	45,14		44,90
PT				72,42	51,10	35,54			39,93	38,60		36,78
SE							41,63		38,84	37,85		45,53
AT								67,73	49,40	42,43		45,97
FI								57,60	30,14	39,43		40,30
CZ										28,30		28,20
EE										26,83		43,90
CY										72,50		59,40
LT										48,38		20,98
LV										41,34		53,70
HU										38,50		36,31
MT										82,39		78,79
PL										20,87		24,53
SI										28,35		28,33
SK										16,97		19,64
BG											29,22	38,99
RO											29,47	27,67
EU	**61,99**		**58,98**		**58,41**	**56,67**			**49,51**	**45,47**		**43,00**

Legende

- 1979, EU-9: neun Mitgliedstaaten (Deutschland, Frankreich, Italien, Niederlande, Belgien, Luxemburg, Großbritannien, Dänemark und Irland).
- 1984, EU-10: die neun Mitgliedstaaten und Griechenland seit 1981.
- 1989, EU-12: die zehn Mitgliedstaaten sowie Spanien und Portugal seit 1986.
- 1994, EU-12: die zwölf Mitgliedstaaten.
- 1999, EU-15: die zwölf Mitgliedstaaten sowie Österreich, Schweden und Finnland seit 1995.
- 2004, EU-25: die 15 Mitgliedstaaten sowie Polen, Ungarn, Slowenien, Slowakei, Tschechische Republik, Estland, Lettland, Litauen, Zypern und Malta seit 2004.
- 2009, EU-27: die 25 Mitgliedstaaten sowie Bulgarien und Rumänien seit 2007.

Quellen: TNS opinion in Zusammenarbeit mit dem EP; http://www.europarl.de/view/de/Europawahl/Wahlergebnisse/Wahlbeteiligung-EU.html;jsessionid=E40F733A05BF08C44D100A01B32B2097.

mit den politischen Fraktionen im EP abgestimmt. Ein Generalsekretariat koordiniert das Legislativprogramm des Parlaments und unterstützt es organisatorisch sowie in technischer und fachlicher Hinsicht.[17]

Die Funktionen des EP konzentrieren sich auf das EG-Rechtsetzungsverfahren, auf Haushalts-, Ernennungs- und Kontrollrechte. Am EU-Rechtsetzungsverfahren ist der Mitwirkungsgrad des EP je nach Politikbereich unterschiedlich und hängt grundsätzlich von den einzelnen Vertragsbestimmungen ab. Vor dem Inkrafttreten des Vertrags von Lissabon gab es vier unterschiedliche Verfahrensarten: die Anhörung, die Zusammenarbeit, die Mitentscheidung sowie die Zustimmung (vgl. dazu Pollak/Slominski 2006: 92). Dies wurde nunmehr grundlegend geändert.

Vorab ist darauf hinzuweisen, dass der Vertrag von Lissabon zwischen Gesetzgebung und Rechtsetzung unterscheidet. Das ordentliche Gesetzgebungsverfahren, das im Wesentlichen dem früheren Mitentscheidungsverfahren entspricht, besteht in einer gemeinsamen Annahme einer Verordnung, einer Richtlinie oder eines Beschlusses durch das Europäische Parlament und den Rat auf Vorschlag der Kommission (Art. 289 Abs. 1 AEUV). Dies bedeutet, dass sowohl der Rat als auch das EP im Legislativverfahren über ein Veto verfügen, das vom jeweils anderen Organ nicht überstimmt werden kann. In Gesetzgebungsakten sind die „wesentlichen Aspekte eines Bereiches" zu regeln; eine Übertragung an die Kommission ist hier explizit nicht möglich (Art. 290 AEUV). Es ist ein zentrales Charakteristikum des Lissabonner Vertrags und zeigt die Aufwertung des EP, dass das ordentliche Gesetzgebungsverfahren im Zentrum der EU-Legislativtätigkeit steht.

Neben dem ordentlichen Gesetzgebungsverfahren gibt es auch noch ein besonderes Gesetzgebungsverfahren (vgl. dazu näher Art. 289 Abs. 2 AEUV). Im Gegensatz zum ordentlichen Gesetzgebungsverfahren erfolgt hier die Annahme eines Rechtsaktes durch das Europäische Parlament oder des Rates. In welchem Umfang das jeweils andere Organ eingebunden ist, ergibt sich aus den jeweils zur Anwendung kommenden Vertragsbestimmungen. Beispiele, wo das besondere Gesetzgebungsverfahren zur Anwendung kommt, finden sich etwa im Politikfeld Grenzkontrollen, Asyl und Einwanderung. Hier beschränkt sich die Mitwirkung des EP in den betreffenden Fällen auf bloße Anhörung (Art. 77 Abs. 3 oder Art. 78 Abs. 3 AEUV). In anderen Bereichen besitzt das EP wiederum ein Zustimmungsrecht. So etwa beim

17 Das Generalsekretariat ist seinerseits in zehn Generaldirektionen unterteilt; vgl. http://www.europarl.europa.eu/parliament/expert/staticDisplay.do?language=DE&id=54.

Beitritt neuer Mitgliedstaaten (Art. 49 Abs. 1 EUV) oder bei Assoziierungsverträgen zwischen der EU und Drittstaaten oder internationalen Organisationen (so etwa bei einem etwaigen Beitritt zur Europäischen Menschenrechtskonvention, Art. 217 i. V. m. Art. 218 AEUV).

Neben dem Gesetzgebungsverfahren sieht der Vertrag auch Rechtsetzungsverfahren vor, die in einzelnen Vertragsbestimmungen gesondert geregelt werden. Dabei handelt es sich zum einen um sog. delegierte Rechtsakte (Art. 290 AEUV) sowie zum anderen um sog. Durchführungsrechtsakte (Art. 291 AEUV).[18] Bei delegierten Rechtsakten wird der Kommission in Gesetzgebungsakten (siehe oben) die Befugnis übertragen, allgemein gültige Normen „zur Ergänzung oder Änderung bestimmter nicht wesentlicher Vorschriften des betreffenden Gesetzgebungsaktes zu erlassen“ (Art. 290 Abs. 1 AEUV). Die Ermächtigung in den betreffenden Gesetzgebungsakten muss „Ziele, Inhalt, Geltungsbereich und Dauer der Befugnisübertragung ausdrücklich festlegen. Die wesentlichen Bereiche sind dem Gesetzgebungsakt vorbehalten; eine Befugnisübertragung ist insofern ausgeschlossen (Art. 290 Abs. 2 AEUV). Inkrafttreten kann der delegierte Rechtsakt erst, nachdem Rat oder EP keine Einwände erheben. Außerdem können Rat oder EP die Übertragung später widerrufen (Art. 290 Abs. 2 AEUV).[19] Durchführungsrechtsakte betreffen die Durchführung von Gesetzgebungs- oder Rechtsakten (einschließlich delegierter Rechtsakte), die ausnahmsweise nicht von den Mitgliedstaaten, sondern auf Unionsebene durch die Kommission oder dem Rat stattfinden kann (Art. 291 Abs. 2 AEUV). Die allgemeinen Regeln sowie die Grundzüge der Kontrolle legen EP und Rat im ordentlichen Gesetzgebungsverfahren fest (Art. 291 Abs. 3 AEUV). Diese Bestimmung ersetzt den früheren Art. 202 EG-Vertrag, der die Grundlage für den Komitologie-Beschluss darstellte.

Gemäß dem Prinzip der begrenzten Einzelermächtigung (Art. 5 EUV) kann das EP, anders als ein nationales Parlament, über seine Kompetenzen nicht selbständig festlegen, es besitzt also keine Kompetenz-Kompetenz. Seine Aufgaben richten sich ausschließlich nach den einschlägigen Verträgen (EUV, AEUV). Diese sind in erster Linie Gesetzgebungskompetenzen sowie

18 Grundsätzlich besitzt das zustimmungsberechtigte Organ, im Gegensatz zum ordentlichen Gesetzgebungsverfahren, kein inhaltliches Mitwirkungsrecht, es kann seine Zustimmung also lediglich erteilen oder versagen (vgl. dazu näher Harratsch/Koenig/Pechstein 2010: 146 ff.).

19 Inwieweit beim Erlass delegierter Rechtsakten das Komitologieverfahren anzuwenden ist, ist umstritten (Harratsch/Koenig/Pechstein 2010: 149).

Haushaltsbefugnisse, die das EP gemeinsam mit dem Rat ausübt (Art. 14 EUV). Anders als nationale Parlamente besitzt das EP kein Initiativrecht, es kann jedoch – ähnlich wie der Rat – die Kommission auffordern, einen Vorschlag für einen Gesetzgebungs- und Rechtsakt zu erlassen (Art. 225 AEUV). Daneben verfügt das EP auch über Ernennungs- sowie Beratungs- und Kontrollrechte.

Seit dem Inkrafttreten des Vertrags von Lissabon wird nun der Präsident der Kommission vom EP gewählt (Art. 14 Abs. 1 EUV). Der Vorschlag kommt zwar vom Europäischen Rat, der einen Kandidaten mit qualifizierter Mehrheit unter Berücksichtigung des Ergebnisses der EP-Wahlen auswählt (Art. 17 Abs. 7 EUV). Darüber hat das EP der Ernennung der gesamten Kommission (d. h. Präsident, Mitglieder, Hoher Vertreter für die Außen- und Sicherheitspolitik) zuzustimmen (Art. 17 Abs. 7 3. Unterabsatz EUV). Das wesentliche Kontrollrecht des EP besteht darin, der Kommission das Misstrauen – mit zwei Drittel der abgegebenen Stimmen und der Mehrheit seiner Mitglieder – auszusprechen (Art. 234 AEUV). Dieser Fall ist jedoch noch nie eingetreten – im Jahr 1999 trat die Kommission unter Jacques Santer vor einem erwarteten Misstrauensvotum von selbst zurück[20].

Laut Westlake (1994: 115) verfolgten die Anträge primär den Zweck, der Kommission zu signalisieren, dass die Möglichkeit eines Misstrauensvotums existiert, es nicht jedoch auch tatsächlich einzusetzen. Überdies ist die Kommission verpflichtet, auf die vom EP gestellten Fragen zu antworten (Art. 230 AEUV). Ein vergleichbares Recht gegenüber dem Rat ist im Vertrag nicht explizit vorgesehen, jedoch vom Rat seit 1973 ausdrücklich anerkannt (Thun-Hohenstein/Cede/Hafner 2003: 126).

20 Der Anlass des Rücktritts der Kommission waren das kollektive Fehlversagen der Kommission im Verwaltungsvollzug sowie das individuelle Fehlverhalten einzelner Kommissare. Für eine detaillierte Diskussion siehe z. B. Hummer/Obwexer 1999a und Craig 2000. Da ein Misstrauensvotum gegen einzelne Kommissare aufgrund des EGV nicht möglich ist, erschien angesichts der Schwere der Vorwürfe ein Misstrauensvotum gegen das gesamte Kollegium politisch nicht ausgeschlossen. Einem solchen Votum ist die Santer-Kommission durch ihren kollektiven Rücktritt jedoch zuvorgekommen. Aufgrund dieser Ereignisse ist im Vertrag von Nizza nunmehr vorgesehen, dass auch ein einzelnes Kommissionsmitglied zurücktreten muss, wenn es der Präsident nach Billigung durch das Kollegium dazu auffordert (Art. 217 Abs. 4 EGV).

4.2 Der Europäische Rat

Angesichts der Integrationskrise in den 1960er Jahren kamen die Mitgliedstaaten zu der Einsicht, dass weitere Integrationsschritte nur durch das Einbeziehen der höchsten politischen Ebene zu erzielen seien. Kennzeichnend dafür war der Gipfel der europäischen Staats- und Regierungschefs in Den Haag im Jahre 1969, wo sowohl die Erweiterung der Gemeinschaft als auch Vertiefungsschritte beschlossen wurden (Bulmer 1985: 90). Auf der Gipfelkonferenz in Paris (1974) wurde beschlossen, dass diese bis dahin informellen Treffen, für die der Begriff „Europäischer Rat" gewählt wurde, in regelmäßigen Abständen stattfinden sollen. Mit der EEA wurde der Europäische Rat erstmals in einem rechtlich verbindlichen Text erwähnt. Eine weitere Formalisierung erlebte der Europäische Rat durch den Vertrag von Maastricht, wo festgelegt wurde, dass er die erforderlichen (politischen) Impulse gibt sowie die allgemeinen politischen Zielvorstellungen festlegt. Im politischen Alltagsdiskurs wurde oft übersehen, dass im Europäischen Rat auch Vertreter der Kommission sitzen und dass es sich deshalb zwar um ein primäres, jedoch nicht ausschließlich intergouvernementales Organ handelt.

Mit dem Inkrafttreten des Vertrags von Lissabon erhält der Europäische Rat nun endgültig Organstatus, wodurch sein kontinuierlicher Formalisierungsgrad abgeschlossen wurde (Art. 13 EUV). Rein rechtlich hat sich an seinen Aufgaben kaum etwas geändert. Er bleibt weiterhin *das* politische Leitorgan der EU (Art. 15 Abs.1 EUV; Art. 26 EUV; Art. 68 AEUV) und hat erhebliche Entscheidungs- und Ernennungsrechte.[21] Der Europäische Rat entscheidet grundsätzlich im Konsens[22] (Art. 15 Abs. 4 EUV) und tritt zweimal pro Halbjahr zusammen (Art. 15 Abs. 3 EUV); der Präsident kann den Europäischen Rat aber auch darüber hinaus einberufen (sog. Sondergipfel). Die ausdrückliche Aufwertung des Europäischen Rates in den Rang eines Organs spiegelt seine in den letzten Jahren wachsende politische Bedeutung wider und verleiht ihm

21 Der Europäische Rat entscheidet über die Zusammensetzung des EP, des Rates sowie über die Rotationsverfahren der Kommission. Er ist auch zentraler Akteur im Rahmen des Vertragsänderungsverfahrens mit qualifizierter Mehrheit bzw. dem Wechsel des Abstimmungsmodus im Rat von Einstimmigkeit zu qualifizierter Mehrheit (vgl. dazu näher Herdegen 2011: 96).

22 Ausnahmen vom Konsensprinzip sind etwa der Vorschlag eines Kommissionspräsidenten (Art. 17 Abs. 7 EUV) oder die Ernennung des Hohen Vertreters für Außen- und Sicherheitspolitik (Art. 18 Abs. 1 EUV). Hier entscheidet der Europäische Rat mit qualifizierter Mehrheit. Zum Unterschied zwischen Konsens und Einstimmigkeit siehe etwa Harratsch/Koenig/Pechstein 2010: 112.

zusätzliche Legitimität (Jacqué 2010: 104). Immer öfter wurde der Europäische Rat zum zentralen Akteur wichtiger politischer Entscheidungen. Dies betraf die Ernennung zentraler Funktionsträger ebenso wie das oftmals detaillierte Agieren in zentralen Politikbereichen wie Außen-, Energie-, Innen- und Sicherheitspolitik sowie das gesamte (noch andauernde) Krisenmanagement in der Eurozone (Christoffersen 2009). Da im Europäischen Rat die höchsten Repräsentanten der Mitgliedstaaten zusammentreffen, sind Verhandlungen häufig durch das Verabschieden von politikbereichsübergreifenden Lösungen bzw. Verhandlungspaketen charakterisiert, die oftmals wenig schmeichelhaft auch als „Kuhhandel" oder *horse-trading* bezeichnet werden.[23]

Seine Zusammensetzung umfasst die Staats- und Regierungschefs der Mitgliedstaaten, die Präsidenten des Europäischen Rates und der Kommission. Der Hohe Vertreter der Union für die Außen- und Sicherheitspolitik nimmt an seinen Arbeiten teil (Art. 15 Abs. 2 EUV).[24] Der durch den Vertrag von Lissabon neugeschaffene Präsident des Europäischen Rates[25] wird vom Europäischen Rat mit qualifizierter Mehrheit für eine Amtszeit von zweieinhalb Jahren gewählt (eine einmalige Wiederwahl ist möglich) (Art. 15 Abs. 5 i. V. m. Art. 235 AEUV). Er löst diesbezüglich die halbjährige Rotation der Präsidentschaften ab. Aufgabe des Präsidenten des Europäischen Rates ist es, dem Europäischen Rat eine stärkere Kontinuität und Effizient zu verschaffen, seine Sichtbarkeit und damit Legitimität zu erhöhen sowie auf den Zusammenhalt und Konsens hinzuwirken (Art. 15 Abs. 6 EUV; Harratsch/Koenig/Pechstein 2010: 110). Er hat dabei aber mit anderen Akteuren – wie dem Kommissionspräsidenten (etwa bei der Vorbereitung des Europäischen Rates) oder dem Hohen Vertreter (etwa bei der Außenvertretung) – zusammenzuarbeiten. Ob bzw. inwieweit der neugeschaffene Präsident des Europäischen Rates und der Hohe Vertreter eine Konkurrenz zum Kommissionspräsidenten darstellen, kann derzeit noch nicht eingeschätzt werden. Bislang scheint die Zusammenarbeit reibungslos zu funktionieren; es gibt es keine Hinweise, die auf ein Konkurrenzverhältnis zwischen den drei Amtsträgern schließen lassen. Viel wird jedoch davon abhängen, wie die ersten Jahre verlaufen, welche Modi Vivendi und Präzedenzfälle sich herausbilden.

23 Auf die Bedeutung von Verhandlungspaketen hat v. a. der Liberale Intergouvernementalismus hingewiesen (siehe dazu Kap. 3.2).

24 Weitere Einzelheiten finden sich in der Geschäftsordnung des Europäischen Rates (ABl. 2009 L 315/51).

25 Erster Präsident ist zurzeit der Belgier Herman Van Rompuy.

Ungeachtet seiner rechtlichen Aufwertung ist der Europäische Rat nicht an der formellen Rechtsetzung beteiligt (Art. 15 Abs. 1 EUV). Die Ergebnisse der Treffen des Europäischen Rates werden als Schlussfolgerungen des Vorsitzes verabschiedet.[26] Sie unterliegen keiner Überprüfung durch den EuGH.[27]

4.3 Der Rat

„Der Rat besteht aus je einem Vertreter jedes Mitgliedstaates auf Ministerebene" (Art. 16 Abs. 1 EUV). Der Rat ist – im Gegensatz zur Kommission, zum EP, aber auch zum Europäischen Rat – ein Organ, in dem ausschließlich mitgliedstaatliche Vertreter sitzen und demnach primär mitgliedstaatliche Interessen wahrgenommen werden. Angesichts seiner formalen Kompetenzen wird der Rat auch als „Hauptorgan" der EU bezeichnet (Haltern 2005: 91). Konkret setzt sich der Rat aus den jeweiligen Fachministern der Mitgliedstaaten zusammen.[28] In rechtlicher Hinsicht ist der Rat ein einheitliches Organ. Auch in den über die EU berichtenden Massenmedien wird meist undifferenziert von „dem" Rat gesprochen. In Wirklichkeit tagt der Rat in der Praxis in völlig unterschiedlichen fachlichen Zusammensetzungen.[29]

Gegenwärtig existieren zehn Ratsformationen: (1) Allgemeine Angelegenheiten; (2) Auswärtige Angelegenheiten; (3) Wirtschaft und Finanzen; (4) Justiz und Inneres (JI); (5) Beschäftigung, Sozialpolitik, Gesundheit und

26 Eine Liste der jüngsten Schlussfolgerungen findet sich unter http://www.european-council.europa.eu/council-meetings/conclusions.aspx?lang=de. Beispiele für politisch bedeutende Schlussfolgerungen sind Edinburgh (1992), Lissabon (2000) und Laeken (2001). Schlussfolgerungen aus der Anfangszeit des Europäischen Rates findet man unter http://aei.pitt.edu/view/eusubjects/H019.html.

27 Nur insofern die Entscheidungen des Europäischen Rates Rechtswirkungen gegenüber Dritten entfalten, unterliegen sie der Überprüfung durch den EuGH (Art. 263 Abs. 1 AEUV).

28 In der Praxis werden aber auch Staatssekretäre akzeptiert. Relevant für föderale Staaten ist weiters, dass nicht nur Bundesorgane der Mitgliedstaaten in den Rat entsandt werden können, sondern auch Vertreter der Länder, was etwa für Belgien, Deutschland und Österreich von Relevanz ist.

29 Der Europäische Rat von Sevilla beschloss 2002, dass die Anzahl der Ratsformationen von 16 auf neun verringert werden sollte (siehe http://ue.eu.int/ueDocs/cms_Data/docs/pressData/en/ec/72638.pdf sowie Anhang I GOR). Grundsätzlich tagt der Rat in Brüssel. In den Monaten April, Juni und Oktober jedoch in Luxemburg (vgl. dazu den Beschluss des Rates, vgl. lit. b Protokoll Nr. 6, zum Vertrag von Lissabon über die Festlegung der Sitze der Organe).

Verbraucherschutz; (6) Wettbewerbsfähigkeit (Binnenmarkt, Industrie, Forschung und Raumfahrt); (7) Verkehr, Telekommunikation und Energie; (8) Landwirtschaft und Fischerei; (9) Umwelt; (10) Bildung, Jugend, Kultur und Sport. Da der Rat rechtlich ein einheitliches Organ ist, kann grundsätzlich jeder Fachrat rechtlich bindende Entscheidungen treffen, die nicht in seine vorgesehene Kompetenz fallen.[30] Den Vorsitz führt ein Mitgliedstaat in einer festgelegten Reihenfolge jeweils für sechs Monate (Art. 16 Abs. 9 EUV).[31] Um der Arbeit im Rat mehr Kontinuität zu geben, wurde festgelegt, dass das den Vorsitz führende Land von zwei anderen Mitgliedstaaten unterstützt wird. Dies führt dazu, dass faktisch eine Gruppe von drei Mitgliedstaaten für 18 Monate den Vorsitz innehat, auch wenn die tatsächliche Vorsitzführung sich nur auf die (bisherigen) sechs Monate beschränkt (Art. 1 Beschluss des Europäischen Rates 2009/881/EU; Harratsch/Koenig/Pechstein 2010: 114).

Der Rat nimmt eine Reihe wichtiger Funktionen wahr. Seine wohl wichtigste Aufgabe ist die Legislativfunktion der Union, die er sich grundsätzlich mit dem Europäischen Parlament teilt (Art. 16 Abs. 1 EUV). Soweit in den Verträgen nichts anderes festgelegt ist, beschließt der Rat grundsätzlich mit qualifizierter Mehrheit (Art. 16 Abs. 3 EUV). Das Konzept der qualifizierten Mehrheit wurde durch den Vertrag grundlegend geändert. Bislang wurden die Stimmen der einzelnen Mitgliedstaaten – entsprechend ihrer Größe – gewichtet (vgl. Pollak/Slominski 2006: 76). Darüber hinaus musste ein entsprechender Beschluss auch die Mehrheit der Mitgliedstaaten umfassen bzw. – auf Antrag – die qualifizierte Mehrheit mindestens 62 Prozent der Gesamtbevölkerung umfassen. Die neuen Regelungen gehörten zu den umstrittensten Bestimmungen des Lissabonner Vertrages und treten erst nach einer Übergangsfrist in Kraft.

Nach Harratsch/Koenig/Pechstein (2010: 116 ff.) können folgende Phasen unterschieden werden: 1) Inkrafttreten des Vertrages (1. Dezember 2009) bis 31. Oktober 2004; 2) 1. November 2004 bis 31. März 2017; 3) ab 1. April 2017.

Ad 1) Bis 31. Oktober 2014 gilt die alte Regelung des Vertrages von Nizza (Art. 16 Abs. 5 EUV i.V.m. Protokoll Nr. 36) über die Übergangsbestim-

30 Ein Überblick über die einzelnen Ratsformationen findet sich unter http://www.consilium.europa.eu/council/council-configurations.aspx?lang=de.

31 Weitere Informationen über den Vorsitz einzelner Mitgliedstaaten der letzten Jahre finden sich unter http://www.consilium.europa.eu/council/presidency-websites.aspx?lang=de. Die große Ausnahme ist der Europäische Rat, dessen Vorsitz von einem Präsidenten des Europäischen Rates geführt wird (siehe oben).

mungen. Dies bedeutet, dass in diesem Zeitraum weiterhin die Stimmen der einzelnen Mitgliedstaaten gewogen werden. Die vier großen Mitgliedstaaten (Deutschland, Frankreich, Großbritannien und Italien) erhalten je 29 Stimmen, der kleinste (Malta) drei Stimmen. Für eine qualifizierte Mehrheit müssen 255 von insgesamt 345 Stimmen erreicht werden (die Sperrminorität beträgt also 91 Stimmen), die auch die Mehrheit der Mitgliedstaaten umfasst.[32] Auf Antrag ist weiterhin eine Überprüfung möglich, ob der bestreffende Beschluss 62 Prozent der Gesamtbevölkerung umfasst (Art. 3 Protokoll Nr. 36).[33]

Tabelle 4: Die Stimmenverteilung pro Mitgliedstaat

Deutschland, Frankreich, Italien, Vereinigtes Königreich	29
Spanien, Polen	27
Rumänien	14
Niederlande	13
Belgien, Tschechische Republik, Griechenland, Ungarn, Portugal	12
Österreich, Bulgarien, Schweden	10
Dänemark, Irland, Litauen, Slowakei, Finnland	7
Zypern, Estland, Lettland, Luxemburg, Slowenien	4
Malta	3
Gesamt	**345**

Quelle: http://www.consilium.europa.eu/council.aspx?lang=de.

Ad 2) In der Phase vom 1. November 2014 bis 31. März 2017 gelten die soeben genannten Regelungen weiter, sofern ein Mitgliedstaat dies beantragt (Art. 3 Abs. 2 Protokoll Nr. 36). Falls dies nicht der Fall ist, findet keine Stimmgewichtung mehr statt, sondern es greifen bereits die neuen Regeln der „doppelten Mehrheit"; ein Mitgliedsland verfügt dann nur mehr über eine Stimme. Für eine qualifizierte Mehrheit benötigt man dann nur noch 55 Prozent der Mitgliedstaaten, gebildet aus mindestens 15 Mitgliedstaaten, sofern diese zusammen 65 Prozent der Bevölkerung repräsentieren. Eine Sperrminorität muss aus mindestens vier Mitgliedstaaten bestehen. Insbesondere

32 Auf der Website des Rates findet sich ein sog. Abstimmungsrechner, wo Abstimmungen simuliert werden können (http://www.consilium.europa.eu/council/voting-calculator.aspx?lang=de&cmsid=1690, Stand: August 2011).

33 Strenggenommen gelten diese Bestimmungen nur für jene Rechtsakte, die auf Vorschlag der Kommission zustande kommen. Für alle anderen Rechtsakte sind noch strengere Voraussetzungen zu erfüllen (255 Stimmen sowie ⅔ der Mitgliedstaaten).

Polen hatte sich lange Zeit heftig gegen die Neuerungen der doppelten Mehrheit gewehrt bzw. auf die komplizierten Übergangsregeln bestanden. Zusätzlich wurde auf Verlangen Polens noch ein Beschluss verabschiedet, der zeitgleich mit dem Vertrag von Lissabon in Kraft trat (siehe auch die Erklärung Nr. 7, die dem Lissabonner Vertrag beigefügt wurde) und der für die Phase zwischen dem 1. November 2014 und 31. März 2017 eine den Kompromissen von Luxemburg und Ioannina nachempfundene Verhandlungspflicht vorsieht, um eine alle zufriedenstellende Lösung zu finden (Harratsch/Koenig/Pechstein 2010: 119).

Ad 3) Mit 1. April 2017 kann die Stimmgewichtung nicht mehr beantragt werden; es gelten nur mehr die Regeln der doppelten Mehrheit (16 Abs. 4 EUV). Ungeachtet dessen sollen die den Kompromissen von Luxemburg[34] und Ioannina begründeten Verhandlungspflichten etwas erleichtert werden (Art. 4 Erklärung 7). Ob diese „Notbremse-Verfahren" rechtmäßig sind, ist mehr als fraglich (Herdgen 2011: 104), inwieweit sie politisch zur Anwendung kommen, kann jedoch nicht ausgeschlossen werden.

Ungeachtet der Tatsache, dass das (neue) Verfahren der qualifizierten Mehrheit der Standardabstimmungsmodus im Rat ist, gelten in etlichen Bereichen auch andere Beschlusserfordernisse. In politisch besonders wichtigen Fragen wird selbst nach dem Vertrag von Lissabon weiterhin mit Einstimmigkeit entschieden. Dies betrifft v. a. die politisch besonders sensiblen Bereiche der Außen-[35], Steuer- und Sozialpolitik, aber auch die Generalklau-

34 Abstimmungen mit qualifizierter Mehrheit sind formell bereits seit den 1960er Jahren vorgesehen. Als dies im Bereich der Agrarpolitik auch de facto erfolgen sollte, weigerte sich Frankreich, dies zu akzeptieren, und verhinderte in Folge durch seine Abwesenheit jedwede Beschlüsse im Rat, bei denen Einstimmigkeit vorgesehen war („Politik des leeren Stuhls"). Diese erste große Krise im Integrationsprozess konnte erst durch die Luxemburger Vereinbarung vom 29. Januar 1966 beigelegt werden. Die zentrale Bestimmung, durch die der Konflikt zwischen Frankreich und den anderen fünf Mitgliedstaaten beigelegt werden konnte, lautet: „Stehen bei Beschlüssen, die mit Mehrheit auf Vorschlag der Kommission gefasst werden können, sehr wichtige Interessen eines oder mehrerer Partner auf dem Spiel, so werden sich die Mitglieder des Rates innerhalb eines angemessenen Zeitraums bemühen, zu Lösungen zu gelangen, die von allen Mitgliedern [...] angenommen werden können." Obwohl die rechtliche Qualität der Luxemburger Vereinbarung von vielen Fachleuten bezweifelt wird, hatte sie eine eminente politische Bedeutung. Frankreich etablierte damit auf Jahre die Praxis, dass bei Entscheidungen, für die formal eine Mehrheit ausreichend gewesen wäre, so lange verhandelt wurde, bis alle Mitgliedstaaten mit dem Ergebnis leben konnten (Haltern 2005: 42f.). Dies änderte sich erst mit der Verabschiedung der EEA im Jahre 1986.

35 Im Bereich der Gemeinsamen Außen- und Sicherheitspolitik ist auch Stimmenthaltung möglich, die einem einstimmigen Beschluss nicht entgegensteht. Das sich enthaltende Land muss den betreffenden Beschluss zwar nicht umsetzen, jedoch alles unterlassen, was der Umsetzung des Beschlusses zuwiderläuft (Art. 31 Abs. 1 EUV).

sel oder -ermächtigung des Art. 352 AEUV (vormals Art. 308 EGV), wonach der Rat einstimmig auch dann (mit Zustimmung des EP) Rechtsakte erlassen kann, wenn dies zwar für die Erreichung der Ziele der Verträge erforderlich ist, es jedoch dennoch keine vertraglichen Befugnisse gibt.[36] Von hoher praktischer Relevanz ist ferner die Tatsache, dass eine Abänderung von Kommissionsvorschlägen ebenfalls nur einstimmig erfolgen kann (Art. 293 AEUV), was nicht nur die Kommission erheblich stärkt, sondern auch die Annahme eines Rechtsaktes erhöht (vgl. Haltern 2007: 106ff.). In einigen wenigen Fälle ist es möglich, dass der Rat mit einfacher Mehrheit entscheidet (Art. 238 Abs. 1 AEUV).[37]

Trotz der Ausweitung der formalen Möglichkeit von Mehrheitsbeschlüssen wird auch heute noch in vielen Ratsentscheidungen de facto relativ oft im Konsens entschieden. Zwar ist die vertraglich vorgesehene Stimmgewichtung eine nicht unwesentliche Determinante für die Bestimmung der Verhandlungsmacht eines Mitgliedstaates. Da die Entscheidungsfindung im Rat nicht zuletzt durch ein hohes Ausmaß an Verhandlungs- und Kompromissbereitschaft gekennzeichnet ist, ist die Bedeutung des formellen Stimmgewichts zu relativieren (Hayes-Renshaw/Wallace 2006: 295ff.; Moberg 2002: 277).

Ein in Brüssel angesiedelter Ausschuss der Ständigen Vertreter der Mitgliedstaaten (ASTV) unterstützt den Rat (Art. 16 Abs. 7 EUV i. V. m. Art. 240 Abs. 1 AEUV), indem er die Arbeiten vorbereitet und die ihm vom Rat übertragenden Aufträge ausführt. Der AStV gliedert sich in zwei Gremien: Während sich der ASTV II aus den Ständigen Vertretern der Mitgliedstaaten im Botschafterrang zusammensetzt und sich mit eher politischen, wirtschaftlichen und institutionellen Dossiers sowie Handelsfragen beschäftigt, besteht der sich mit fachspezifischen Materien befasste ASTV I aus den Stellvertretern der Ständigen Vertreter (Bostock 2002: 216f.).[38] Die Ständigen Vertretungen der einzelnen Mitgliedstaaten werden vom Ständigen Vertreter geleitet, der von den nationalen Ministerien und ihren entsandten Sachbearbeitern unterstützt wird. Jeder Mitgliedstaat entscheidet selbst,

36 Inwieweit die Generalklausel des Art. 352 AEUV das Prinzip der begrenzten Einzelermächtigung durchbricht, ist umstritten (Harratsch/Koenig/Pechstein 2010: 78).

37 Anwendungsbeispiele für einfache Mehrheit sind etwa die Art. 240, 241 oder 247 AEUV.

38 Die Arbeit des ASTV wird seinerseits durch die sog. Antici-Gruppe (für den ASTV II) sowie der Mertens-Gruppe (für den ASTV I) vorbereitet. In dieser Gruppe soll eine erste Einschätzung der einzelnen nationalen Positionen erfolgen sowie die Tagesordnung und sonstige organisatorische Details des ASTV erarbeitet werden.

aus wie vielen Mitarbeitern[39] seine Ständige Vertretung besteht bzw. welche Gebietskörperschaft, Interessengruppe oder sonstige innerstaatliche Akteur Repräsentanten nach Brüssel entsenden darf.[40]

Die Ständigen Vertreter ermöglichen aufgrund ihrer Vertrautheit mit der Arbeitsweise der europäischen Institutionen und ihrer detaillierten Kenntnis der verhandelten Materie eine Kontinuität der Arbeitsweise des Rates. Neben den Vorbereitungen der Ratstagungen koordiniert der ASTV auch die Tätigkeit der unzähligen Ratsarbeitsgruppen. Die Aufgabe des ASTV besteht darin, bereits auf seiner Ebene ein Maximum an Konsens zu erreichen bzw. die Chancen für einen Konsens im Rat selbst zu maximieren (Bostock 2002: 225). Wird auf der Ebene des ASTV ein Konsens erzielt, so wird das als sog. A-Punkt bezeichnete Dossier an den Rat weitergeleitet, der dieses dann in der Regel ohne weitere Diskussion annimmt. Angelegenheiten, die politisch umstrittener sind und von den Ministern im Rat diskutiert werden müssen, werden als B-Punkte bezeichnet.[41] Seit einigen Jahren wird darüber debattiert, ob sich die Bedeutung bzw. der Einfluss des ASTV angesichts der steigenden Anzahl der vom Rat zu bewältigenden Aufgaben verändert (Westlake/Galloway 2004: 204; The Economist, 8.8.1998: 46). Während einige die Auffassung vertreten, dass der Einfluss des ASTV angesichts der Etablierung neuer hochrangig besetzter Sonderausschüsse wie das Politische und Sicherheitspolitische Komitee oder der Militärausschuss der EU tendenziell abnimmt, argumentieren andere, dass die Komplexität der Ratsagenden eine bereichsübergreifende Koordinierung durch den ASTV mehr denn je benötigt. Neben dem ASTV wird der Rat auch noch durch ein Generalsekretariat unterstützt (Art. 240 Abs. 2 AEUV).

39 Vgl. z. B. die Einteilung der Abteilungen und Referate der Ständigen Vertretung Deutschlands bei der EU (http://www.bruessel-eu.diplo.de/Vertretung/bruessel__eu/de/01/Abteilungen__und__Referate/Behoerdenleiter__und__Abteilungen.html, Stand: August 2011).

40 In der Ständigen Vertretung Österreichs sind neben den üblichen Repräsentanten der einzelnen Ministerien auch solche des Städtebundes, des Gemeindebundes, der Nationalbank sowie der Sozialpartner (vgl. http://europa.eu/whoiswho/public/index.cfm?fuseaction=idea.hierarchy&nodeID=26969&lang=de, Stand: August 2011).

41 Interne Schätzungen gehen davon aus, dass rund zwei Drittel der vom Rat getroffenen Entscheidungen als A-Punkte zu qualifizieren sind (Westlake/Galloway 2004: 38).

4.4 Die Kommission

Wie auch beim Rat der EU besitzt die Kommission eine politische Ebene, nämlich das Kollegium der Kommissare, und eine in Generaldirektionen unterteilte administrative Ebene. Vor der letzten Erweiterungsrunde im Mai 2004 stellten die großen Mitgliedstaaten (Deutschland, Frankreich, Großbritannien, Italien und Spanien) je zwei und die mittleren und kleineren Staaten je einen Kommissar. Die großen Mitgliedstaaten verzichteten jedoch auf „ihren" zweiten Kommissar und erhielten im Gegenzug eine für sie günstigere Stimmgewichtung im Rat (Hix 2005: 41). Mit dem Vertrag von Lissabon werden nun – ähnlich wie beim Rat – zeitlich gestaffelte Reformen eingeführt. Gegenwärtig besteht die Kommission aus je einem Vertreter pro Mitgliedstaat, d. h. aus insgesamt 27 Mitgliedern. Diese Zahl beinhaltet bereits den Präsidenten sowie den neu geschaffenen Hohen Vertreter für die Außen- und Sicherheitspolitik, der zugleich einer der Vizepräsidenten der Kommission ist (Art. 17 Abs. 4 EUV).

Ab dem 1. November 2014 besteht die Kommission (inkl. Kommissionspräsident und Hohen Vertreter) aus einer Anzahl, die zwei Drittel der Anzahl der Mitgliedstaaten entspricht, sofern der Rat nicht einstimmig eine Änderung dieser Anzahl beschließt (Art. 17 Abs. 5 EUV). Wird die Kommission weniger Mitglieder als die Anzahl der EU-Mitgliedstaaten betragen, kommt ein Rotationsprinzip zum Tragen, das auf folgenden Grundsätzen beruht: Die Mitgliedstaaten werden bei der Festlegung der Reihenfolge und der Amtszeit ihrer Kommissare vollkommen gleichbehandelt. Folglich darf die Gesamtzahl der Mandate, welche Staatsangehörige zweier Mitgliedstaaten haben, niemals um mehr als eines voneinander abweichen. Ungeachtet dessen muss die Zusammensetzung der Kommission so erfolgen, dass das demografische und geografische Spektrum aller Mitgliedstaaten auf zufriedenstellende Weise zum Ausdruck kommt (Art. 17 Abs. 5 EUV i. V. m. Art. 244 AEUV).

Im Unterschied zum Rat oder dem Europäischen Parlament wird die Kommission explizit verpflichtet, die allgemeinen Interessen der Union zu fördern (Art. 17 EUV). Aus diesem Grund muss die Tätigkeit der Kommission und ihrer Mitglieder in völliger Unabhängigkeit ausgeübt werden. Kommissionsmitglieder dürfen keine Weisungen, auch nicht von irgendeiner Regierung, einholen oder entgegennehmen (Art. 17 Abs. 3 EUV). In der Praxis ist es aber sehr wohl so, dass Kommissare eines Landes die jeweiligen nationalen Interessen bzw. Sensibilitäten in Kommissionsinitiativen einbringen und insofern eine Art Verbindungsglied zwischen der Kommission und den Regierungsinteressen darstellen.[42]

Die Aufgaben der Kommission sind mannigfaltig und umfassen die Anwendung der Verträge und der darauf basierenden Maßnahmen, sie überwacht die Anwendung des Unionsrechts (vgl. dazu das Vertragsverletzungsverfahren nach Art. 258 AEUV), führt den Haushaltsplan aus, verwaltet die Programme und übt nach Maßgabe des Vertrags die Koordinierungs-, Exekutiv- und Verwaltungsfunktionen aus. Außer im Bereich der Gemeinsamen Außen- und Sicherheitspolitik nimmt sie die Vertretung nach außen wahr (Art. 17 Abs. 1 EUV). Von besonderer Bedeutung ist das Vorrecht der Kommission – soweit in den Verträgen nicht Gegenteiliges normiert ist –, dass ein Gesetzgebungsakt nur auf Vorschlag der Kommission erlassen werden kann (Art. 17 Abs. EUV). Das EP (Art. 225 AEUV) und der Rat (Art. 241 AEUV) können die Kommission jedoch auffordern, entsprechende Vorschläge zu unterbreiten. Der Vertrag von Lissabon schuf darüber hinaus eine weitere Möglichkeit, die Kommission aufzufordern, Legislativvorschläge auszuarbeiten. Im Rahmen einer sog. Bürgerinitiative kann mindestens eine Million Unionsbürgerinnen und -bürger, die aus mindesten einem Viertel der EU-Mitgliedstaaten stammen, sich an die Kommission mit der Bitte wenden, zu einem bestimmten Thema, das auch in ihre Kompetenz fällt, Vorschläge zu unterbreiten (Art. 11 Abs. 4 EUV i. V. m. Art. 2 211/2011/EU). Um die europäische Dimension zu wahren, müssen die Organisatoren der Bürgerinitiative aus mindestens sieben Personen bestehen, die Einwohner in mindestens sieben Mitgliedstaaten sind (Art. 3 211/2011/EU). Erst ab 1. April 2012 kann eine europäische Bürgerinitiative eingeleitet werden (Art. 23 211/2011/EU).[43]

Von besonderer Bedeutung ist die Stellung des Präsidenten der Kommission. Er nimmt eine Führungsrolle ein, indem er die Leitlinien festlegt,

42 Der ehemalige Vizepräsident der Kommission, Günter Verheugen, hat diese Rolle in einem Zeitungsinterview ausdrücklich bestätigt: „Es gab überhaupt keine Initiative, in der ich entweder als der deutsche Kommissar oder der Kommissar für Industrie und Unternehmen nicht mittendrin steckte" (Süddeutsche Zeitung, 9. Februar 2010: 7).

43 Weitere Details finden sich unter http://ec.europa.eu/dgs/secretariat_general/citizens_initiative/index_de.htm (Stand: August 2011). Abgesehen von der eben erwähnten Verordnung müssen viele prozedurale Fragen von den Mitgliedstaaten geregelt werden. Beispielsweise ist zur Zeit offen, ob die Kosten für Online-Bürgerinitiativen von den Organisatoren selbst getragen werden müssen, was die Wahrscheinlichkeit einer EU-weiten Bürgerinitiative erheblich mindern dürfte (zur aktuellen Diskussion in Deutschland siehe etwa http://www.euractiv.de/soziales-europa/artikel/eu-brgerinitiative-wer-tragt-die-kosten-005144, Stand: August 2011).

nach denen die Kommission ihre Aufgaben wahrnimmt, und er beschließt über die interne Organisation der Kommission. Mit Ausnahme des Hohen Vertreters für die Außen- und Sicherheitspolitik kann er auch einzelne Kommissionsmitglieder auffordern, ihr Amt niederzulegen (Art. 17 Abs. 6 EUV). Die Bestellung des Kommissionspräsidenten ist ein komplexes Zusammenspiel zwischen den einzelnen Mitgliedstaaten (in der Form des Europäischen Rates) und dem Europäischen Parlament. Das Prozedere im Einzelnen: Der Europäische Rat schlägt dem EP unter Berücksichtigung der EP-Wahlen einen Kandidaten für das Amt des Kommissionspräsidenten vor, der dann von der Mehrheit der EP-Abgeordneten gewählt wird (Art. 17 Abs. 7 EUV). Vor allem die Bedingung, dass der Kommissionspräsident von jener politischen Gruppierung stammt, die die stimmenstärkste Fraktion im EP ist, führt zu einer stärkeren demokratischen Rückbindung der Kommission an die EP-Wahlen und war eine Reaktion auf die Kritik, dass die Kommission nur unzureichend demokratisch legitimiert sei. Die übrigen Kommissionsmitglieder werden vom Rat im Einvernehmen mit dem Kommissionspräsidenten ausgewählt. Letztlich muss sich die gesamte Kommission, d. h. Präsident, Hoher Vertreter für Außen- und Sicherheitspolitik sowie alle Kommissionsmitglieder, als Kollegium dem Zustimmungsvotum des EP stellen (Art. 17 Abs. 7 EUV). Ihre Amtszeit beträgt fünf Jahre (Art. 17 Abs. 3 EUV). Als Kollegium ist die Kommission dem EP auch politisch verantwortlich und hat im Falle eines Misstrauensvotums letztlich geschlossen ihr Amt niederzulegen (Art. 17 Abs. 8 EUV).[44]

Eine besondere Stellung hat der Hohe Vertreter für Außen- und Sicherheitspolitik.[45] Bereits seine Bestellung weicht von der anderer Kommissionsmitglieder ab. Der Hohe Vertreter wird nämlich vom Europäischen Rat mit qualifizierter Mehrheit und mit Zustimmung des Kommissionspräsidenten ernannt (Art. 18 Abs. 1 EUV). Er ist der Leiter der Gemeinsamen Außen- und Sicherheitspolitik (Art. 18 Abs. 2 EUV). Anders als noch vor Inkrafttreten des Vertrags von Lissabon ist der Hohe Vertreter nicht mehr auch Generalsekretär des Rates. Dafür übt er zugleich Funktionen in mehreren Organen der Union aus (sog. „Doppelhut"), wodurch der Gemeinsamen Außen- und Sicherheits-

44 Einzelne Kommissare können nicht durch ein entsprechendes Misstrauensvotum des Parlaments gestürzt werden. Die Ereignisse rund um den Rücktritt der Kommission unter Präsident Santer im Jahre 1999 waren jedoch Anlass, die Kompetenzen des Kommissionspräsidenten durch die Vertragsrevision von Nizza zu stärken.

45 Die Britin Catherine Ashton ist die erste Hohe Vertreterin für die Außen- und Sicherheitspolitik.

politik eine stärkere Kohärenz und Effizienz verliehen werden soll (Art. 18 Abs. 4 EUV). Zum einen ist er dem Europäischen Rat (politisch) verantwortlich und führt auch den Vorsitz in der Ratsformation „Auswärtige Angelegenheiten" (Art. 18 Abs. 3 EUV). Zum anderen ist er Vizepräsident der Kommission und Außenkommissar (Art. 18 Abs. 4 EUV). Um die Verbindung der außenpolitischen Funktion zweier EU-Organe in der Praxis zu ermöglichen, wird für den Hohen Vertreter ein Europäischer Auswärtiger Dienst geschaffen, der sich aus Beamten des Generalsekretariats des Rates, der Kommission und der Mitgliedstaaten zusammensetzt (Art. 27 Abs. 3 EUV). Weitere Details bezüglich Organisation und Arbeitsweise des Europäischen Auswärtigen Dienstes können dem Ratsbeschluss 2010/427/EU vom Juli 2010 entnommen werden. Ähnlich wie beim neu geschaffenen Präsidenten des Europäischen Rates sind auch beim Hohen Vertreter viele prozedurale sowie machtpolitische Fragen nicht ausdrücklich im Vertrag von Lissabon festgelegt, sondern werden sich erst im Laufe der Zeit herausbilden. Auch hier wird sehr viel von der Amtsauffassung der jeweiligen Amtsträger, aber auch der Bereitschaft der (großen) Mitgliedstaaten abhängen, welchen Grad an Autonomie mit dem Amt verbunden ist (Jacqué 2010: 127).

Wie bisher werden die Beschlüsse der Kommission mit einfacher Mehrheit getroffen (Art. 250 AEUV).[46] In der Praxis wird jedoch versucht, einen möglichst breiten Konsens innerhalb des Kollegiums zu erreichen. Existiert kein Konsens, so wird das betreffende Dossier in der Regel auf nachrangige Ebenen innerhalb der Kommission delegiert mit dem Auftrag, einen entsprechenden Konsens herzustellen. Erst wenn diese Maßnahme abermals zu keinem Konsens führt und gleichzeitig außer Streit steht, dass ein Kommissionsbeschluss gefasst werden muss, wird im Kollegium angestimmt. Förmliche Abstimmungen sind in der Praxis überaus selten und finden pro Jahr nur etwa drei oder vier Mal statt (Nugent 2001: 100). Die Kommission tritt jeden Mittwoch in Brüssel und während der Plenarsitzungen des EP am Dienstag in Straßburg zusammen. Basierend auf dem jährlichen Arbeitsprogramm[47] der Kommission, legt der Kommissionspräsident die wöchentlichen Tagesordnungspunkte fest. Die Sitzungen der Kommission sind nicht

46 Details der Beschlussfassung, insbesondere die in der Praxis oft angewendete Beschlussfassung im schriftlichen Verfahren, sind der Geschäftsordnung der Kommission (2010/138/EU, Euratom) zu entnehmen.

47 Eine Auflistung der jährlichen Arbeitsprogramme der Kommission findet sich unter http://ec.europa.eu/atwork/programmes/index_de.htm (Stand: August 2011).

öffentlich, ihre Protokolle werden jedoch im Internet publiziert.[48] Dies betrifft auch eine Vielzahl weiterer Kommissionsdokumente wie Strategieplanung, Arbeitsprogramme, Folgenabschätzung, Presseerklärungen, Konsultationen, Tätigkeitsberichte und Evaluierungen.[49]

Die einzelnen Kommissare verfügen über eigene Mitarbeiter, über ihr Kabinett. Die Kabinettchefs treffen sich jeden Montag und bereiten die üblicherweise am Mittwoch stattfindende Sitzung der Kommissare vor, wobei versucht wird, die meisten Fragen bereits im Vorfeld zu lösen und nur die strittigen bzw. politisch relevanten Themen an die Kommissare weiterzuleiten (Hix 2005: 43).

Die Kommission darf jedoch nicht als „black box" bzw. homogener Akteur missverstanden, sondern muss vielmehr mit all ihren internen Differenzierungen und Differenzen begriffen werden (Chrisiansen 2001: 100). Jeder Kommissar ist für einen Fachbereich verantwortlich, der seinerseits in fachspezifische Generaldirektionen eingeteilt ist, wie etwa Wettbewerb, Umwelt oder Forschung.[50] Da ein bestimmter Politikinhalt oftmals mehrere Fachbereiche berührt, führt die Zuordnung eines spezifischen Regelungsgegenstandes zu einer Generaldirektion nicht selten zu internen Konflikten. Beispielsweise kann eine umweltpolitische Maßnahme in den Zuständigkeitsbereich der GD Umwelt oder der GD Landwirtschaft und ländliche Entwicklung fallen. Dieser Umstand ist alles andere als trivial, kann doch bei der in Frage stehenden Regulierung einmal die umweltpolitische Dimension oder die Auswirkungen auf die landwirtschaftliche Entwicklung im Vordergrund stehen. Auch könnten die Kompetenzen der GD Wettbewerb, der GD Unternehmen oder der GD Forschung berührt sein (Peters 2001: 83; Hix 2005: 47).

Der Umstand, dass die Kommission ihren Verwaltungsapparat nach ähnlichen Fachgebieten strukturiert wie der Rat und das Europäisches Parlament, erleichtert erheblich die Zusammenarbeit mit den anderen Organen im Rahmen des europäischen Willensbildungs- und Entscheidungsprozesses. Potenzielle Konflikte können somit auf mehreren Ebenen stattfinden: zwischen Mitgliedstaaten, zwischen Gemeinschaftsorganen, aber auch zwischen administrativen Einheiten ein und derselben Institution. Beispiels-

48 Vgl. dazu http://ec.europa.eu/transparency/regdoc/pvOverview.cfm?CL=de (Stand: August 2011).

49 Vgl. dazu http://ec.europa.eu/atwork/index_de.htm (Stand: August 2011).

50 Eine aktuelle Auflistung der Generaldirektionen und Dienststellen der Kommission findet sich unter http://ec.europa.eu/about/ds_de.htm (Stand: August 2011).

weise arbeitet die zuständige GD für Umwelt mit den für Umweltpolitik zuständigen Stellen in Rat und Parlament eng zusammen, dafür mag es aber wiederum zu Spannungen zwischen GD Umwelt und der GD Wettbewerb kommen, die sich weniger auf umweltpolitische Anlagen als mehr auf Wirtschaftsbelange fokussiert (Christiansen 2001: 130).

Im Rahmen der Koordinierung sowohl zwischen der politischen und der administrativen Ebene der Kommission als auch zwischen den einzelnen GD kommt v.a. dem Generalsekretariat eine besondere Bedeutung zu (Christiansen 2001: 105f.). Zu den wichtigsten Aufgaben des Generalsekretariats zählt, für möglichst reibungslose interne Abläufe der Kommission zu sorgen, also sowohl das Zusammenspiel zwischen politischer und administrativer Ebene als auch zwischen den einzelnen Generaldirektionen sicherzustellen. Darüber hinaus repräsentiert das Generalsekretariat die Kommission gegenüber den anderen Gemeinschaftsorganen (Kassim 2004).

Unterschiedlich verläuft die Rekrutierung des politischen und administrativen Personals. Während die Kommissare durch den Rat im Einvernehmen mit den Mitgliedstaaten meist für eine relativ kurze Zeitperiode (fünf Jahre) ernannt werden, durchlaufen Kommissionsbeamte ein aufwendiges Auswahlverfahren *(Concours)* und sind grundsätzlich langfristig in der Kommission tätig. Diese unterschiedlichen Karrieremuster bedeuten auch unterschiedliche Sichtweisen auf konkrete Probleme. In der politikwissenschaftlichen Literatur ist es strittig, in welchem Ausmaß das Kommissionspersonal einen mehr oder weniger einheitlichen „Eurokraten"-Typus darstellt oder inwieweit die ursprünglich nationalstaatliche Zugehörigkeit und Sozialisation die Arbeit der Kommission prägen. Können die Kommissionsmitarbeiter in ihrer gemeinsamen täglichen Arbeit nationalstaatliche Klischees abbauen? Welche Rolle spielen kommissionsexterne Faktoren wie parteipolitische Zugehörigkeit (vgl. dazu Page 1997; Cram 2001; Hooghe 2001; Smith 2004)?

In der massenmedialen Berichterstattung und in den Aussagen EU-kritischer Politiker wird regelmäßig der Eindruck erweckt, dass die Kommission eine enorme Anzahl an „Bürokraten" beherbergt. In Wirklichkeit verfügt die Kommission – abhängig von der Berechnungsart – zwischen 16 000 und 31 000 Mitarbeiter (Nugent 2001: 163ff.; Diedrichs 2006: 155). Bedenkt man, dass etwa der Personalstand einer Stadt wie München rund 40 000 Personen umfasst, kann man nicht seriös von einer überdimensionierten Bürokratie sprechen (Haltern 2005: 81).

4.5 Der Gerichtshof

Durch den Vertrag von Lissabon wurde eine Umbenennung bzw. Ausdifferenzierung des Rechtssprechungssystems vorgenommen. Der nunmehrige Gerichtshof der Europäischen Union mit Sitz in Luxemburg umfasst den Gerichtshof (EuGH), das Gericht (EuG) sowie Fachgerichte und sichert die „Wahrung des Rechts bei der Auslegung und Anwendung der Verträge" (Art. 19 Abs. 1 EUV).[51] Der Gerichtshof besteht aus einem Richter je Mitgliedstaat (Art. 19 Abs. 2 EUV). Die Zuständigkeit des Gerichtshofes regeln die Verträge und umfassen u. a. (1) Klagen eines Mitgliedstaates, eines EU-Organs oder einer natürlichen oder juristischen Person sowie (2) Vorabentscheidungen auf Antrag einzelstaatlicher Gerichte (Art. 19 Abs. 3 EUV). Im Bereich der Gemeinsamen Außen- und Sicherheitspolitik besitzt der Gerichtshof der EU grundsätzlich keine Zuständigkeit (Art. 24 Abs. 1 EUV). Der Gerichtshof wird von acht Generalanwälten unterstützt (Art. 252 AEUV), die nicht dem Spruchkörper des Gerichtshofes angehören, sondern in völliger Unabhängigkeit und Unparteilichkeit praktisch sehr bedeutende Schlussanträge (d. h. Rechtsgutachten) verfassen, denen der Gerichtshof häufig folgt (Harratsch/Koenig/Pechstein 2010: 132).[52] Richter des EuGH und des EuG sowie die Generalanwälte werden von den Regierungen der Mitgliedstaaten im gegenseitigen Einvernehmen für eine Amtszeit von sechs Jahren ernannt (Art. 19 Abs. 2 EUV).

Das EuG wurde im Jahr 1989 dem EuGH zur Unterstützung beigegeben. Nun ist es zusammen mit dem EuGH und den Fachgerichten Teil des Organs Gerichtshof der Europäischen Union. Es fungiert in bestimmten Rechtssachen als erstinstanzliches Gericht bzw. als Berufungsinstanz bei Entscheidungen der Fachgerichte (Art. 256 Abs. 2 AEUV). Gegen seine Entscheidungen kann ein auf Rechtsfragen beschränktes Rechtsmittel eingelegt werden (Art. 256 Abs. 1 AEUV). Ist das Gericht im Zuge seiner Tätigkeit der Auffassung, dass eine Rechtssache eine Grundsatzentscheidung erfordert, kann es die Angelegenheit an den EuGH weiterreichen (Art. 256 Abs. 1 AEUV). Ge-

51 Der Gerichtshof der Union darf nicht mit dem Europäischen Gerichtshof für Menschenrechte verwechselt werden, der im Jahr 1959 vom Europarat zur Überwachung der Einhaltung der Konvention zum Schutz der Menschenrechte und Grundfreiheiten eingerichtet wurde.

52 Institutionelles Vorbild der Generalanwalts war die Einrichtung des „commissaire du gouvernement" beim französischen Conseil d'Etat, dem höchsten Verwaltungsgericht in Frankreich (Herdegen 2011: 131).

mäß Art. 257 Abs. 1 AEUV können das EP und der Rat auch dem EuG beigeordnete Fachgerichte installieren, die für die erstinstanzliche Entscheidung in bestimmten Bereichen zuständig sind. Bereits vor Inkrafttreten des Vertrags von Lissabon konnte der Rat ein solches Fachgericht ins Leben rufen. Das bislang einzige wurde im Jahr 2004 geschaffen und ist für den öffentlichen Dienst in der EU zuständig (Harratsch/Koenig/Pechstein 2010: 134).

Die Bedeutung des EuGH ergibt sich in erster Linie aus der besonderen Qualität des EU-Rechts (vormals: Gemeinschaftsrechts), welches sich aufgrund seiner Unmittelbarkeit und seinem Vorrang gegenüber mitgliedstaatlichem Recht erheblich vom herkömmlichen Völkerrecht unterscheidet. Des Weiteren darf nicht übersehen werden, dass die rechtliche Kontrolle der Einhaltung des Unionsrechts zuallererst der Kommission und den nationalen Gerichten unterliegt, die jedoch diesbezüglich selbst wiederum unter der Kontrolle des EuGH operieren. In diesem komplexen institutionellen Zusammenspiel besteht die Aufgabe des EuGH, für eine einheitliche Auslegung und Anwendung des Gemeinschaftsrechts zu sorgen und damit ein Auseinanderfallen des Gemeinschaftsrechts zu verhindern.

Sowohl der Vorrang als auch die unmittelbare Wirkung des Unionsrechts sind – ebenso wie zahlreiche andere wichtige Aspekte des Unionsrechts – erst durch die Rechtsprechung des EuGH festgelegt worden. Die Aktivitäten eines Gerichts im Allgemeinen und eines inter- bzw. supranationalen Gerichts wie etwa dem EuGH im Besonderen bestehen darin, dass sie regelmäßig mit (Rechts-)Fragen konfrontiert sind, die sich auf Basis des Vertrages nicht – oder nicht vollständig – beantworten lassen.[53] Der EuGH wird von vielen Autoren (etwa Weiler 1999) als durchaus politischer Akteur wahrgenommen, der – zumeist im Zusammenwirken mit den nationalen Gerichten im Rahmen des Vorabentscheidungsverfahrens (267 AEUV)[54] – Urteile von einer Reichweite fällt, die von den Mitgliedstaaten niemals vorhersehbar

53 In politikwissenschaftliche Begriffe übersetzt heißt dies, dass Verträge als *incomplete contracts* zu qualifizieren sind: Verträge können nicht auf alle zukünftigen Problemfälle Bezug nehmen und diese lösen. Daraus resultiert die abstrakte und damit vage Begrifflichkeit, derer sich das Recht üblicherweise bedienen muss. Eine Konsequenz ist, dass zwischen den Vertragspartnern notwendigerweise immer Streitigkeiten um Auslegung und Interpretation existieren. Eine Klärung dieser Streitigkeiten erfolgt regelmäßig durch ein unabhängiges Gericht.

54 Vgl. dazu Kap. 6.4. Inwieweit das Vorabentscheidungsverfahren die Position der nationalen Gerichte gestärkt hat und inwieweit diese im Zusammenwirken mit dem EuGH die „eigenen" nationalen Höchstgerichte umgangen haben, kann hier nicht näher ausgeführt werden (vgl. dazu Alter 1998).

bzw. beabsichtigt waren.[55] Auf der anderen Seite ist der EuGH durchaus empfänglich für die Souveränitätsängste der Mitgliedstaaten und für die jeweils drängenden Fragen des Integrationsprojektes (Haltern 2005: 656f.). Insofern kann der EuGH durchaus als strategischer Akteur gesehen werden, der seine Rechtsprechung an seinen institutionellen und politischen Rahmenbedingungen ausrichtet.

4.6 Der Rechnungshof

Der in Luxemburg befindliche Rechnungshof ist ebenfalls ein Organ der EU (Art. 13 EUV; Art. 285 AEUV) und setzt sich aus je einem Staatsangehörigen pro Mitgliedstaat zusammen, die ihre Tätigkeit in „voller Unabhängigkeit zum allgemeinen Wohl der Union" ausüben (Art. 285 AEUV). Er ist für die Rechnungsprüfung zuständig (Art. 287 EGV) und kontrolliert alle Einnahmen und Ausgaben der Union und der von ihr geschaffenen Einrichtungen oder Stellen (Art. 287 Abs. 1 AEUV).

Bei der Prüfung hat sich der Rechnungshof an der Rechtmäßigkeit und Ordnungsmäßigkeit ebenso zu orientieren wie an der Wirtschaftlichkeit der Haushaltsführung (Art. 287 Abs. 2 AEUV). In Fällen von Unregelmäßigkeiten hat der Rechnungshof Bericht zu erstatten und dies auch dem Europäischen Amt für Betrugsbekämpfung (OLAF) mitzuteilen. Nach Abschluss eines jeden Haushaltsjahres wird seitens des Rechnungshofes ein Jahresbericht[56] erstattet, der im Amtsblatt der Europäischen Union veröffentlicht wird.

55 Diese Auffassung steht im Widerspruch zu einer intergouvernementalistischen Position, die davon ausgeht, dass die Rechtsprechung des EuGH die Interessen der Mitgliedstaaten widerspiegelt. Andernfalls würden die Mitgliedstaaten die einschlägigen Vertragsbestimmungen in Bezug auf das Rechtsschutzsystem der EG/EU ändern (Garrett 1992).

56 Die Volltexte der Jahresberichte des Rechnungshofes finden sich unter http://eca.europa.eu/portal/page/portal/publications/AnnualActivityReports.

4.7 Die Europäische Zentralbank

Durch den Vertrag von Lissabon wird die Europäische Zentralbank nunmehr erstmals ausdrücklich als Organ der Union behandelt (Art. 13 Abs. 1 EUV). Sie wurde 1998 mit Beginn der dritten Stufe der Wirtschafts- und Währungsunion geschaffen und bildet zusammen mit den nationalen Zentralbanken das sog. Europäische System der Zentralbanken (ESZB) (Art. 282 Abs. 1 AEUV). Sie bilden das Eurosystem und betreiben die Währungspolitik der Union. Ihr vorrangiges Ziel ist die Gewährleistung der Preisstabilität. Ungeachtet dieses Ziels unterstützt das ESZB auch die allgemeine Wirtschaftspolitik der Union (Art. 282 Abs. 2 AEUV). Von ganz entscheidender Bedeutung ist, dass die EZB in der Ausübung ihrer Befugnisse und der Verwaltung ihrer Mittel unabhängig ist (Art. 282 Abs. 3 AEUV). Das ESZB wird von den Beschlussorganen der EZB, dem Rat der EZB sowie dem Direktorium geleitet (Art. 129 Abs. 1 AEUV). Der EZB-Rat besteht aus dem EZB-Direktorium[57] und den Präsidenten der nationalen Zentralbanken, deren Währung der Euro ist (283 Abs. 1 AEUV).

Während die EZB für die Geldpolitik, insbesondere für die Preisstabilität, zuständig ist, fällt die Wirtschaftspolitik nach wie vor in die primäre Kompetenz der Mitgliedstaaten. Angesichts der gegenwärtig noch immer nicht gelösten Finanz- und Staatsschuldenkrise im Euroraum wird jedoch intensiv über eine (noch) engere Abstimmung der nationalen Wirtschaftspolitiken nachgedacht. In welchem Umfang diese Maßnahmen letztlich beschlossen werden bzw. ob diese auch die Krise zu lösen imstande sind, kann derzeit nicht beurteilt werden. Das strukturelle Auseinanderklaffen wichtiger Kompetenzen sowie die Tatsache, dass die WWU im Allgemeinen und die Entscheidungen der EZB im Besonderen erhebliche Auswirkungen auf den wirtschaftspolitischen Gestaltungsspielraum der Mitgliedstaaten haben, führt regelmäßig zu Spannungen zwischen der EZB und den Mitgliedstaaten (Dyson 2003). Ein weiterer häufig genannter Kritikpunkt betrifft den Umstand, dass die Unabhängigkeit der EZB, die für eine glaubwürdige Geldpolitik entscheidend ist, gleichzeitig in Bezug auf ihre demokratiepolitische Verantwortlichkeit als problematisch erachtet wird (z. B. Haan/Eijffinger 2000).

57 Das EZB-Direktorium besteht aus dem Präsidenten, dem Vizepräsidenten und vier weiteren Mitgliedern. Diese werden vom Europäischen Rat mit qualifizierter Mehrheit ausgewählt und für acht Jahre ernannt (Art. 283 Abs. 2 AEUV).

4.8 Sonstige Institutionen der Union

Neben den in Art. 13 Abs. 1 EUV aufgezählten Organen gibt es jedoch noch eine Reihe weiterer Einrichtungen der Union. Ausdrücklich genannt werden im Art. 13 Abs. 4 EUV der Wirtschafts- und Sozialausschuss und der Ausschuss der Regionen, die beide das EP, den Rat und die Kommission mit ihren Beratungen unterstützen.

Daneben werden im Folgenden auch noch die Europäische Investitionsbank, der Bürgerbeauftragte (Ombudsmann) sowie die europäischen Agenturen dargestellt. Abschließend soll auch noch kurz auf die Rolle der nationalen Parlamente im europäischen Mehrebenensystem eingegangen werden.

4.8.1 Wirtschafts- und Sozialausschuss

Der in Brüssel angesiedelte Wirtschafts- und Sozialausschuss (WSA) besteht aus derzeit 344[58] weisungsunabhängigen „Vertretern der Organisationen der Arbeitgeber und der Arbeitnehmer sowie anderen Vertretern der Zivilgesellschaft" (Art. 300 Abs. 2 AEUV). Die Anzahl der Vertreter pro Land richtet sich nach der jeweiligen Größe des Mitgliedstaates. Sie werden vom Rat auf Basis mitgliedstaatlicher Vorschlagslisten mit qualifizierter Mehrheit auf fünf Jahre ernannt (Art. 302 Abs. 1 AEUV). Aufgrund seiner bloß beratenden Rolle ist der faktische Einfluss des WSA äußerst begrenzt (Greenwood 2003: 54f.).

Andere, den Einfluss mindernde Faktoren bestehen erstens in der Tatsache, dass die EU-Organe auf die Expertise des WSA nicht wirklich angewiesen sind, da eine Reihe anderer privater, öffentlicher und korporatistischer (z. B. Arbeitnehmer- und Arbeitgeberverbände) Informations- und Konsultationsmöglichkeiten existieren. Überdies werden dem WSA Vorschläge regelmäßig erst zu einem Zeitpunkt übermittelt, wenn entscheidende politische Weichenstellungen bereits getroffen wurden (Nugent 2003: 263f.).

58 Vgl. dazu http://www.eesc.europa.eu/?i=portal.de.home (Stand: August 2011). Laut Vertrag darf der WSA nicht mehr als 350 Mitglieder aufweisen.

4.8.2 Ausschuss der Regionen

Wie der Wirtschafts- und Sozialausschuss umfasst der ebenfalls sich in Brüssel befindliche Ausschuss der Regionen derzeit 344 Mitglieder.[59] Wie beim Wirtschafts- und Sozialausschuss richtet sich die Anzahl der Vertreter, die ein Land in den Ausschuss entsenden darf, nach seiner Größe. Auch hier ernennt der Rat auf Grundlage von mitgliedstaatlichen Listen die Vertreter mit qualifizierter Mehrheit. Ebenso handelt es sich beim Ausschuss der Regionen um eine den Rat, das EP und die Kommission beratende Einrichtung. Die Mitglieder des Ausschusses üben ihre Funktion wie ihre Kollegen vom Wirtschafts- und Sozialausschuss weisungsfrei aus (Art. 300 Abs. 4 AEUV). Ist der Ausschuss der Regionen der Auffassung, dass spezifische regionale Interessen berührt sind, so kann er entsprechende Stellungnahmen abgeben (Art. 307 AEUV).

Der Ausschuss der Regionen wurde erst mit dem Vertrag von Maastricht eingerichtet und zielt zusammen mit dem Subsidiaritätsprinzip (Art. 5 Abs. 3 EUV), der Unionsbürgerschaft (Art. 20 bis 23 EUV) und dem Ombudsmann (Art. 24 Abs. 3 AEUV) auf mehr Bürgernähe ab. Ungeachtet dieser Zielsetzung ist der reale Einfluss des AdR auf den Willensbildungs- und Entscheidungsprozess der Gemeinschaft als sehr gering einzustufen (Koenig/Haratsch 2003: 84). Ein Hauptgrund liegt darin, dass subnationale Akteure ihre Interessen auch direkt – d. h. ohne Umweg über den AdR – an ihre jeweilige Regierung im Allgemeinen oder an jene Regierungen, die föderalistischen Argumenten grundsätzlich zugänglich sind, richten können (Nugent 2003: 267).

4.8.3 Die Europäische Investitionsbank

Neben der EZB kennt der Vertrag auch eine Europäische Investitionsbank mit Sitz in Luxemburg (Art. 308 AEUV), der alle Mitgliedstaaten angehören. Wesentliche Aufgabe der Europäischen Investitionsbank ist es, „zu einer ausgewogenen und reibungslosen Entwicklung des Binnenmarktes im Interesse der Union beizutragen" (Art. 309 AEUV). Die Europäische Investitionsbank bedient sich dabei des Kapitalmarktes sowie eigener Mittel und erleichtert ohne Verfolgung eines Erwerbszweckes durch Gewährung von Darlehen und Bürgschaften die Finanzierung von Vorhaben in weniger entwickelten

59 Wie beim WSA sieht der AEUV auch beim AdR eine maximale Mitgliederanzahl von 350 vor (Art. 305 AEUV).

Gebieten, zur Modernisierung von Unternehmen oder Vorhaben von gemeinsamen Interesse für mehrere Mitgliedstaaten, die wegen ihres Umfangs nicht einzelstaatlich finanziert werden können (Art. 309 AEUV).

4.8.4 Der Bürgerbeauftragte (Ombudsmann)

Mit dem Vertrag von Maastricht wurde ein Bürgerbeauftragter eingerichtet, der konkret vom Europäischen Parlament gewählt wird, jedoch unabhängig von diesem operiert. Jeder Unionsbürger sowie jede natürliche Person mit Wohnsitz in der EU und jede juristische Person mit satzungsmäßigem Sitz in der Union darf sich mit einer Beschwerde über einen Missstand bei der Tätigkeit der Gemeinschaftsorgane oder Institutionen, mit Ausnahme des Gerichtshofes, an den Bürgerbeauftragten wenden.[60] Dieser kann von sich aus oder aufgrund von Beschwerden Untersuchungen durchführen, die er für gerechtfertigt hält, sofern die Angelegenheiten nicht Gegenstand eines Gerichtsverfahrens sind oder waren. Stellt sich dabei heraus, dass ein Missstand existiert, so hat er das betroffene Organ damit zu befassen, das selbst wiederum drei Monate Zeit hat, um dazu Stellung zu beziehen. Zuletzt wird das Europäische Parlament, das betreffende Organ sowie der Beschwerdeführer vom Ergebnis der Untersuchung informiert (Art. 228 Abs. 1 AEUV).

Am Ende eines Jahres hat der Bürgerbeauftragte dem EP einen Jahresbericht über seine Untersuchungen vorzulegen.[61]

4.8.5 Europäische und nationale Agenturen

In den letzten Jahren wurde im europäischen Mehrebenensystem eine Vielzahl von Agenturen sowohl auf europäischer als auch auf nationaler Ebene gegründet.[62] Während europäische Agenturen in erster Linie rechtliche, technische, wissenschaftliche und administrative Aufgaben wahrnehmen,

60 Ein elektronisches Beschwerdeformular findet sich auf der Website des Bürgerbeauftragten unter http://www.ombudsman.europa.eu/de/home.faces.

61 Einen Überblick über die einzelnen Jahresberichte des Bürgerbeauftragten findet sich unter http://www.ombudsman.europa.eu/activities/annualreports.faces.

62 Zum Verständnis sei angemerkt, dass nationale Agenturen in jedem Mitgliedstaat für einen bestimmten Politikbereich dann eingerichtet werden, wenn dies durch einen Sekundärrechtsakt vorgeschrieben wird. Ihr Kompetenzbereich ist der betreffende Mitgliedstaat. Obwohl europäische Agenturen zwar auch durch einen Sekundärrechtsakt eingerichtet werden, wird jedoch nur eine Agentur für den betreffenden Bereich geschaffen, die EU-weit zuständig ist und ihren Sitz in einem bestimmten Mitgliedstaat hat.

verfügen die – ebenfalls aufgrund europarechtlicher Vorgaben – gegründeten nationalen Regulierungsagenturen (NRA) grundsätzlich über beachtliche hoheitliche Kompetenzen, insbesondere sind sie für eine ordnungsgemäße Umsetzung der Liberalisierungspolitik der EU in Politikbereichen wie etwa Telekommunikationspolitik, Eisenbahnen und Energie zuständig (Geradin/Petit 2004).

4.8.5.1 Nationale Regulierungsagenturen

Der Anstieg von Regulierungsagenturen in den Mitgliedstaaten ist die Folge der Liberalisierungspolitik des Binnenmarktes und kann mit dem Konzept des *regulatory state*[63] erklärt werden: Die Liberalisierung von Politikbereichen, die vormals durch staatliche Monopolisten dominiert wurden, benötigt eine langfristig glaubwürdige und weitgehend unabhängige, d. h. politikferne Regulierung. Würde die Regulierung durch die klassische staatliche Verwaltung (z. B. Ministerien) erfolgen, bestünde die Gefahr einer kurzfristig politisch motivierten Intervention zu Lasten langfristiger Regulierungsziele.

Diese Überlegung wird dadurch unterstrichen, dass viele Regulierungsfragen in diesen Bereichen ein hohes Ausmaß an spezialisiertem Fachwissen erfordern, das in der traditionellen staatlichen Verwaltung üblicherweise nicht vorhanden ist. Diese von politischen Eingriffen weitgehend freien *non-majoritarian institutions*[64] sind in der Auffassung Giandomenico Majones (1997: 152ff.) die geeigneten Institutionen, die aufgrund ihrer Unabhängigkeit und Expertise eine sachgerechte, langfristige und glaubwürdige Regulierung gewährleisten.

63 Im Deutschen wird hier Staat mit „politisches System" übersetzt, sodass man im vorliegenden Zusammenhang nicht vom regulativen Staat, sondern vielmehr von regulativer Politik spricht (Kohler-Koch/Conzelmann/Knodt 2004: 151ff.).

64 Bei *non-majoritarian institutions* handelt es sich um jene öffentlichen Institutionen, die weder direkt dem Wähler noch einer gewählten repräsentativen Körperschaft verantwortlich sind (Majone 1996b: 285). Während also Parlamente und sämtliche diesem verantwortliche Organe, insbesondere Minister und die von ihnen geleitete Ministerien, den majoritären Institutionen zugerechnet werden, sind Gerichte oder (unabhängige) Zentralbanken klassische nicht majoritäre Einrichtungen, wie sie auch der Nationalstaat kennt. Im europäischen Mehrebenensystem können die Kommission, der EuGH, die EZB oder eben die nationalen und europäischen Agenturen zu den nicht majoritären Institutionen gezählt werden.

4.8.5.2 Europäische Agenturen

Im Gegensatz zu den NRA verfügen europäische Agenturen nur über sehr begrenzte Entscheidungskompetenzen[65] und verfolgen im Vergleich zu den NRA weniger eine hoheitliche als vielmehr technische, wissenschaftliche und administrativ koordinierende Aufgaben. Europäische Agenturen können in vier Kategorien eingeteilt werden:[66] Regulierungsbehörden, Euratom-Agenturen und -Einrichtungen, Exekutivagenturen und Finanzaufsichtsbehörden.

Die derzeit größte Gruppe sind die europäischen Regulierungsbehörden, die ihrerseits in drei Untergruppen untergliedert werden können: in Fachagenturen[67], in Agenturen für die Gemeinsame Sicherheits- und Verteidigungspolitik[68] sowie in Agenturen für die polizeiliche und justizielle Zusammenarbeit in Strafsachen[69]. Die Fachagenturen (vormals Gemeinschaftsagenturen) stellen mit derzeit 24 Einrichtungen die größte Gruppe innerhalb der EU-Agenturen dar. Während die ersten bereits in den 1970er Jahren entstanden, wurden die meisten Agenturen aber seit den 1990er Jahren eingerichtet. Hinsichtlich ihrer Funktion können sie eingeteilt werden in Agenturen, die der Erleichterung der Funktionsweise des Binnenmarktes dienen, in Beobachtungsstellen sowie in Agenturen zur Förderung des sozialen Dialogs und Agenturen, die Programme und Aufgaben im Auftrag der EU durchführen.

Die derzeit drei für die GASP eingerichteten Agenturen[70] beschäftigen sich mit der Förderung und Koordinierung der Europäischen Sicherheits- und

65 Dies wird üblicherweise mit der sog. Meroni-Entscheidung des EuGH (Rs. 9/56, Meroni, Slg. 1958, 133) begründet, wonach eine Delegation auf dezentralisierte Institutionen, die keine Organe sind, das institutionelle Gleichgewicht nicht verletzen darf. Der genaue Umfang des Urteils bzw. seine Auswirkungen auf die Praxis sind jedoch umstritten. Für eine kritische Diskussion, ob die Meroni-Entscheidung tatsächlich die Übertragung von Entscheidungskompetenzen auf europäische Agenturen verunmöglicht, siehe etwa Geradin/Petit (2004: 14ff.). Als Beispiele für eine Europäische Agentur, die Entscheidungskompetenz besitzt, können die Europäische Agentur für Flugsicherheit (Art. 13 vo 1592/2002) oder die 2010 geschaffene Agentur für die Zusammenarbeit der Energieregulierungsbehörden (ACER) genannt werden.

66 Für eine Übersicht der EU-Agenturen siehe http://europa.eu/agencies/index_de.htm.

67 Vgl. dazu http://europa.eu/agencies/regulatory_agencies_bodies/policy_agencies/index_de.htm.

68 Vgl. dazu http://europa.eu/agencies/regulatory_agencies_bodies/security_agencies/index_de.htm.

69 Vgl. dazu http://europa.eu/agencies/regulatory_agencies_bodies/pol_agencies/index_de.htm.

70 Europäische Verteidigungsagentur (EDA), Institut für Sicherheitsstudien (ISS), Satellitenzentrum der EU (EUSC).

Verteidigungspolitik, dem Aufbau einer europäischen Sicherheitskultur sowie der Erstellung und Auswertung satellitengestützter Informationen. Die derzeit ebenfalls drei im Rahmen der PJZS geschaffenen Agenturen[71] dienen in erster Linie der Bekämpfung der internationalen organisierten Kriminalität.

Die europäischen Regulierungsagenturen sind grundsätzlich durch einen Sekundärrechtsakt geschaffen worden, besitzen eine eigene Rechtspersönlichkeit, erfüllen bestimmte Sachaufgaben und weisen einen gewissen Grad an finanzieller und organisatorischer Autonomie auf. Dennoch sind sie zu verschieden, als dass von einem Einheitsmodell für europäische Regulierungsagenturen gesprochen werden kann (Europäische Kommission 2002c: 3). Es kann jedoch festgehalten werden, dass die überwiegende Mehrzahl der Agenturen in erster Linie die EU-Organe und die Mitgliedstaaten unterstützen, insbesondere durch die Bereitstellung von wissenschaftlich-technischer Expertise. Auf Basis dieser Expertise gibt die betreffende Agentur Empfehlungen ab, die ihrerseits die Grundlage einer (bindenden) Entscheidung von einem EU-Organ sein kann. Auf diese Weise tragen die europäischen Agenturen zu einer Arbeitsentlastung der EU-Organe bei. Gleichzeitig verlagert sich die Regelung technischer Fragestellungen von den EU-Organen auf die in den Agenturen tätigen unabhängigen Experten, was im Effekt zum einen auf eine langfristig glaubwürdigere und gleichmäßigere Berücksichtigung nationaler Interessen führt (Geradin/Petit 2004: 36; Groß 2005: 57f.) und zum anderen wichtige Entscheidungskompetenzen auf den vertraglich vorgesehenen Organen in Richtung Agenturen verlagert (z. B. Gehring/Krapohl 2007).[72] Sollten Regulierungsagenturen in Einzelfällen dennoch (hoheitliche) Entscheidungsbefugnisse besitzen, ist nunmehr vertraglich festgelegt, dass gegen diese Entscheidungen vor dem Gerichtshof geklagt werden kann (Art. 263 Abs. 1 AEUV).

Als zweite Gruppe sind die Euratom-Agenturen zu nennen, die derzeit aus zwei Agenturen bzw. Einrichtungen bestehen: Euratom-Versorgungsagentur und Unternehmen Kernfusion (ITER). Beide Einrichtungen sollen

71 Europäische Polizeiakademie (CEPOL), Europäische Einheit für justizielle Zusammenarbeit (Eurojust), Europäisches Polizeiamt (Europol).

72 Auch in diesem Zusammenhang muss auf die problematischen demokratiepolitischen Implikationen, wie sie sich auch bei EZB und NRA stellen, hingewiesen werden (siehe dazu auch Vos 2005). Bei aller Kritik an den EU-Agenturen darf jedoch nicht übersehen werden, dass die Auslagerung wichtiger Entscheidungen von demokratischen oder demokratisch kontrollierten Einrichtungen hin zu autonomen Agenturen ein Trend ist, der durch den Einzug des New-Public-Management-Ansatzes auch den Nationalstaat erfasst hat (Peters 2008).

helfen, die Ziele des Euratom-Vertrags zu verwirklichen, insbesondere in Bezug auf die Koordinierung der Forschungsprogramme der Mitgliedstaaten im Bereich der Kernenergie, die Bereitstellung von Wissen und Infrastrukturen, die Finanzierung der Kernenergie sowie die Gewährleistung der Versorgungssicherheit und der technischen Sicherheit der Atomenergie.[73] Die dritte Gruppe bilden die Exekutivagenturen. Sie umfassen derzeit sechs Einrichtungen und haben spezifische Aufgaben bei der Verwaltung von Gemeinschaftsprogrammen.[74] Die letzte Gruppe umfasst die im Januar 2011 im Zuge der Finanzkrise eingerichteten vier Finanzaufsichtsbehörden, deren Aufgaben die Sicherstellung der Stabilität des Finanzsektors ist.[75]

Weiterführende Literatur

Corbett, R./Jacobs, F./Shackleton, M. (2011⁸). *The European Parliament*, London: Harper.

Hayes-Renshaw, F./Wallace, H. (2006²). *The Council of Ministers*, Houndsmills: Palgrave Macmillan.

Pollack, M. A./Ruhlman, M. (2009). The Heroic Age of European Integration is Over: Institutional And Policy Developments, 1957–2007, in: D. Phinnemore/A. Warleigh-Lack (Hg.). *Reflections on European Integration. 50 Years of the Treaty of Rome*, Houndmills: Palgrave Macmillan, 43–73.

Spence, D. (2006³). *The European Commission*, London: Harper.

Stone Sweet, A. (2004). *The Judicial Construction of Europe*, Oxford: Oxford University Press.

Wessels, W. (2008). *Das politische System der Europäischen Union*, Wiesbaden: VS, 115–333.

Websites

Die offizielle Website der EU bietet umfassende Informationen über die Organisation und die Aufgaben der EU-Organe und sonstiger Institutionen. Im Folgenden werden die Websites der wichtigsten Organe angegeben.

73 Vgl. dazu http://europa.eu/agencies/euratom_agencies/index_de.htm.

74 Vgl. dazu http://europa.eu/agencies/executive_agencies/index_de.htm.

75 Vgl. dazu http://europa.eu/agencies/financial_supervisory_bodies/index_de.htm.

http://www.european-council.europa.eu/home-page.aspx?lang=de – Europäischer Rat.

http://www.consilium.europa.eu/homepage.aspx?lang=de – Rat (Ministerrat).

http://ec.europa.eu/index_de.htm – Kommission.

http://www.europarl.europa.eu/de/headlines/ – Europäisches Parlament.

http://www.europarltv.europa.eu/de/home.aspx – „Fernsehsender" des EP.

http://curia.europa.eu/jcms/jcms/Jo2_6999/ – Gerichtshof der Europäischen Union.

http://eca.europa.eu/portal/page/portal/eca_main_pages/home – Europäischer Rechnungshof.

5 Grundlagen der EG/EU

5.1 Primäres und sekundäres Recht

Es ist wichtig, sich zu bewusst zu machen, dass sämtliche Aktivitäten, die im Rahmen der EU gesetzt werden, auf eine vertragliche Basis, d. h. den EUV und den AEUV, rückführbar sein müssen. Die Gründungsverträge inklusive aller Anhänge, Protokolle, Ergänzungen und Änderungen (insbesondere durch die Vertragsrevisionen von Maastricht, Amsterdam, Nizza und Lissabon), sämtliche Beitrittsverträge, die Charta der Grundrechte sowie die allgemeinen Rechtsgrundsätze[1] bezeichnet man als primäres Recht. Das Verhältnis zwischen EUV und AEUV ist eines der Gleichrangigkeit. Etwaige Konflikte sind nach den anerkannten Normkollisionsregeln aufzulösen.[2] Können dem Primärrecht hinreichend genaue und unbedingte Rechte bzw. Pflichten entnommen werden, ist es auch unmittelbar anzuwenden.[3] Primäres Gemeinschaftsrecht entsteht grundsätzlich durch völkerrechtliche Verträge zwischen den Mitgliedstaaten.[4]

An der Tatsache, dass Vertragsrevisionen ausschließlich von den Mitgliedstaaten beschlossen werden, hat sich zwar nichts geändert, dennoch wirken im Rahmen des Vertragsänderungsverfahrens nach Art. 48 EUV mittlerweile die Gemeinschaftsorgane Kommission und EP sowie – eine Neuerung durch den Lissabonner Vertrag – auch ein Konvent[5] mit. Letzterer kann im

1 Darunter fallen z. B. das Rechtsstaatsprinzip sowie der Grundrechtsschutz.

2 Die Normkollisionsregeln normieren, dass etwa eine spezielle Regelung einer allgemeinen ebenso vorgeht wie die später verabschiedete einer früheren (Harratsch/Koenig/Pechstein 2010: 161).

3 Die unmittelbare Anwendbarkeit bedeutet jedoch nicht eine automatische Berechtigung Einzelner. Ob eine solche vorliegt, muss der jeweiligen primärrechtlichen Regelung entnommen werden (Harratsch/Koenig/Pechtein 2010: 162).

4 Eine Ausnahme sind die vom Gerichtshof entwickelten allgemeinen Rechtsgrundsätze.

5 Der Konvent umfasst Vertreter der nationalen Parlamente, der Staats- und Regierungschefs der Mitgliedstaaten, des EP und der Kommission.

Konsensverfahren Empfehlungen annehmen, die an die Konferenz der Vertreter der Regierungen der Mitgliedstaaten gerichtet sind (Art. 48 Abs. 3 EUV). Mit Zustimmung des EP kann der Europäische Rat mit einfacher Mehrheit aus gerechtfertigten Gründen beschließen, dass für eine Vertragsänderung die Einberufung eines Konvents nicht notwendig ist. Betreffen die Vertragsänderungen den Währungsbereich, wird auch die EZB gehört. In der Praxis werden Stellungnahmen vom Gerichtshof, vom WSA und dem AdR eingeholt. All diese Empfehlungen bzw. Anhörungen mögen im Einzelfall zwar von politischer Relevanz sein, sind aber unverbindlich und müssen von den Regierungen der Mitgliedstaaten letztlich nicht berücksichtigt werden. In der politikwissenschaftlichen Literatur wird jedoch darauf hingewiesen, dass v. a. EU-Organe wie die Kommission und das EP durchaus eine politisch einflussreiche Rolle im Vertragsänderungsverfahren spielen können (Smith 2002: 16ff.).

Aber auch andere Akteure wie der Europäische Gewerkschaftsbund (EGB), die Union der Industrie- und Arbeitgeberverbände in Europa (UNICE; seit 2007: BUSINESSEUROPE) und der Europäische Zentralverband der öffentlichen Wirtschaft (CEEP) haben beispielsweise bei den Verhandlungen zum Maastrichter Vertrag im Zusammenwirken mit der Kommission eine entscheidende Rolle beim Zustandekommen eines Abkommens über die Sozialpolitik gespielt (Falkner 2002: 111), ohne dass ihre Mitwirkung im Vertrag vorgesehen gewesen wäre. Ein weiterer – die intergouvernementale Sicht relativierender – Aspekt besteht darin, dass die Mitgliedstaaten im Rahmen eines Vertragsänderungsverfahren oftmals eine bereits informell existierende Praxis durch eine Vertragsrevision nur mehr formalisieren (Hix 2002; Kietz/Maurer 2007).

Das Recht, das die EU-Organe verabschieden, wird als sekundäres Recht bezeichnet. In erster Linie sind hier die in Art. 288 AEUV erwähnten Rechtshandlungen zu nennen, nämlich Verordnung, Richtlinie, Beschlüsse, Empfehlung und Stellungnahme. Darüber hinaus kennt die Praxis aber auch Programme und Geschäftsordnungen, interinstitutionelle Abkommen, die von bzw. zwischen den Gemeinschaftsorganen beschlossen werden, Schlussfolgerungen, Mitteilungen, Entschließungen etc.

Der Unterschied zwischen Primär- und Sekundärrecht ist deshalb relevant, da das von den Mitgliedstaaten verabschiedete Primärrecht die Grundlage und den Prüfungsmaßstab des von den EU-Organen erlassenen Sekundärrechts bildet. Mit anderen Worten: Sekundärrecht darf dem rangmäßig höheren Primärrecht nicht widersprechen. Im Folgenden soll kurz auf die wichtigsten sekundärrechtlichen Handlungsformen, wie sie in Art. 88 AEUV genannt sind, eingegangen werden:

— „Die Verordnung hat allgemeine Geltung. Sie ist in allen ihren Teilen verbindlich und gilt unmittelbar in jedem Mitgliedstaat" (Art. 288 Abs. 2 AEUV). Durch das Wort „unmittelbar" ist klargestellt, dass eine Verordnung nicht nur für die Mitgliedstaaten, sondern auch für Individuen in den Mitgliedstaaten gilt.[6] Innerstaatliche Behörden haben diese anzuwenden, ohne dass es dafür eines eigenen mitgliedstaatlichen Umsetzungsaktes (wie bei der Richtlinie) bedarf.
— „Die Richtlinie ist für jeden Mitgliedstaat, an den sie gerichtet wird, hinsichtlich des zu erreichenden Ziels verbindlich, überlässt jedoch den innerstaatlichen Stellen die Wahl der Form und Mittel" (Art. 288 Abs. 3 AEUV). Im Gegensatz zu den Verordnungen wendet sich eine Richtlinie grundsätzlich nur an die Mitgliedstaaten – und auch nicht „in allen Teilen", sondern nur hinsichtlich ihres Zieles. Den Mitgliedstaaten bleibt es grundsätzlich überlassen, wie sie diesem gemeinschaftsrechtlichen Ziel nachkommen.[7] Völlig frei ist der Mitgliedstaat dabei jedoch nicht. So legt etwa das Gemeinschaftsrecht fest, dass eine Richtlinie innerhalb einer bestimmten Frist vollständig und genau umgesetzt werden muss. Obwohl einer Richtlinie, dem Wortlaut des Vertrages folgend, keine unmittelbare Wirkung zukommt, hat der Gerichtshof ausgesprochen, dass unter gewissen Umständen[8] eine Richtlinie dennoch eine unmittelbare Wirkung entfalten kann. Damit will der Gerichtshof verhindern, dass

6 Die Geltung bedeutet, dass eine Verordnung Individuen verpflichten oder berechtigen kann, sodass sie sich vor innerstaatlichen Behörden auf EU-Verordnungen berufen können.

7 Oftmals sind Richtlinien inhaltlich sehr detailliert und lassen dadurch den Mitgliedstaaten in der Umsetzungspraxis kaum Gestaltungsspielraum. In solchen Fällen sind sie einer Verordnung de facto sehr ähnlich.

8 Die Voraussetzungen für eine unmittelbare Wirkung von Richtlinien sind, dass sie der Mitgliedstaat (1) nicht fristgerecht ordnungsgemäß umgesetzt hat, (2) die betreffende Richtlinienbestimmung den Einzelnen begünstigt und (3) der Inhalt der Richtlinie unbedingt und hinreichend genau ist. Die unmittelbare Wirkung einer Richtlinie kann auch nur gegenüber dem umsetzungssäumigen Mitgliedstaat und seinen Behörden geltend gemacht werden (vgl. dazu Streinz 2005: 154ff.). Überdies besteht eine Staatshaftung der Mitgliedstaaten für Verstöße gegen Normen des Gemeinschaftsrechts. Ein diesbezüglicher Anspruch besteht, wenn (1) der Mitgliedstaat gegen eine Vorschrift des Gemeinschaftsrecht verstoßen hat, (2) diese einem Individuum Rechte verleiht, (3) der Verstoß hinreichend qualifiziert ist, (4) es einen Kausalzusammenhang zwischen Schaden und Verstoß gibt (EuGH verb. Rs. C-6/90 und C-9/90, Francovich, Slg. 1991, I-5357).

ein Mitgliedstaat die praktische Wirksamkeit einer Richtlinie durch eine nicht ordnungsgemäße Umsetzung unterläuft.

— „Beschlüsse sind in allen ihren Teilen verbindlich. Sind sie an bestimmte Adressaten gerichtet, so sind sie nur für diese verbindlich" (Art. 288 Abs. 4 AEUV). Ein Beschluss (vormals Entscheidung) etwa im Wettbewerbsrecht richtet sich an einen bestimmten Mitgliedstaat oder an eine individuell bezeichnete natürliche oder juristische Person. Sie gilt unmittelbar, d. h., sie muss nicht in innerstaatliches Recht umgesetzt werden.

— „Die Empfehlungen und Stellungnahmen sind nicht verbindlich" (Art. 288 Abs. 5 AEUV). Die Nichtverbindlichkeit dieser Rechtsakte bedeutet, dass sie für die Mitgliedstaaten oder die Individuen, an die sie sich richten, nicht rechtsverbindlich sind, sondern diesen lediglich ein bestimmtes Verhalten nahelegen *(soft law)*. Der Rechtsprechung des Gerichtshofs (Rs. 322/88, Grimaldi, Slg. 1989, 4407, Rn. 18) folgend, können Empfehlungen oder Stellungnahmen aber auch rechtlich relevant sein, da sie bei der Auslegung verbindlichen Gemeinschaftsrechts (Verordnung, Richtlinie) seitens der mitgliedstaatlichen Behörden heranzuziehen sind – was Ergebnis bedeutet, dass diesen formal unverbindlichen Rechtsakten de facto dennoch eine sehr wichtige regulierende Funktion zukommt.

5.2 Das Prinzip der begrenzten Einzelermächtigung

Durch die Verträge haben sich die Vertragsparteien (= Mitgliedstaaten) entschlossen, bestimmte Aufgaben gemeinsam durchzuführen und zu diesem Zweck einige Hoheitsrechte auf die Union bzw. ihre Organe zu übertragen. Dies hat zur Konsequenz, dass nur die Mitgliedstaaten mit Hilfe neuer Verträge oder einer Novellierung bestehender Verträge die Kompetenzen der EU ändern können. Mit anderen Worten: Der EU fehlt die für Staaten typische Kompetenz-Kompetenz: die Kompetenz, neue Kompetenzen zu begründen.[9] Dieser Grundsatz der begrenzten Einzelermächtigung besagt, dass

9 Die Kompetenz-Kompetenz wird häufig als Begründung für die mangelnde Staatsqualität der EU herangezogen (Piris 2000: 21). Eine Variante der Kompetenz-Kompetenz ist die gerichtliche Kompetenz-Kompetenz. Dahinter verbirgt sich die hochpolitische Frage, welche Institution letztlich über den genauen Umfang der Gemeinschaftskompetenzen entscheiden darf. Dieser noch immer nicht gänzlich gelöste Konflikt findet beispielsweise in regelmäßigen Abständen zwischen dem EuGH und dem deutschen

„die Union nur innerhalb der Grenzen der Zuständigkeiten tätig [wird], die die Mitgliedstaaten ihr in den Verträgen zur Verwirklichung der darin niedergelegten Ziele übertragen haben. Alle der Union nicht in den Verträgen übertragenen Zuständigkeiten verbleiben bei den Mitgliedstaaten" (Art. 5 Abs. 2 EUV). Die Organe der Gemeinschaft dürfen somit nicht all das regeln, was ihnen politisch sinnvoll erscheint, sondern müssen ihre Rechtsakte stets auf eine vertragliche Rechtsgrundlage stützen. Agiert die Union außerhalb ihrer in den Verträgen verankerten Kompetenzen (*ultra vires*), so kann das von ihr erlassene Unionsrecht seine Wirkungen, wie etwa den Vorrang gegenüber nationalem Recht, nicht entfalten. Insofern schützt das Prinzip der begrenzten Einzelermächtigung die Mitgliedstaaten vor einem etwaigen ungewollten Souveränitätsverlust. Weder der EUV noch der AEUV besitzen einen expliziten Kompetenzkatalog, der die Kompetenzverteilung zwischen der Union und den Mitgliedstaaten regelt.

Die Kompetenzen der Union werden normalerweise funktional aus den Zielen und Aufgaben der Gemeinschaft (Art. 2 und 3 EGV) hergeleitet. Konkret können folgende Kompetenzarten unterschieden werden (Herdegen 2011: 177ff.):

— Ungeschriebene Kompetenzen: Die Union darf innerhalb gewisser Grenzen Kompetenzen wahrnehmen, die ihr zwar nicht übertragen wurden, die sich jedoch, einer „inneren Logik" folgend, aus zugewiesenen Kompetenzen ergeben (z. B. die Wahrnehmung von Außenkompetenzen in Bereichen, in denen die Union eine Binnenkompetenz aufweist).

— Flexibilitätsklausel: Das Erfordernis, dass jede europäische Rechtsetzung sich auf die Verträge stützen muss, ist zwar Ausdruck eines gemeinschaftlichen Rechtsstaatsprinzips, hat aber den Nachteil, dass die Gründungsverträge nicht sämtliche Befugnisse zur Realisierung der Gemeinschaftsziele vorhersehen und damit rechtlich normieren konnten. In jenen Fällen, wo ein Tätigwerden der Union erforderlich erscheint, um eines der Ziele der Verträge zu verwirklichen, aber gleichzeitig die erforderlichen Befugnisse nicht vorgesehen sind, kann der Rat auf Vorschlag der Kommission einstimmig und – seit dem Vertrag von Lissabon nun auch – mit Zustimmung des EP Regelungen erlassen (Art. 352 Abs. 1 AEUV).[10] Liegt ein solcher Fall vor, so hat die Kommission die nationalen

BVerfG statt (siehe dazu die sog. Maastricht-Entscheidung, BVerfGE 89, 155; für weitere Einzelheiten siehe Haltern 2005: 204ff.).

10 Für den Bereich der Gemeinsamen Außen- und Sicherheitspolitik ist die Flexibilitätsklausel nicht anzuwenden (Art. 352 Abs. 4 AEUV).

Parlamente im Rahmen der Subsidiaritätskontrolle des Art. 5 Abs. 3 EUV auf diese Vorschläge aufmerksam zu machen (Art. 352 Abs. 2). Auch wenn die Flexibilitätsklausel für eine umfassende Erfüllung der Unionsziele notwendig ist, steht sie dennoch in einem gewissen Spannungsverhältnis zum Prinzip der begrenzten Einzelermächtigung. Während die Bestimmung in den Jahren 1958–1972 relativ selten herangezogen wurde, beschlossen die Staats- und Regierungschefs bei ihrem Gipfeltreffen in Paris im Jahr 1972 ausdrücklich, einen stärkeren Gebrauch von ihr zu machen, was bis zur EEA zu einer bis dahin unbekannten Ausdehnung gemeinschaftlicher Legislativaktivität und einer Fülle rechtlicher und (demokratie)politischer Probleme führte (Weiler 1999: 52ff.).

— Ausschließliche Kompetenzen: Fällt ein Politikbereich in die ausschließliche Unionskompetenz, darf nur die EU tätig werden und verbindliche Rechtsakte erlassen (Art. 2 Abs. 1). Konkret handelt es sich hierbei u. a. um die Bereiche Zollunion, Wettbewerbsrecht, Währungspolitik für die Eurozone, gemeinsame Handelspolitik sowie um Abschlüsse internationaler Verträge in jenen Bereichen, in denen die Union eine Binnenkompetenz besitzt (Art. 3 AEUV).
— Geteilte Zuständigkeit: In diesen Bereichen dürfen sowohl die Union als auch die Mitgliedstaaten verbindliche Regelungen verabschieden; Letztere aber nur insoweit, als die Union ihre Zuständigkeit noch nicht ausgeübt hat (Art. 2 Abs. 2 AEUV). Unter die geteilte Zuständigkeit fallen etwa die folgenden Politikbereiche: Binnenmarkt, Sozialpolitik, Umweltpolitik, Verbraucherschutz, Verkehr, transeuropäische Netze, Energie und der Raum der Freiheit, der Sicherheit und des Rechts (Art. 4 AEUV).
— In einigen Bereichen soll die Union Maßnahmen zur Unterstützung, Koordinierung oder Ergänzung der Maßnahmen der Mitgliedstaaten durchführen, ohne dass dadurch die Mitgliedstaaten ihre diesbezügliche Kompetenz verlieren (Art. 2 Abs. 5 AEUV). In diesen Bereich fallen etwa die Wirtschaftspolitik, Beschäftigungs- und Sozialpolitikpolitik, Gesundheitspolitik oder Kulturpolitik.

Das Prinzip der begrenzten Einzelermächtigung berührt aber nicht nur das Verhältnis zwischen der Union und den Mitgliedstaaten, sondern auch das Verhältnis zwischen den Unionsorganen selbst.

Gemäß Art. 13 Abs. 2 EUV kann jedes Unionsorgan nur nach „Maßgabe der ihm in diesen Verträgen zugewiesenen Befugnisse" handeln. Das bedeutet, dass es den Verträgen zu entnehmen ist, welches Organ für die Regelung eines bestimmten Sachverhaltes zuständig ist, welche rechtlichen

Handlungsformen es dabei zu verwenden hat und welches Rechtsetzungsverfahren dabei anzuwenden ist. Durch diese horizontale Kompetenzabgrenzung bringt der Vertrag auch ein institutionelles Gleichgewicht zum Ausdruck, dessen Einhaltung in die Zuständigkeit des EuGH fällt.[11]

5.3 Supranationalität

Der Begriff der Supranationalität existierte zwar kurz im Vertrag der EGKS, wurde jedoch im Jahre 1965 durch den Fusionsvertrag gestrichen (Schweitzer/Hummer 1996: 275). Ungeachtet dessen ist der Begriff der Supranationalität in der politischen und wissenschaftlichen Sprache weit verbreitet. Da es keine rechtlich verbindliche Definition von Supranationalität gibt, kursieren verschiedene, teilweise einander überschneidende Begriffsbestimmungen. Nach Griller (1997: 57f.) kann man eine internationale Organisation immer dann als supranational bezeichnen, wenn sie zumindest zwei der folgenden Merkmale aufweist:

— Rechtsetzung mit Durchgriffswirkung,
— Mehrheitsentscheidungen,
— unabhängige rechtsetzungsbefugte Organe,
— eigene Gerichtsbarkeit.

Da die Union sämtliche der hier angeführten Kriterien erfüllt und darüber hinaus ihre Kompetenzen in sehr vielen Politikbereichen ausübt, ist ihre Supranationalität nicht nur unstrittig, sondern sie ist auch im Vergleich zu anderen internationalen Organisationen einzigartig. Dennoch ist auf die Unterschiede zwischen den rechtlichen Möglichkeiten im Vertrag und der politischen Praxis zu unterscheiden (Schweitzer/Hummer 1996: 275f.). So gibt es zwar schon seit langem Mehrheitsentscheidungen im Rat, diese wurden aber aufgrund des Luxemburger Kompromisses (1966) faktisch nicht in Anspruch genommen.[12] Erst seit Mitte der 1980er Jahre gibt es die rechtliche Möglichkeit, vermehrt Mehrheitsabstimmungen durchzuführen. Ungeachtet dessen werden in der politischen Praxis Beschlüsse im Rat häufig im Konsens getroffen. Es ist aber darauf hinzuweisen, dass oftmals

11 Der Begriff des institutionellen Gleichgewichts bedeutet nicht, dass die Gemeinschaftsorgane de facto gleichberechtigt sind.
12 Zu den Hintergründen des Luxemburger Kompromisses siehe Kap. 2.

bereits die Möglichkeit, eine Mehrheitsabstimmung durchzuführen, den betreffenden Mitgliedstaat kompromissbereiter macht.

5.4 Subsidiarität und Verhältnismäßigkeit

Das Prinzip der Subsidiarität besagt allgemein, dass eine Aufgabe stets von der kleinstmöglichen (politischen) Einheit erfüllt werden soll. Im Rahmen der EG wird der Begriff der Subsidiarität erstmals im Tindemans-Bericht (1976) erwähnt. Durch die EEA wurde das Prinzip – allerdings nur im Bereich der Umweltpolitik – primärrechtlich verankert (Schweitzer/Hummer 1996: 280). Die Aufnahme des Subsidiaritätsprinzips in den Vertrag von Maastricht war der Versuch, eine politische Antwort auf den Kompetenzzuwachs der EU und eine damit befürchtete Zentralisierung zu geben. Nach dem Subsidiaritätsprinzip wird die Union in jenen Bereichen, die nicht in ihre ausschließliche Zuständigkeit fallen, nur insoweit tätig, sofern und soweit die Ziele der in Betracht gezogenen Maßnahmen von den Mitgliedstaaten weder auf zentraler noch auf regionaler oder lokaler Ebene ausreichend verwirklicht werden können, sondern vielmehr wegen ihres Umfangs oder ihrer Wirkung auf Unionsebene besser zu verwirklichen sind (Art. 5 Abs. 3 EUV). Mit anderen Worten: Gemäß des Subsidiaritätsprinzips darf die Union nur dann handeln, wenn zwei Bedingungen gleichzeitig erfüllt sind, nämlich zum einen die fehlende Effizienz des mitgliedstaatlichen Handelns und zum anderen der Mehrwert des europäischen Handelns (Herdegen 2011: 80f.). Das Subsidiaritätsprinzip ist allerdings nur auf jene Politikbereiche anzuwenden, in denen sowohl die EG als auch die Mitgliedstaaten Regelungskompetenzen besitzen; d. h., es findet dort keine Anwendung, wo die Gemeinschaft eine ausschließliche Kompetenz besitzt.

Den nationalen Parlamenten wird durch den Vertrag von Lissabon erstmals eine eigenständige Kontrolle der Einhaltung des Subsidiaritätsprinzips eingeräumt. In einem eigenen Protokoll (Nr. 2) wird festgelegt, dass die nationalen Parlamente oder eine Kammer[13] eines dieser Parlamente in-

13 Diese Bestimmung bedeutet, dass jedes nationale Parlament über zwei Stimmen verfügt. Hat ein Mitgliedstaat ein parlamentarisches Zweikammernsystem, wie etwa Deutschland oder Österreich, dann besitzt jede dieser Kammern je eine Stimme (Art. 7 Protokoll Nr. 2).

nerhalb von acht Wochen nach Übermittlung eines Gesetzgebungsaktes in einer begründeten Stellungnahme darlegen können, warum der betreffende Entwurf ihrer Meinung nach nicht mit dem Subsidiaritätsprinzip vereinbar ist (Art. 6 Protokoll Nr. 2). Erreicht die Anzahl der begründeten Stellungnahmen mindestens ein Drittel der Gesamtzahl, so muss der Entwurf überprüft werden. Nach Abschluss dieser Überprüfung können die zuständigen Unionsorgane den Entwurf beschließen, ändern oder zurückziehen („gelbe Karte"). Erreicht die Anzahl der begründeten Stellungnahmen die einfache Mehrheit der Gesamtzahl, muss der Beschluss überprüft werden. Beschließt die Kommission jedoch, an ihrem Entwurf festzuhalten, muss sie begründen, warum der Entwurf ihrer Meinung nach mit dem Subsidiaritätsprinzip im Einklang steht. Auch der Gesetzgeber, d. h. Rat und EP, prüft den Entwurf. Jedes der beiden Organe kann jedoch beschließen (der Rat mit 55 Prozent seiner Mitglieder; das EP mit der Mehrheit der abgegebenen Stimmen), dass der Entwurf nicht mit dem Subsidiaritätsprinzip im Einklang steht („orange Karte") (Art. 7 Protokoll Nr. 2). Wenn jedoch an dem Entwurf festgehalten wird, kann bereits ein Mitgliedstaat (auch im Namen seines Parlamentes oder einer Kammer) eine Klage wegen Verletzung des Subsidiaritätsprinzips beim Gerichtshof einbringen.

Ungeachtet der neuen Möglichkeit, für nationale Parlamente eine Subsidiaritätsklage einzubringen, war jedoch bereits bisher der EuGH für die Einhaltung des Subsidiaritätsprinzips zuständig. Er hat jedoch noch keinen einzigen Rechtsakt daran scheitern lassen (Harratsch/Koenig/Pechstein 2010: 83). Damit die nationalen Parlamente die erforderliche Anzahl an Stimmen erreichen können, müssen jedoch neue Informations- und Koordinierungsmechanismen geschaffen werden. Erst eine effiziente horizontale interparlamentarische Zusammenarbeit kann die durch den Vertrag von Lissabon geschaffenen Mitwirkungsmöglichkeiten Wirklichkeit werden lassen.

Es muss jedoch darauf hingewiesen werden, dass sich das Subsidiaritätsprinzip nicht automatisch gegen die Union richtet und die Mitgliedstaaten zur Regulierung ermächtigt. Vielmehr können durch das Subsidiaritätsprinzip die bestehenden Kompetenzen der Union sowohl erweitert, wenn die Umstände dies erfordern, als auch eingeschränkt oder eingestellt werden, wenn dies nicht mehr gerechtfertigt ist. In der Praxis taucht oftmals die Problematik auf, dass einerseits die Gemeinschaftsorgane der Rechtfertigung, die ihnen durch das Subsidiaritätsprinzip auferlegt wurde, nur sehr allgemein nachkommen, andererseits, dass einzelne Mitgliedstaaten, die eine bestimmte gemeinschaftliche Regelung aus politischen Gründen ablehnen, allzu leichtfertig und pauschal auf das Subsidiaritätsprinzip verweisen (Streinz 2005: 64).

Ergänzt wird das Subsidiaritätsprinzip durch den *Grundsatz der Verhältnismäßigkeit*. Maßnahmen der Union dürfen nicht „über das zur Erreichung der Ziele der Verträge erforderliche Maß" hinausgehen (Art. 5 Abs. 4 EUV). Kann die EG bei der Wahrnehmung ihrer Kompetenzen zwischen mehreren Handlungsmöglichkeiten wählen, so muss sie sich für jene entscheiden, die die Autonomie der Mitgliedstaaten so weit wie möglich schont (Harratsch/Koenig/Pechstein 2010: 84). Anders als das Subsidiaritätsprinzip gilt der Grundsatz der Verhältnismäßigkeit auch für jene Politikbereiche, die in die ausschließliche Kompetenz der Union fallen.

Mit der Aufnahme des Subsidiaritätsprinzips wollte man der steigenden Furcht vor einer ständigen Ausweitung der Kompetenzen der Gemeinschaft begegnen. Es ist jedoch eher als politisches Signal an integrationsskeptische Politiker, Bürger und Medien zu verstehen und weniger als ein wirksamer Mechanismus, um Kompetenzkonflikte zwischen der Union und den Mitgliedstaaten zu lösen (Magnette 2005: 53).

5.5 Diskriminierungsverbot

Der Art. 18 AEUV verbietet die Diskriminierung aus Gründen der Staatsangehörigkeit und stellt insofern die Angehörigen der Mitgliedstaaten im Anwendungsbereich der Verträge den Inländern gleich *(Inländergleichbehandlung)*. Eine Diskriminierung liegt dann vor, wenn unterschiedliche Vorschriften auf gleichartige Situationen angewandt werden oder wenn dieselbe Vorschrift auf unterschiedliche Situationen angewandt wird (Vgl. EuGH Rs. C-80/94, Wielockx, Slg. 1995, I-2493, Rn. 17). Das allgemeine Diskriminierungsverbot schützt nicht nur vor offenen (direkten, rechtlichen), sondern auch vor verdeckten (indirekten, tatsächlichen, verschleierten) Diskriminierungen, die durch die Anwendung anderer Unterscheidungsmerkmale tatsächlich zu dem gleichen Ergebnis führen (EuGH Rs. C-29/95, Pastoors, Slg. 1997, I-300, Rn. 16.).

Ein häufiger Anwendungsfall ist die Anknüpfung an den Wohnsitz, wo es zu keiner offenen Ungleichbehandlung aus Gründen der Staatsangehörigkeit kommen darf. Macht aber das nationalstaatliche Gesetz die Ausübung bestimmter Rechte vom Wohnsitzerfordernis abhängig, so kommen die

Staatsangehörigen der anderen Mitgliedstaaten in der Regel nicht in den Genuss dieser Rechte, da sie für gewöhnlich nicht im Inland wohnen. Die eigenen Staatsangehörigen erfüllen demgegenüber in der Regel sehr wohl das Wohnsitzerfordernis (Vgl. EuGH Rs. C-274/96, Bickel/Franz, Slg. 1998, I-7637, Rn. 25). Das Diskriminierungsverbot richtet sich sowohl an die Unionsorgane als auch an die einzelnen Mitgliedstaaten im Anwendungsbereich des Unionsrechts und schützt natürliche sowie juristische Personen. Verdeckte Ungleichbehandlungen sind dann nicht verboten, wenn die Ungleichbehandlung auf objektiven, von der Staatsangehörigkeit der Betroffenen unabhängigen Erwägungsgründen beruht und dem Verhältnismäßigkeitsgebot entspricht. Das allgemeine Diskriminierungsverbot gilt aber nur unbeschadet besonderer Vertragsbestimmungen, ist also subsidiär anzuwenden. Durch die Möglichkeit für Unionsbürger, sich im Hoheitsgebiet jedes Mitgliedstaates frei zu bewegen und aufzuhalten, wurde der Anwendungsbereich des Diskriminierungsverbotes erheblich ausgeweitet und umfasst mittlerweile auch Sozialleistungen oder Ausbildungsbeihilfen (Herdegen 2011: 84).

Während Art. 18 AEUV die „Ausländerdiskriminierung" verbietet, ist eine sog. „Inländerdiskriminierung" aus der Sicht der Verträge grundsätzlich möglich. Eine solche ist etwa bei Sachverhalten ohne unionsrechtlichen Bezug aus der Sicht des EU-Rechts erlaubt. Entscheidend ist im Einzelfall, ob ein Auslandsbezug oder ein grenzüberschreitendes Element vorliegt. Hat etwa ein Unionsbürger im Ausland eine Berufsqualifikation erworben und möchte sich diese in seinem Heimatstaat anrechnen lassen, befindet er sich in einer ähnlichen Situation wie ein EU-Ausländer und darf insofern nicht diskriminiert werden (Herdegen 2011: 85). Ungeachtet der Frage, ob eine etwaige Inländerdiskriminierung unionsrechtlich möglich ist, kann eine solche jedoch gegen einzelstaatliche Grundrechte verstoßen.

5.6 Grundrechte

Da die Union sowohl für die Mitgliedstaaten als auch für den Einzelnen bindendes Recht setzen kann, stellt sich naturgemäß die Frage, inwieweit die EU diesbezüglich an Grundrechte gebunden ist. Obwohl die Verträge keinen Grundrechte-Katalog bieten, enthalten sie etliche grundrechtlich relevante Bestimmungen wie etwa das Diskriminierungsverbot oder die Lohngleichheit für Männer und Frauen (Harratsch/Koenig/Pechtein 2010: 296). Abgesehen davon normiert Art. 6 Abs. 1 EUV, dass die Charta der Grundrechte der Europäischen Union vom 7. Dezember 2000 von der Union anerkannt wird und die Verträge rechtlich gleichrangig sind.[14] Vor dem Inkrafttreten des Vertrags von Lissabon war die Grundrechte-Charta juristisch unverbindlich, wurde jedoch vom Gerichtshof bei der Auslegung der allgemeinen Rechtsgrundsätze herangezogen, wodurch ihr indirekt eine nicht unerhebliche Relevanz zukam (Harratsch/Koenig/Pechstein 2010: 297).

Neben der Grundrechte-Charta sind die Grundrechte, wie sie in der EMRK gewährleistet sind und wie sie sich aus den gemeinsamen Verfassungsüberlieferungen der Mitgliedstaaten als allgemeine Grundsätze des Gemeinschaftsrechts ergeben, Bestandteil der allgemeinen Grundsätze des Unionsrechts (Art. 6 Abs. 3 EUV).[15] Die Grundrechte der Union gelten zum einen für die Union und ihre Organe sowie zum anderen für Mitgliedstaaten bei der Durchführung des Unionsrechts. Sie sind nicht nur subjektiv-öffentliche Rechte Einzelner, sondern auch objektive Rechtsgrundsätze. Umstritten ist, ob sie neben ihrer Abwehrfunktion noch eine objektive Schutzpflicht begründen (Harratsch/Koenig/Pechstein 2010: 299).

Inhaltlich umfasst die Grundrechte-Charta eine Vielfalt unterschiedlicher Grundrechte, die unter den folgenden Kapiteln zusammengefasst werden: Würde des Menschen, Freiheitsrechte, Gleichheit, Solidarität, Bürgerrechte und justizielle Rechte. Wie nationale Grundrechte werden auch die Unionsgrundrechte nicht schrankenlos gewährleistet. Eingriffe bedürfen jedoch stets einer Rechtfertigung, müssen verhältnismäßig sein und den Wesensgehalt des betreffenden Grundrechts wahren (Harratsch/Koenig/Pechstein 2010: 308ff.).

14 Durch die rechtliche Gleichrangigkeit mit den Verträgen ist sichergestellt, dass die Grundrechte-Charta als Primärrecht zu qualifizieren ist. Eingeschränkte Geltung besitzt die Grundrechte-Charta jedoch im Vereinigten Königreich und in Polen (Protokoll Nr. 30).

15 Der Vertrag von Lissabon normiert, dass die Union der EMRK beitreten muss (Art. 6 Abs. 2 EUV). Dies war vor dem Inkrafttreten des Vertrags von Lissabon mangels Kompetenzgrundlage (Stichwort: begrenzte Einzelermächtigung) rechtlich nicht möglich. Derzeit (Stand: August 2011) ist die EU noch nicht der EMRK beigetreten, obwohl durch die Ratifizierung des Protokolls Nr. 14 zur EMRK durch die Mitgliedes des Europarates seit 2010 die prozeduralen Voraussetzungen dafür gegeben wären.

5.7 Der Vorrang des Unionsrechts

Die Frage nach dem Verhältnis von Gemeinschaftsrecht und nationalem Recht wird in den Verträgen nicht explizit angesprochen. Sie ist jedoch immer dann von zentraler Relevanz, wenn ein und derselbe Sachverhalt sowohl von der Union als auch von den Mitgliedstaaten geregelt wird. Fallen die diesbezüglichen Regelungen unterschiedlich aus, so stellt sich umgehend die Frage, welche Regelung im betreffenden Fall nun vorgeht.

Im Jahre 1964 musste sich der EuGH (Rs. 6/64, Costa/ENEL, Slg. 1964, 1141) mit der Frage auseinandersetzen, ob eine Maßnahme der italienischen Regierung dem EG-Vertrag widerspricht. Der Hintergrund des Falles war folgender: Der italienische Rechtsanwalt Flaminio Costa weigerte sich, eine Rechnung der verstaatlichten Stromgesellschaft ENEL zu bezahlen. Costa war Aktionär der von der Verstaatlichung betroffenen Aktiengesellschaft Edisonvolta und sah sich durch die Verstaatlichung um seine Dividende gebracht. Er argumentierte, dass das italienische Gesetz über die Verstaatlichung der Stromgesellschaft vom 6. Dezember 1962 gegen Gemeinschaftsrecht verstoße (Wettbewerbsverzerrung, unzulässige Beihilfen etc.). Das zuständige Mailänder Friedensgericht leitete die Frage des Konflikts zwischen dem nationalen Verstaatlichungsgesetz und den zuvor genannten Artikeln des E(W)GV an den italienischen Verfassungsgerichtshof, der es dem EuGH zur Vorabentscheidung vorlegte (Art. 234 EGV). Der EuGH hatte in dieser Sache nicht darüber zu entscheiden, ob Costa seine Stromrechnung zu bezahlen habe. Das Augenmerk richtete sich auf die Frage des Verhältnisses von europäischem und nationalem Recht.

Bemerkenswerterweise bestritt die italienische Regierung die Zuständigkeit des EuGH mit dem Argument, dass dieser nicht für die Vereinbarkeit eines innerstaatlichen Gesetzes mit dem EWG-Vertrag zuständig sei. Der EuGH bejahte hingegen seine Zuständigkeit und begründete in einem wegweisenden Urteil den Vorrang des Gemeinschaftsrechts wie folgt: „Zum Unterschied von gewöhnlichen internationalen Verträgen hat der EWG-Vertrag eine eigene Rechtsordnung geschaffen, die bei seinem Inkrafttreten in die Rechtsordnungen der Mitgliedstaaten aufgenommen worden und von ihren Gerichten anzuwenden ist. Denn durch die Gründung einer Gemeinschaft für unbegrenzte Zeit, die mit eigenen Organen, mit der Rechts- und Geschäftsfähigkeit, mit internationaler Handlungsfähigkeit und insbesondere mit echten, aus der Beschränkung der Zuständigkeit der Mitgliedstaaten oder der Übertragung von Hoheitsrechten der Mitgliedstaaten auf die Gemeinschaft herrührenden Hoheitsrechten ausgestattet ist, haben die Mitgliedstaaten, wenn auch auf begrenzten Gebiet, ihre Souveränitätsrechte beschränkt und so einen Rechtskörper geschaffen, der für ihre Angehörigen und sie selbst verbindlich ist. Diese Aufnahme der Bestimmungen des Gemeinschaftsrechts in das Recht der einzelnen Mitgliedstaaten und, allgemeiner, Wortlaut und Geist des Vertrages haben zur Folge, dass es den Staaten unmöglich ist, gegen eine von ihnen auf der Grundlage der Gegenseitigkeit angenommene Rechtsordnung nachträgliche einseitige Maßnahmen ins Feld zu führen. [...] Denn es würde eine Gefahr für die Verwirklichung der [...] Ziele des Vertrages bedeuten [...], wenn das Gemeinschaftsrecht je nach der nachträglichen innerstaatlichen Gesetzgebung von einem Staat zum anderen verschiedene Geltung haben könnte" (Rn. 8 und 9).

In späteren Urteilen hat der EuGH (Rs. 11/70, Internationale Handelsgesellschaft, Slg. 1970, 1125, Rn. 3) den Vorrang von Gemeinschaftsrecht auch auf mitgliedstaatliches Verfassungsrecht ausgedehnt, was von den Mitgliedstaaten grundsätzlich akzeptiert wurde.

Im Gegensatz zum gescheiterten Verfassungsentwurf gibt es im Vertrag von Lissabon keine ausdrückliche Anerkennung des Anwendungsvorrangs des Unionsrechts. In einer dem Vertrag beigegebenen (rechtlich unverbindlichen) Erklärung (Nr. 17) wird jedoch auf die ständige Rechtsprechung des Gerichtshofes zum Vorrang verwiesen, zugleich jedoch bekräftigt, dass der Grundsatz des Vorrangs auch weiterhin nicht Bestandteil der rechtsverbindlichen Verträge wird.

5.8 Die unmittelbare Wirkung des Unionsrechts

Dass das Unionsrecht – wie normales Völkerrecht – die Mitgliedstaaten bindet, ist seit jeher unbestritten gewesen. Unklar war jedoch anfangs, ob das Unionsrecht – im Gegensatz zum Völkerrecht – auch unmittelbar für einzelne Individuen wirksam sein kann. Ebenso wenig wie die Frage des Vorrangs wurde dieses Problem nicht ausdrücklich im Vertrag geklärt, sondern durch die Rechtsprechung des EuGH etabliert (Rs. 26/62, van Gend & Loos, Slg. 1963, 1, Rn. 10).

Vor allem im Bereich der vier Grundfreiheiten sind viele Vertragsbestimmungen vom Gerichtshof für unmittelbar anwendbar erklärt worden. Die unmittelbare Wirkung des Vertrags kann v. a. dann relevant sein, wenn sich die Gemeinschaftsorgane nicht auf die Verabschiedung von Sekundärrecht einigen können. In Bezug auf Sekundärrecht wurde bereits ausgeführt (vgl. Kap. 5.1), dass – während Verordnungen und Beschlüsse eine unmittelbare Wirkung für den Einzelnen entfalten – sich Richtlinien nur an die Mitgliedstaaten wenden und nur unter bestimmten Umständen unmittelbar wirksam sein können.

Weiterführende Literatur

Haltern, U. (2007²). *Europarecht. Dogmatik im Kontext,* Tübingen: Mohr Siebeck.

Herdegen, M. (2011). *Europarecht,* München: Beck.

Weiler, J. H. H. (1999). The Transformation of Europe, in: J. H. H. Weiler (Hg.). *The Constitution of Europe. 'Do the new clothes have an emperor?' and other essays on European integration,* Cambridge: Cambridge University Press, 10–101 (ursprünglich erschienen in: *The Yale Law Journal* 100, 1981, 2403–2483).

Website

http://eur-lex.europa.eu/de/index.htm – über das primäre und sekundäre Gemeinschaftsrecht, die Entscheidungen des EuGH sowie eine Vielzahl anderer wichtiger EU-Dokumente.

6 Regieren in Europa: Entscheidungs- und Implementationsprozess

6.1 Einleitung

Es ist eine gängige Praxis, das politische System der EU als sui generis zu bezeichnen.[1] Mit dieser etwas unglücklichen und inhaltlich unbefriedigenden Bezeichnung soll ausgedrückt werden, dass die EU weder als eine internationale Organisation noch als Staatenbund und schon gar nicht als ein klassischer Nationalstaat begriffen werden kann. Warum ist die EU keine internationale Organisation? Obwohl die EU aus Staaten besteht, ist sie – nicht zuletzt aufgrund der Supranationalität (Rechtsetzung mit Durchgriffswirkung und Vorrang des Unionsrechts, Mehrheitsentscheidungen in Rat und Kommission, eigene Gerichtsbarkeit mittels EuGH) und der Aufgabenfülle – längst keine internationale Organisation mehr.

Warum ist die EU kein Staat (vgl. Grimm 1995: 288)? Im Unterschied zu einem Staat besitzt die Union nur von den Mitgliedstaaten übertragene Kompetenzen und verfügt auch nicht über ein Gewalt- und Steuermonopol. In etlichen klassischen staatlichen Kernbereichen wie der Außen- und Sicherheitspolitik – trotz beachtlicher Integrationsschritte der letzten Jahre – wird nach wie vor intergouvernemental bzw. transgouvernemental entschieden (Wallace 2005: 87). Auch kann in Bezug auf die Union nicht von einem einheitlichen Staatsvolk gesprochen werden. Aus all dem ist ersichtlich, dass der Begriff *sui generis* Ausdruck der Schwierigkeiten ist, die Union mit üblichen staats- bzw. völkerrechtlichen oder politikwissenschaftlichen Kategorien zu erfassen. Auch das deutsche Bundesverfassungsgericht versuchte die Eigenständigkeit der Union auf den Begriff zu bringen und sprach von der EU als Staatenverbund (BVerfGE 89, 155; Everson 1998).

1 Diese Debatte über die Sui-generis-Qualität der EG/EU wurde v. a. zwischen Völker- und Europarechtlern geführt und beschäftigte sich konkret mit der Frage nach der Rechtsnatur des Unionsrechts (Schweitzer/Hummer 1996: 27f.).

Das politische System der EU ist jedoch nicht nur ein einzigartiges Phänomen *sui generis*. Es weist darüber hinaus noch eine beachtliche interne Differenzierung auf, wodurch der Politikprozess zwischen den einzelnen Politikbereichen erheblich variiert (Wallace 2005: 77ff.; Holzinger 2005: 83f.). Im Folgenden wird exemplarisch der Politik- und Rechtsetzungsprozess der Gemeinschaftsmethode als die gängigste Form des europäischen Regierens dargestellt. Die Europäische Kommission (2001: 11) definiert im Weißbuch *Europäisches Regieren* die Gemeinschaftsmethode wie folgt:

— „Die Europäische Kommission unterbreitet als einziges Organ der EU Vorschläge für Gesetzgebung und Politik. Ihre Unabhängigkeit stärkt ihre Fähigkeit, die Politik der EU durchzuführen, Hüterin der Verträge zu sein und die Union in internationalen Verhandlungen zu vertreten.

— Legislative und haushaltspolitische Beschlüsse werden vom Ministerrat (der die Mitgliedstaaten vertritt) und vom Europäischen Parlament (das die Bürger vertritt) gefasst. Ratsbeschlüsse mit qualifizierter Mehrheit sind ein wesentliches Element der Wirksamkeit der Gemeinschaftsmethode. Die Zuständigkeit für die Durchführung der Rechtsnormen wird auf die Kommission und die Behörden der Mitgliedstaaten übertragen.

— Der Europäische Gerichtshof wacht darüber, dass die Rechtsstaatlichkeit gewahrt wird."

Abweichungen innerhalb der Gemeinschaftsmethode sind zahlreich und richten sich nach den jeweiligen Bestimmungen der Verträge. Beispielsweise kann die Kommission im Bereich der öffentlichen Unternehmen Richtlinien oder Beschlüsse beschließen (Art. 106 Abs. 3 AEUV); oder die Mitwirkung des Europäischen Parlaments kann sehr stark variieren und reicht von einen dem Rat gleichgestellten Mitgesetzgeber über das bloße Anhörungsrecht[2] bis hin zu einigen Fällen, in denen das EP überhaupt keine Mitwirkungsbefugnisse besitzt.

Der europäische Politikprozess ist ein mehrstufiger Prozess, der sowohl die europäische als auch die mitgliedstaatliche Ebene umfasst. Aus diesem Grund wird die vertikale Dimension der EU als Mehrebenensystem bezeichnet. Obwohl die Politikwissenschaft sich in den letzten Jahren intensiv mit dem Mehrebenensystems der EU beschäftigte, gibt es derzeit noch keine adäquate allgemeine theoretische Erfassung.[3] Vielmehr dominieren ver-

2 Z. B. Regelungen zur sozialen Sicherheit oder den sozialen Schutz betreffend (gemäß Art. 21 Abs. 3 AEUV).

3 Siehe dazu auch Kap. 3.

schiedene Ansätze, die sich – durchaus in komplementärer Weise – mit unterschiedlichen Aspekten des Mehrebenensystems beschäftigen. So wird etwa argumentiert, dass die Existenz mehrerer Handlungssysteme sowohl die Handlungsmöglichkeiten als auch die Koordinationsprobleme und Kooperationsnotwendigkeiten der Akteure (Mitgliedstaaten, supranationale Institutionen, Interessenverbände, private Akteure etc.) erhöhen. Dadurch können Steuerungsprobleme, aber auch Verantwortung *(blame shifting)*[4] zwischen den Ebenen von den betreffenden Akteuren verschoben werden. Strittig ist, ob das EU-Mehrebenensystem aufgrund seiner Konsenserfordernisse bei einer gleichzeitig hohen Anzahl an Akteuren systematisch zu ineffizienten Entscheidungen führt[5] oder ob es dadurch nicht zu effizienten Politiktransfers und Lerneffekten kommt, d. h. zu einer Steigerung der Problemlösungskompetenz (Holzinger et al. 2005: 140ff.).

Die folgende Darstellung beschreibt den vertraglich vorgesehenen mehrstufigen Politik- und Rechtsetzungsprozess der Gemeinschaftsmethode, wobei der Schwerpunkt auf den Aktivitäten der zentralen Unionsorgane Kommission, Rat und Europäisches Parlament liegt. Die institutionelle Interaktion der Unionsorgane wird anhand der Verabschiedung einer Richtlinie im Rahmen des ordentlichen Gesetzgebungsverfahrens (Art. 294 AEUV) als zurzeit wichtigstes Rechtsetzungsverfahren veranschaulicht. Da eine Richtlinie von den Mitgliedstaaten in innerstaatliches Recht umgesetzt werden muss, eignet sich dieses Beispiel auch für die Darstellung der Rolle, die die Mitgliedstaaten im Mehrebenensystem spielen.

Eingebettet wird die Schilderung des Politik- und Rechtsetzungsprozesses in das in der Politikwissenschaft bekannte Modell des *Policy Cycle*, das Politik als eine Abfolge einzelner Phasen begreift. Diese Phasen dürfen nicht als linearer Prozess mit einem fixen Anfang und einem eindeutigen Ende missverstanden werden, sondern vielmehr als ein potenziell nie abgeschlossener Politikkreislauf. In diesem Politikverständnis werden Probleme identifiziert, über deren Lösungen kontinuierlich deliberiert und verhandelt wird; in einem weiteren Schritt werden Maßnahmen beschlossen, in die Realität umgesetzt und dahingehend evaluiert, ob sie eine adäquate Lösung hin-

4 Beispielsweise kann sich die Regierung eines Mitgliedstaates bei einer unpopulären Maßnahme innenpolitisch (gegenüber den Wählern, den Medien und der Opposition) distanzieren und auf die europarechtlichen Verpflichtungen, denen man sich nicht entziehen kann, verweisen. Die EU-Politik kann von der Regierung aber auch bewusst als Mittel zur Überwindung einer oppositionellen Politik eingesetzt werden.

5 Siehe dazu den von Fritz W. Scharpf (1985) geprägten Begriff der Politikverflechtungs-Falle.

sichtlich des ursprünglich wahrgenommenen Problems darstellen. Diese Sichtweise unterstreicht auch, dass Politik nicht auf einer *tabula rasa* (d. h. voraussetzungslos) entsteht, sondern bereits an vergangene Entscheidungen anknüpft und dadurch auch Probleme und Lösungsmöglichkeiten vorstrukturiert (Jann/Wegrich 2003: 81f.).[6]

Schaubild: Der Policy Cycle (Gemeinschaftsmethode)

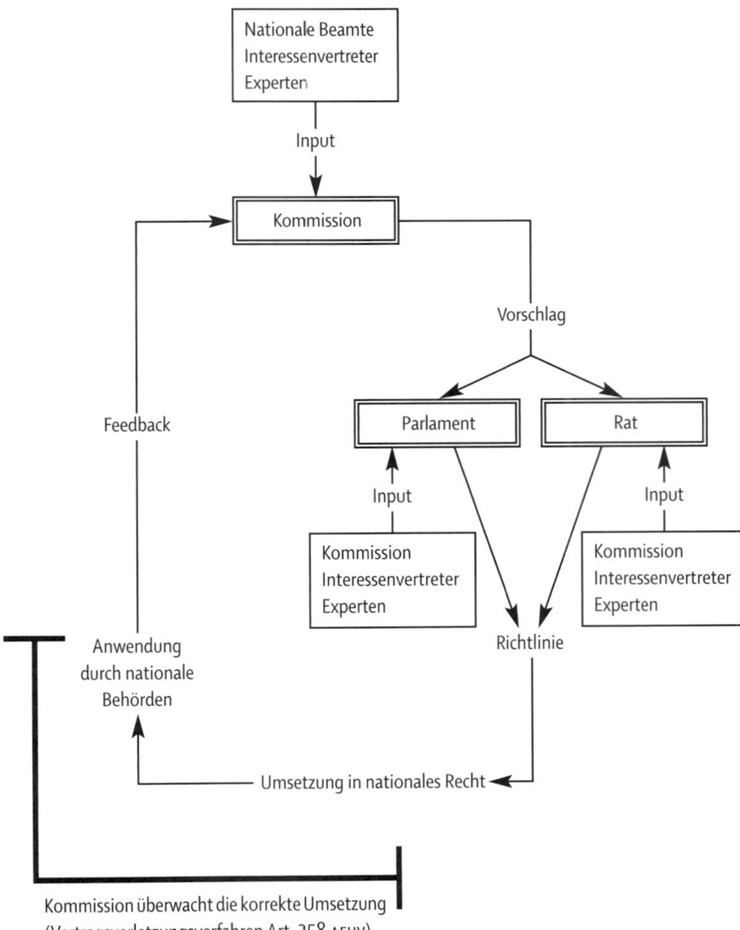

6 Siehe dazu auch den Ansatz des historischen Institutionalismus, der Politik als *path-dependent* bzw. pfadabhängig begreift (Pierson 2000).

Übersetzt in die Kategorien des Politik- und Rechtsetzungsprozesses bedeutet es, dass als lösungsdürftig wahrgenommene Probleme entweder an die Kommission herangetragen oder von ihr selbst identifiziert werden. In einem zweiten Schritt wird das wahrgenommene Problem auf die politische Tagesordnung gesetzt *(agenda setting)*, wobei zwischen öffentlicher Agenda und jener innerhalb des politischen Systems zu unterscheiden ist. In der Regel dominiert die Involvierung politisch-administrativer Akteure der nationalen und supranationalen Ebene sowie unabhängiger Experten und Interessengruppierungen, während die breite Öffentlichkeit nur marginal informiert und beteiligt ist (Jann/Wegrich 2003: 84). In einem nächsten Schritt werden sodann die wahrgenommenen Probleme in mögliche politische und rechtliche Handlungsoptionen übersetzt.

Der konkreten Entscheidung geht ein umfangreicher Verhandlungsprozess zwischen nationalen und supranationalen Akteuren, Experten und Interessengruppierungen innerhalb von Policy-Netzwerken[7] voraus, innerhalb dessen die politischen Vor- und Nachteile der unterschiedlichen Handlungsoptionen miteinander abgewogen werden. Die auf europäischer Ebene getätigten Entscheidungen – im Rahmen der Gemeinschaftsmethode sind dies zumeist Verordnungen und Richtlinien – werden innerhalb der Mitgliedstaaten umgesetzt und/oder angewendet. Die rechtliche und faktische Durchführung politischer Entscheidungen in den Mitgliedstaaten ist jedoch keineswegs selbstverständlich, sondern ihrerseits ein komplexer rechtlicher und politischer Prozess, in dem die oben genannten Akteure ein eigenständiges Handlungsfeld vorfinden und ihre spezifischen Interessen (nochmals) zu artikulieren und zu realisieren versuchen (Siedentopf/Ziller 1988; Falkner/Müller 1999; Green Cowles et al. 2001).

Nachdem die europäischen Maßnahmen in den Mitgliedstaaten angewendet werden, stellt sich naturgemäß die Frage, ob die getroffenen Maßnahmen das einmal wahrgenommene Problem tatsächlich gelöst haben. Der in diesem Zusammenhang stattfindende Evaluierungsprozess durch potenziell alle im Policy Cycle involvierten Akteure kann in letzter Konsequenz auch zu einer Neuformulierung des ursprünglichen Problems führen

7 Policy-Netzwerk ist ein Begriff, der ein Geflecht einflussreicher Politik-Akteure bezeichnet. Ein Policy-Netzwerk bildet sich in sachlich abgrenzbaren Politikfeldern. Austausch von Informationen und Ressourcen, Beachtung von gemeinsamen Konventionen und Regeln und ein gemeinsames Problemverständnis haben oftmals ein mehr oder weniger stabiles Beziehungsmuster zur Folge (siehe Nohlen/Schulze 2004: 666; in Bezug auf die EU siehe insbesondere Eising/Kohler-Koch 1999).

und den beschriebenen Policy Cycle erneut in Gang setzen.[8] Die einzelnen Politikphasen im europäischen Mehrebenensystem können nur in analytischer Hinsicht als getrennt voneinander verstanden werden. In der Praxis ist – aufgrund der permanent stattfindenden Interaktion unterschiedlicher staatlicher, supranationaler und nicht staatlicher Akteure auf sämtlichen Handlungsebenen – eine scharfe Trennung der einzelnen Phasen des Policy Cycle kaum möglich (Jann/Wegrich 2003: 96).

Es ist geradezu ein Wesenszug der europäischen Integration, dass sich weder die Akteure noch ihre Handlungsebenen fein säuberlich trennen lassen. Vielmehr kommt es in den Worten Wolfgang Wessels im europäischen Mehrebenensystem zu einer „Fusion", d. h. zu einem Prozess, „bei dem Regierungen und Verwaltungen mehrerer Ebenen (quasi-)staatliche Handlungs-, Steuerungs- und Regelungsinstrumente gemeinsam nutzen. Für den Adressaten derartiger Aktionen sind die Anteile bzw. Verantwortlichkeiten der jeweiligen Ebene und der dort operierenden Organe kaum noch voneinander zu unterscheiden; die Fusion führt zu einem Zusammenwachsen staatlicher Ebenen, das unter ‚normalen' Umständen [...] nicht mehr oder nur unter erschwerten Bedingungen reversibel ist" (Wessels 1992: 40ff.; Wessels 2000: 123).

6.2 Die europäische Ebene

Im Einzelfall ist es oft schwierig festzustellen, von welchen Akteuren eine bestimmte Politik tatsächlich initiiert wurde. Ist die Kommission, die laut dem EG-Vertrag das Initiativmonopol besitzt, tatsächlich der viel zitierte Motor der Union? Oder reagiert sie ihrerseits auf entsprechende Interventionen seitens eines oder mehrerer Mitgliedstaaten? Oder sind es private Interessengruppen, die die Kommission zu einem Initiativvorschlag motivieren können?

Aus didaktischen Gründen soll nichtsdestotrotz das Initiativwerden der Kommission den Anfangspunkt des europäischen Policy Cycle bezeichnen.

8 Allerdings darf nicht vergessen werden, dass die Kosten, eine einmal etablierte Politik zu verändern, relativ hoch sind.

6.2.1 Agenda Setting

Den Beginn europäischer Politik zu bestimmen, ist nicht nur ein schwieriges oder unmögliches, sondern vielleicht sogar ein unsinniges Unterfangen. Während Juristen den Beginn mit der formellen Initiative ansetzen, fragen Politikwissenschafter nach der Problemwahrnehmung oder dem agenda setting im europäischen Politikprozess. Das politische System der EU zeichnet sich durch eine Vielzahl von Akteuren aus, die allesamt eigene Interessen verfolgen – und zugleich über eine Vielzahl formeller und informeller Möglichkeiten verfügen, diese Interessen auch in den politischen Prozess einzubringen (Peters 2001). Für diese Akteure ist die europäische Ebene mittlerweile nicht nur eine zusätzliche, sondern in vielen Fällen im Vergleich zur nationalstaatlichen oft wichtigere Handlungsebene, um ihre Interessen zu artikulieren und zu verwirklichen. Dabei ist zu bedenken, dass ein Akteur auf EU-Ebene in den seltensten Fällen seine Interessen alleine zur Gänze umsetzen kann. Vielmehr sind Akteure angehalten, innerhalb der für sie relevanten Netzwerke, die sich sowohl auf europäischer als auch auf mitgliedstaatlicher Ebene befinden, Mitstreiter zu finden, Allianzen zu schmieden, potenzielle Gegner ebenso zu identifizieren wie den richtigen Zeitpunkt, zu dem eine entsprechende Initiative gestartet wird.

So kann es etwa für die Regierung eines Mitgliedstaates angesichts starker innerstaatlicher Opposition attraktiv sein, sich mit einem politischen Vorhaben (unter Umständen zusammen mit anderen Regierungen) an die Kommission zu wenden und sie zu überzeugen, in der betreffenden Angelegenheit einen Vorschlag auszuarbeiten. Die Möglichkeit, auf die europäische Ebene auszuweichen, ist aber nicht nur für Regierungen interessant, sondern potenziell für jeden Akteur (etwa Unternehmen, Unternehmensverbände, Sozialpartner oder NGOs, Bundesländer, Regionen). Beispielsweise mag es für eine Umweltschutzorganisation, die innerhalb des politischen Systems des Nationalstaates mit einem Politikvorschlag nicht reüssiert, sinnvoll sein, auf die europäische Ebene zu wechseln und dort – etwa im Verbund mit einer Dachorganisation – auf die Kommission einzuwirken, um eine entsprechende Politikinitiative zu starten (Peters 2001: 86). Man spricht in diesem Zusammenhang auch davon, dass sich im europäischen Mehrebenensystem die Opportunitätsstrukturen des politischen Handelns für nationale Akteure vergrößert haben (Sandholtz 1996: 411), d.h., Akteuren stehen mehr Möglichkeiten für die Verwirklichung ihrer politischen Ziele zur Verfügung *(forum shopping)*.

Außerdem gibt es sowohl für den Rat als auch für das EP die rechtliche Möglichkeit, die Kommission formell aufzufordern, entsprechende Vorschläge zu unterbreiten (Art. 241 AEUV; Art. 225 AEUV). Die Initiative der Kommission kann ferner durch bestehendes Unionsrecht, das den Zeitpunkt des Tätigwerdens bereits festgelegt hat, ebenso determiniert sein wie durch Beschlüsse des Europäischen Rates, die die Kommission auffordern, entsprechende Vorschläge auszuarbeiten (z. B. Lissabon-Strategie).

Ungeachtet dessen, von welchem Akteur de facto eine Initiative ausgeht, kommt der Kommission innerhalb der Gemeinschaftsmethode eine Sonderstellung zu, da nur sie aufgrund ihres vertraglich festgelegten Initiativmonopols den Rechtsetzungsprozess in Gang setzen kann (Art. 17 Abs. 2 EUV). Eine besondere Macht übt die Kommission dadurch aus, dass sie den Zeitpunkt bestimmt, wann sie einen Vorschlag formuliert. Die politische Heterogenität der Union hat zur Folge, dass es unterschiedliche und konkurrierende Vorstellungen gibt, wie eine bestimmte Politik auszusehen hat und wann sie lanciert werden soll. Wird etwa ein bestimmter Politikvorschlag zu früh und/oder nicht in der angemessenen Form eingebracht, so kann dies die Chance seiner Verwirklichung merklich reduzieren (Peters 2001: 81).

Insofern ist die Kommission das zentrale Ansprechobjekt all jener Akteure, die die Unionspolitik in ihrem Interesse beeinflussen wollen (Wallace 2005: 53). Mit anderen Worten: Obwohl die Kommission das einzige Organ ist, das formell einen Rechtsetzungsakt einleiten kann, ist eine entsprechende Initiative in der Realität oftmals nur das Ergebnis einer entsprechenden Aufforderung durch andere Akteure. Schätzungen einiger hoher Kommissionsbeamter haben etwa ergeben, dass nur ein kleiner Prozentanteil der tatsächlich erlassenen Rechtsakte (ca. 10 bis 20 Prozent) sich auf die originäre Initiative der Kommission zurückführen lassen (Nugent 2001: 236f.). „Brüssel" (oder wie so oft damit gemeint: „die Kommission") dient also kaum als alleiniger Sündenbock für die angenommene Regelungsflut – ein Bild, das von nationalen politischen Eliten nur allzu gerne verwendet wird.

Norm für Traktorsitze

Ein Beispiel für die Missverständnisse und Vorurteile, die die Arbeit der Kommission betreffen, ist die „Norm für Traktorsitze". Zum Entwurf und schließlich Erlass dieser Richtlinie ist es jedoch erst gekommen, nachdem sich eine deutsche Versicherung geweigert hatte, einem deutschen Landwirt Schäden zu ersetzen. Die Schäden waren entstanden, weil er unglücklicherweise von einem ausländischen, nicht der deutschen Norm entsprechenden Traktorsitz gefallen war. Die EG-Richtlinie, die alsbald erlassen wurde, stimmt vollständig mit der Regelung der deutschen Berufsgenossenschaften überein, die u. c. dazu dient, die Bauern vor Bandscheibenschäden zu bewahren.

Die intensive Zusammenarbeit der Kommission mit Rat und EP bereits im Vorfeld des Rechtsetzungsprozesses erklärt sich dadurch, dass es – abgesehen von einigen Politikbereichen – nicht die Kommission selbst ist, die den Rechtsakt verabschiedet, sondern der Rat im Zusammenwirken mit dem EP. Ein isoliertes Vorgehen seitens der Kommission wäre vor diesem Hintergrund wenig sinnvoll und würde spätestens im Rahmen des formellen Rechtsetzungsverfahrens auf erheblichen politischen Widerstand des Rates und/oder des EP treffen, was den Legislativprozess erheblich verzögern dürfte. Die Aufteilung der Legislativfunktion auf mehrere Unionsorgane sowie der Umstand, dass derzeit über den Rat 27 überaus heterogene Mitgliedstaaten in diesen Prozess involviert sind, führt zu einer umfassenden und stark ausgeprägten Verhandlungskultur auf europäischer Ebene. Dies geht sogar so weit, dass trotz der vertraglich möglichen Mehrheitsentscheidungen in Kommission und Rat zumeist versucht wird, eine für alle Beteiligten akzeptable Lösung zu erreichen.

6.2.2 Willensbildungs- und Entscheidungsprozess innerhalb der Kommission

Mit der Ausarbeitung eines Kommissionsvorschlages wird im Regelfall jene Generaldirektion (GD) betraut, in deren Kompetenzbereich der betreffende Vorschlag fällt. Berührt der Sachbereich eines Vorschlags mehrere GD, so übernimmt eine GD die Federführung im Ausarbeitungsprozess. In dieser ist wiederum ein *Rapporteur* (Berichterstatter) für die Erstellung des Vorschlages verantwortlich. Die Aufgabe des Rapporteurs besteht darin, andere betroffene und interessierte GD über den Entstehungsprozess des Vorschlags am Laufenden zu halten bzw. sie mitunter auch in seine inhaltliche Ausrichtung einzubeziehen. Fühlen sich einzelne GD nicht ausreichend in den Willensbildungsprozess involviert, so entscheidet der Generalsekretär der Kommission über die wechselseitigen Abstimmungsprozesse.

Um ihre Position im institutionellen Arrangement gegenüber dem EP und dem Rat zu stärken, versucht die Kommission, strategische Allianzen mit innerstaatlichen Akteuren aus dem öffentlichen sowie privaten Bereich der Mitgliedstaaten einzugehen. Dies können sowohl Verwaltungsbeamte, Regulierungsbehörden, Unternehmen sowie private oder öffentliche Einrichtungen und zivilgesellschaftliche Akteure sein. Auf diese Weise kann die Kommission das Wissens und die Ressourcen der betreffenden Institution nützen und diese in den weiteren Verhandlungen gemäß ihrer Interessen einsetzen. Umgekehrt können auch die solcherart herangezogenen Institutionen auf diese Weise ihren Einfluss auf europäischer Ebene geltend machen (Mazey/Richardson 1997; Christiansen 2001: 102).

Die konkrete Ausarbeitung eines Kommissionsvorschlags erfolgt in einer Vielzahl von Ausschüssen, die in unterschiedlicher Zusammensetzung und zu unterschiedlichen Phasen des Legislativprozesses aktiv sind und einen unterschiedlichen Einfluss auf den Kommissionsvorschlag ausüben. Diedrichs (2006: 156) spricht davon, dass rund 700 beratende Ausschüsse und Expertengruppen, die sich ihrerseits aus nationalen Beamten, Experten und Interessenvertretern zusammensetzen, an der Ausarbeitung eines Kommissionsvorschlags mitwirken. Grob kann zwischen Ausschüssen, in denen vornehmlich nationale Experten vertreten sind, und solchen, in denen in erster Linie Dachorganisationen von Sozialpartnern oder Interessengruppen aktiv sind, unterschieden werden. Die Ausschüsse bringen einerseits jenes Ausmaß an (technischer) Expertise in den Willensbildungsprozess ein, das in der Kommission aufgrund beschränkter personeller Ressourcen nicht vorhanden ist, und weisen andererseits die verantwortlichen Kommissionsbeamten bereits in einem sehr frühen Stadium auf etwaige nationale Sensibilitäten hin. Treten in dieser Phase Probleme auf, etwa wegen der politischen Ausrichtung eines geplanten Kommissionsvorschlages, so unterrichtet der Rapporteur seine Vorgesetzten in der federführenden GD (den Direktor, [stellvertretenden] Generaldirektor). Diese versuchen dann in ihrem wöchentlichen Treffen der Generaldirektoren einschließlich ihrer Stellvertreter, die Komplikationen auszuräumen.

Bevor der Vorschlag tatsächlich der Kommission als Kollegium vorgelegt wird, muss der verantwortliche Kommissar zustimmen, in dessen Kompetenzbereich der betreffende Vorschlag fällt. Mitunter kann es sein, dass im Falle eines besonders wichtigen oder umstrittenen Vorschlags das Kabinett des Kommissars bereits in einem sehr frühen Ausarbeitungsstadiums eingebunden ist. Stimmt der verantwortliche Kommissar dem Vorschlag zu, liegt es nunmehr am Kollegium, den Vorschlag formell zu verabschieden. Dies kann auf dreifache Weise geschehen: Das Kollegium kann erstens entweder in einem ihrer wöchentlichen Treffen oder zweitens im Rahmen eines schriftlichen Verfahrens den Vorschlag beschließen. Die dritte Möglichkeit ist, dass die Entscheidungskompetenz an den einzelnen (zuständigen) Kommissar delegiert wird, der für das Kollegium entscheidet. Ist jedoch absehbar, dass ein Vorschlag keine Mehrheit im Kollegium erreichen wird, werden die Kabinettchefs der Kommissare versuchen, die Differenzen vor der Sitzung des Kollegiums zu bereinigen, wobei es in diesem Stadium auch noch zu textlichen Änderungen kommen kann. Sofern eine Einigung auf Kabinettsebene nicht erreicht wird, kann der Vorschlag dennoch den Kommissaren vorgelegt werden, die sich dann entweder auf einen Vorschlag einigen oder beschließen, dass ein abgeänderter Vorschlag erneut von den zuständigen Kommissionsbeamten ausgearbeitet werden soll.

6.2.3 Willensbildungs- und Entscheidungsprozesse innerhalb der Legislativorgane

Liegt ein formeller Vorschlag seitens der Kommission vor, so bedarf es nun im Rahmen des ordentlichen Gesetzgebungsverfahrens einer Einigung zwischen Rat und EP.

6.2.3.1 Der Rat

„Negotiating and bargaining is the very essence of what the Council is about. [...] the main players, representatives of member state governments, engage in a multi-tiered and vertically compartmentalised process in which they are motivated to varying degrees by a will to defend national interest and a desire to cooperate in joint problem-solving within a framework of formal rules, informal arrangements and accepted conventions." (Westlake/Galloway 2004: 232). Ein an den Rat übermittelter Kommissionsvorschlag[9] wird in der Regel umgehend an einen mit der Sachmaterie vertrauten Ausschuss weitergeleitet. Innerhalb des Organisationsgefüges des Rates gibt es derzeit etwa 200 bis 250 Ausschüsse. Darüber hinaus existieren einige Ausschüsse, die durch Primär- oder Sekundärrecht eingerichtet wurden.[10]

9 Der Wirtschafts- und Sozialausschuss muss vom Rat oder der Kommission in den vertraglich vorgesehenen Fällen gehört werden. Er kann aber auch von sich aus eine Stellungnahme abgeben, sofern er dies für zweckmäßig erachtet (Art. 304 AEUV). Ähnliches gilt mutatis mutandis für den AdR (Art. 307 AEUV).

10 Für eine detaillierte Schilderung über die Ursprünge, Zusammensetzung und Aufgaben dieser hochrangigen Ausschüsse siehe etwa Hayes-Renshaw/Wallace (2006: 82ff.) und Lewis (2000: 275ff.).

Bereits die Verhandlungen in den Ratsarbeitsgruppen werden ganz entscheidend vom Umstand geprägt, welcher Abstimmungsmodus gemäß den Verträgen zur Anwendung kommt. In den Fällen, in denen der Rat einstimmig entscheiden muss, können die jeweiligen mitgliedstaatlichen Vertreter sicher sein, dass sie ungeachtet der stattfindenden Verhandlungen und Überzeugungsarbeit über die Möglichkeit eines Vetos verfügen. Wird jedoch – wie dies in der Mehrzahl der Fälle mittlerweile üblich ist – im Rat mit qualifizierter Mehrheit abgestimmt, so sind die Delegationen viel eher angehalten, Allianzen zu bilden, um den Vorschlag entweder durchzubringen oder abzublocken. Finden sich beispielsweise genügend Mitgliedstaaten, die einen geplanten Beschluss verhindern können, steigt in weiterer Folge ihre Verhandlungsmacht gegenüber jener Staatengruppe, die ein Interesse am Zustandekommen des Ratsbeschlusses besitzt (Westlake/Galloway 2004: 224). Die Verhandlungsmacht eines mitgliedstaatlichen Repräsentanten wird beeinflusst von der Fähigkeit, eine einheitliche nationale Position zu formulieren. Insofern ist es für den Mitgliedstaat wichtig, etwaige innerstaatliche Differenzen zu einem möglichst frühen Zeitpunkt zu lösen, da andernfalls die relative Verhandlungsmacht gegenüber den anderen Mitgliedstaaten sinkt. Auch hat jeder Mitgliedstaat ein Interesse, die Positionen der anderen Mitgliedstaaten möglichst früh zu kennen, um potenzielle Bündnispartner sowie Verhandlungsspielräume zu identifizieren.

Hat die betreffende Arbeitsgruppe ihre Verhandlungen abgeschlossen, erstattet sie dem AStV Bericht. Die Präsidentschaft, die für die Koordination in den Arbeitsgruppen verantwortlich zeichnet, ist gut beraten, dem AStV erst dann einen Bericht vorzulegen, wenn die Beratungen in der Arbeitsgruppe abgeschlossen sind und das Weiterleiten an die nächsthöhere Ebene sinnvoll ist. Ansonsten kann der AStV das Dossier wieder an die Arbeitsgruppe zurückleiten und die Klärung weiterer Punkte einmahnen.

Wurde ein Verhandlungsdossier dem einmal pro Woche tagenden AStV übermittelt, haben die einzelnen Mitgliedstaaten grundsätzlich bereits Position bezogen. Die nationalen Vertreter verhandeln in den Arbeitsgruppen auf der Basis mehr oder weniger detaillierter Vorgaben. Sind Vertreter der Mitgliedstaaten in den Arbeitsgruppen aber auch später im AStV[11] und im Rat selbst mit einer Formulierung nicht einverstanden, kann ein Vorbehalt abgegeben werden, wobei die Gründe dafür variieren können. Beispielsweise

11 Bostock (2002: 218) weist darauf hin, dass die überwiegende Anzahl der unter das Mitentscheidungsverfahren fallenden Sachmaterien vom AStV I abgewickelt wird.

kann ein sprachlicher Vorbehalt von Vertretern dann abgegeben werden, wenn die Beratungen auf Dokumenten basieren, die nicht in der Muttersprache der betreffenden Person verfasst sind. Ein Vorbehalt kann aber auch dann erfolgen, wenn sich der Vertreter über die Auswirkungen einer Formulierung im Unklaren ist und Zeit benötigt, diese zu analysieren bzw. Rücksprache mit den zuständigen Behörden im Mitgliedstaat halten möchte. Die stärkste Form ist ein formeller Vorbehalt. Er ist Ausdruck einer inhaltlichen Ablehnung und bedarf üblicherweise einer politischen Lösung auf höherer politischer Ebene, sei es im AStV, sei es im Rat (Westlake/Galloway 2004: 226).

Ab der Ebene des AStV, wo die Fäden sämtlicher Verhandlungen aus allen Arbeitsgruppen zusammenlaufen, kann erstmals über Kompromisse bzw. Paketlösungen nachgedacht werden. Gerade der materienübergreifend agierende AStV kann im Gegensatz zu den fachspezifisch strukturierten Arbeitsgruppen die tatsächliche politische Bedeutung einer bestimmten Position für einen Mitgliedstaat einschätzen und sie in Bezug zu seinen grundlegenden Interessen und Prioritäten setzen. Dadurch können zwei oder mehrere Politikbereiche verknüpft werden, sodass ein Mitgliedstaat, der Nachteile in einem Politikbereich erleidet, dafür durch Vorteile in einem anderen Bereich entschädigt wird. Ein Ständiger Vertreter wird somit in den Verhandlungen versuchen, kaum Kompromisse in den wichtigen Fragen einzugehen und dabei gleichzeitig eine hohe Kompromissbereitschaft in weniger wichtigen – und meist ganz anders gelagerten – Politikbereichen signalisieren. So wird z. B. Österreich wenige Probleme haben und insofern kompromissbereit in der Frage der ufernahen Salzwassermuschelbestände sein, hingegen in der Bergbauernförderung sehr konsequent seine Interessen verteidigen.

Trotz der zahlreichen Anweisungen verfügen Ständige Vertreter in den komplexen, mehrere Fragen aus verschiedenen Politikbereichen berührenden Verhandlungen über einen erheblichen Entscheidungsspielraum, der es ihnen erlaubt zu entscheiden, wann ein verträglicher Kompromiss vorliegt bzw. ob die Verhandlungen fortgeführt werden sollen (Westlake/Galloway 2004: 212). Ungeachtet der komplexen Verhandlungssituation soll nicht vergessen werden, dass die einzelnen Mitglieder des AStV im Laufe ihrer Beratungen permanent mit ihren Mitgliedstaaten, namentlich mit den Fachministerien, in Kontakt stehen, die den Verhandlungsverlauf aus ihrer Sicht bewerten und Einschätzungen über Kompromissangebote liefern.

Ähnlich wie die Einteilung in A- und B-Punkte[12] werden von den Ratsarbeitsgruppen die Dossiers, bei denen eine Einigung erzielt wurde, als I-Punkte und dort, wo kein Konsens erzielt wurde und noch verhandelt werden muss, als II-Punkte bezeichnet. Darüber hinaus ist es schwierig, generelle Aussagen zu treffen. So kann etwa eine auf der Ebene der Ratsarbeitsgruppe als strittig eingestufte Frage (II-Punkt) von den Ständigen Vertretern gelöst und dann als A-Punkt dem Ministerrat vorgelegt werden. Umgekehrt ist aber auch möglich, dass die Frage auf der Ebene des AStV nicht befriedigend gelöst werden kann und etwa dem Ministerrat als B-Punkt vorgelegt oder wieder zurück an die Ratsarbeitsgruppe verwiesen wird (Westlake/Galloway 2004: 208). In der Praxis wird der Großteil an Materien (70 Prozent), mit denen der Rat befasst wird, bereits auf der Ebene der Arbeitsgruppen gelöst. Weitere 10 bis 15 Prozent werden im AStV oder anderen hochrangigen Ausschüssen und der Rest auf Ministerebene entschieden (Wallace 2005: 58).

Westlake/Galloway (2004: 213f. und 270) weisen darauf hin, dass es neben den Mitgliedstaaten, jeweils vertreten durch den Ständigen Vertreter, noch vier weitere Akteure gibt, die die Beratungen im AStV und in weiterer Folge auch den Ministerrat beeinflussen: (1) die Ratspräsidentschaft, deren Ziel es ist, einen möglichst breiten Konsens zwischen den Mitgliedstaaten zu erreichen; (2) die Kommission, auf deren Vorschlag die Beratungen im Rat und dem EP basieren; (3) das EP, dessen Position der Rat, insbesondere im Mitentscheidungsverfahren, berücksichtigen muss; (4) das Generalsekretariat des Rates wirkt ebenfalls an den Verhandlungen mit und versucht, wie die Kommission und die Präsidentschaft, einen möglichst breiten Konsens im Rat zu erreichen.

Im Rat wird der Verhandlungsspielraum eines Regierungsvertreters von einer Reihe von Faktoren beeinflusst, die nicht nur vom politischen bzw. ökonomischen Gewicht seines Mitgliedstaates abhängt. Beispielsweise ist kurz vor nationalen Wahlgängen der Handlungsspielraum des Ministers oftmals geringer als für Mitglieder einer kleineren Regierungspartei, die mitunter gezwungen sind, Positionsänderungen, die sich im Zuge einer Ratsverhandlung ergeben, mit dem Koalitionspartner im Mitgliedstaat abzustimmen. In einigen Mitgliedstaaten (z. B. Österreich und Dänemark) gibt es darüber hinaus für das nationale Parlament die Möglichkeit, auf das Verhalten des Regierungsvertreters im Rat einzuwirken und ihn unter Umständen sogar

12 Siehe dazu Kap. 4.1.2.

zu binden, was sich zum Teil erheblich auf den Verlauf der Verhandlungen auswirken kann (Maurer/Wessels 2001; Pollak/Slominski 2003).

Ungeachtet der zahlreichen Möglichkeiten einen Ratsbeschluss mit Mehrheit zu erwirken, wird nach wie vor versucht, möglichst alle Interessen zu berücksichtigen, sodass ein für alle oder zumindest für die meisten Mitgliedstaaten akzeptables Verhandlungsergebnis zustande kommt. Vor allem die Präsidentschaft, aber auch die Kommission spielen bei der Kompromissfindung eine bedeutende Rolle. Das grundsätzliche Bestreben, eine konsensuale Lösung zu finden, wird getragen durch ein Maß an gegenseitigem Vertrauen und gewisses Verständnis für nationale Sensibilitäten. Dies gilt insbesondere für die Akteure des AStV, die oft jahrelang zusammenarbeiten und auf diese Weise so etwas wie einen gesamteuropäischen Korpsgeist entwickelt haben. Die Ständigen Vertreter repräsentieren nicht nur einfach die jeweiligen nationalen Interessen, sondern sind aufgrund ihrer intimen Kenntnis der jeweils anderen Positionen in der Lage, Kompromisse auszuhandeln. Nicht selten kommt es dabei zu Abweichungen der ursprünglichen mitgliedstaatlichen Position, die der Ständige Vertreter den Akteuren in seinem eigenen Mitgliedstaat erst erklären muss.[13] Jeffrey Lewis (2000: 267ff.) hat fünf Interaktionsmodi des AStV identifiziert:

— diffuse Reziprozität,
— hohes Maß an Vertrauen,
— wechselseitige Responsivität,
— Konsensreflex,
— Kultur des Kompromisses.

Die diffuse Reziprozität basiert auf der Überlegung, dass die Akteure im AStV bei ihren Entscheidungen stets danach trachten, ihr soziales Kapital auch in Zukunft sicherzustellen. In diesem Sinn mag der Mitgliedstaat A einen anderen Staat B in einer für diesen wichtigen Frage unterstützen – mit der Erwartung, dass B in Zukunft A in einer vergleichbaren Konstellation unterstützt. Die Unterstützung kann unterschiedliche Formen annehmen: von expliziter Zustimmung bis zur bloßen Enthaltung, die manchmal ausreicht, dass ein Kompromiss gefunden wird. Gegenseitige Responsivität stellt auf den Umstand ab, dass es im AStV ein hohes Ausmaß an Vertrauen

13 Die Tatsache, dass die Mitglieder des AStV oftmals mehr damit beschäftigt sind, für eine Einigung in Brüssel Verständnis und Unterstützung im jeweils eigenen Land zu finden, unterstrich der ehemalige deutsche Botschafter Dietrich von Kyaw (1993–1999) mit dem Bonmot, dass er in Bonn weniger als Ständiger Vertreter, sondern vielmehr als Ständiger Verräter angesehen wird (zit. n. Lewis 1998: 9).

und wechselseitigem Verständnis für nationale Sensibilitäten gibt. Trotz des amikalen Klimas reicht es aber nicht aus, eine nationale Sensibilität lediglich zu behaupten, sondern diese muss auch begründet werden, um so das Verständnis der anderen AStV-Mitglieder zu erwerben.

Im Unterschied zu den Arbeitsgruppen, aber auch zu den Ministern selbst, wissen AStV-Mitglieder um die jeweiligen Probleme bzw. Handlungszwänge ihrer Kollegen und sind dadurch in der Lage abzuschätzen, was den Partnern zumutbar und inwieweit ein Kompromiss möglich ist. Der Konsensreflex ist stark im kollektiven Selbstverständnis des AStV verankert und drückt aus, dass seitens des AStV alles getan wird, um einen akzeptablen Kompromiss für die beteiligten Akteure zu erreichen. Anschließend an Lijpharts (1999) Unterscheidung zwischen Konsens- und Mehrheitsdemokratie kann die EU durchaus als Konsenssystem bezeichnet werden, das tendenziell Mehrheitsentscheidungen – obwohl rechtlich in vielen Bereichen möglich – scheut (Holzinger et al. 2005: 89). Bereits der Vorschlag, formell abzustimmen, kann unter Umständen ein Affront gegenüber jenen Mitgliedstaaten sein, die eine andere Auffassung vertreten und wird nicht selten als Ausdruck einer fehlenden Verhandlungskultur angesehen (Hayes-Renshaw/Wallace 2006: 270). Eng damit in Verbindung steht die Kultur des Kompromisses. Erleichtert wird dies durch den Umstand, dass der AStV grundsätzlich für alle Politikbereiche zuständig ist, wodurch Paketlösungen und Konzession zwischen einzelnen Politikbereichen möglich sind.

Diese fünf Interaktionsmodi zeigen, dass im Rat, insbesondere im AStV, nicht ausschließlich nationale Positionen vertreten werden, sondern dass es auch eine ungeschriebene Verpflichtung gibt, Lösungen zu finden, die für alle Beteiligten akzeptabel sind. Vor allem die enge und jahrelange Zusammenarbeit zwischen den Mitgliedern des AStV und das damit kontinuierliche wechselseitige Verständnis der jeweiligen Positionen und Verhandlungszwänge kann – wie konstruktivistische Theorieansätze in letzter Zeit verstärkt betonen – (langfristig) auch zu einer Modifikation von nationalstaatlichen Interessen und Identitäten führen.

Manchmal können aber selbst lange, vom gegenseitigen Verständnis geprägte Verhandlungen keinen Konsens erzielen. In den Fällen unüberbrückbarer Differenzen ist es durchaus gängige Praxis, dass die Entscheidung zwar im Konsens getroffen, eine Erklärungen des in der Minderheit befindlichen Mitgliedstaates aber in das Ratsprotokoll aufgenommen wird. Dieselbe Vorgangweise wird, zweitens, auch bei Vertragsrevisionen angewandt, wo ebenfalls regelmäßig eine Vielzahl an Protokollen und Erklärungen verabschiedet wird, die allesamt der Berücksichtigung nationaler Interessen oder Materien dienen, auf die man sich in den Verhandlungen nicht einigen konnte.[14] Drittens können mitgliedstaatliche Differenzen durch eine bewusst offen gehaltene Formulierung überbrückt werden, die im Rahmen der Umsetzung divergierende Interpretationen erlaubt (Hayes-Renshaw/Aken/Wallace 2006: 178f.).

Gliedert man Ratsentscheidungen nach Sachbereichen und damit auch nach der Form der Beschlussfassung, so zeigt sich, dass der Rat pro Jahr im Durchschnitt ungefähr 70 Prozent Entscheidungen in Bereichen trifft, die der qualifizierten Mehrheit unterliegen, währenddessen 30 Prozent aller Beschlüsse der Einstimmigkeit unterliegen. Nur eine verschwindend kleine Anzahl der Materien sind mit einfacher Mehrheit zu beschließen (Wallace 2005: 61). Auch wenn im Rat relativ selten abgestimmt wird, beeinflusst bereits die vertragliche Möglichkeit einer Abstimmung mit qualifizierter Mehrheit die Verhandlungstaktik und Kompromissbereitschaft der Mitgliedstaaten. Mit anderen Worten: Die Kompromissbereitschaft der Mitgliedstaaten steigert sich im *shadow of the vote*. Dies erklärt auch, weshalb Reformen der Stimmgewichtung bei Regierungskonferenzen – wie etwa in Nizza im Jahr 2000 oder in Lissabon 2008 – regelmäßig Gegenstand erhitzter Auseinandersetzungen sind.

Aus diesem Grund darf ein breiter Konsens im Rat, bzw. der Umstand, dass relativ selten abgestimmt wird, nicht automatisch als tatsächliche Übereinstimmung aller Mitgliedstaaten gedeutet werden. Vielmehr kann es auch vorkommen, dass Mitgliedstaaten – gerade im Bewusstsein, in der Minderheit zu sein – entweder überhaupt auf eine formelle Abstimmung verzichten oder im Rahmen einer formellen Abstimmung nur deshalb zustimmen, da eine Gegenstimme oder Enthaltung nichts an einem Ratsbeschluss ändern würde und sie somit nur auf das formelle Festhalten ihres Dissenses verzichten.

Ob die Praxis der Nichtabstimmung sich auch zukünftig in einer Union mit mehr als 27 Mitgliedern fortsetzen wird, ist derzeit schwer vorherzusagen. Auf der einen Seite spricht die größere Anzahl an Mitgliedstaaten, ihre unterschiedlichen Interessen, Traditionen und Identitäten tendenziell gegen ein Fortsetzen der bisherigen konsensualen Politik und für eine Zunahme förmlicher Abstimmungen (Westlake/Galloway 2004: 224). Auf der anderen

14 Siehe dazu die Protokolle und Erklärungen, die den Verträgen von Maastricht, Amsterdam, Nizza und Lissabon beigefügt wurden.

Seite haben empirische Untersuchungen ergeben, dass der Beitritt der zehn Staaten aus Mittel- und Osteuropa im Mai 2004 die funktionierende Konsens- und Kompromisskultur im Rat nicht beeinträchtigt hat (Lempp 2007; Lempp/Altenschmidt 2008).

6.2.3.2 Das Europäische Parlament

Der Umfang der Mitwirkung des EP im Rechtsetzungsprozess ist unterschiedlich und richtet sich nach den einzelnen Bestimmungen der Verträge. Die seit dem Vertrag von Maastricht begonnene kontinuierliche Aufwertung des EP wurde durch den Vertrag von Lissabon fortgesetzt. Mittlerweile ist das nunmehr neu geschaffene sog. ordentliche Gesetzgebungsverfahren (Art. 294 AEUV) das legislative Regelverfahren der EU. Es ist entspricht im Wesentlichen dem bisherigen Mitentscheidungsverfahren und bedeutet, dass – im Falle seiner Anwendung – kein Rechtsakt gegen den Willen des EP beschlossen werden kann. Das ordentliche Gesetzgebungsverfahren basiert auf einem engen Zusammenwirken der drei EU-Organe Rat, Kommission und EP. Der entscheidende Punkt ist, dass das Mitentscheidungsverfahren das EP nicht nur auf eine Stufe mit dem Rat stellt, sondern dem Parlament auch die Möglichkeit einräumt, den betreffenden Rechtsakt inhaltlich mitzugestalten. Für Streinz (2005: 187) wird dadurch „[d]as Letztentscheidungsrecht des Rates [...] zu Gunsten eines parlamentarischen Vetorechts, aber auch eines echten Gestaltungsrechts beseitigt". Eine Folge davon ist, dass das EP seine Positionen selbstbewusster vertreten kann und Änderungen des Rates nicht mehr automatisch akzeptieren muss. Umgekehrt wirkt sich das ordentliche Gesetzgebungsverfahren auf die Ratsverhandlungen aus, weil jene Position an Bedeutung gewinnt, die auch die Unterstützung des EP hat. Folglich versuchen nicht selten mitgliedstaatliche Delegationen, wichtige Abgeordnete in den relevanten EP-Ausschüssen von ihrem Anliegen zu überzeugen – mit der Absicht, eine entsprechende EP-Position ihren Verhandlungspartnern im Rat entgegenzuhalten (Westlake/Galloway 2004: 228).

Das ordentliche Gesetzgebungsverfahren beginnt mit einem Vorschlag der Kommission[15] an das EP und den Rat und kann sich über maximal drei Lesungen einschließlich einer Vermittlung zwischen EP und Rat erstrecken. Wird der in der ersten Lesung festgelegte Standpunkt des EP vom Rat gebilligt, ist der Rechtsakt in der Fassung des EP bereits erlassen (Art. 294 Abs. 3

15 Die Kommission kann ihren Vorschlag bis zum Beschluss des Rates jederzeit abändern. Der Rat kann jedoch den Vorschlag der Kommission nur einstimmig abändern.

und 4 AEUV). Billigt der Rat den Standpunkt des EP nicht, so legt er seinerseits seinen Standpunkt fest und übermittelt diesen an das EP. Die nächsten Schritte hängen ab von der Reaktion des EP auf den Standpunkt des Rates. Billigt das EP seinerseits den Standpunkt des Rates oder äußert sich nicht dazu, ist der Rechtsakt in der Fassung des Standpunkts des Rats erlassen (Art. 294 Abs. 7 lit. a AEUV). Wird der Standpunkt des Rates von der Mehrheit der EP-Abgeordneten abgelehnt, gilt der Rechtsakt als nicht erlassen (Art. 294 Abs. 7 lit. b AEUV). Ändert hingegen das EP den Standpunkt des Rates ab, wird diese abgeänderte Fassung abermals der Kommission und dem Rat zugeleitet (Art. 294 Abs. 7 lit. c AEUV). Wird der Rechtsakt in dieser Form dann vom Rat gebilligt, gilt der Rechtsakt als erlassen. Werden hingegen nicht sämtliche Änderungen gebilligt, wird binnen sechs Wochen ein Vermittlungsausschuss einberufen (Art. 294 Abs. 8 lit. b AEUV).

Der Vermittlungsausschuss setzt sich aus gleich vielen Mitgliedern des EP und des Rates zusammen und soll binnen sechs Wochen eine Einigung zwischen dem Rat und dem EP erreichen (Art. 294 Abs. 10 AEUV). Die Kommission nimmt an den Arbeiten des Vermittlungsausschusses teil und ergreift alle erforderlichen Initiativen, um auf eine Annäherung der Positionen beider Organe hinzuwirken (Art. 294 Abs. 11 AEUV). Angesichts ihrer relativ schwachen Stellung vermeidet sie es tendenziell, eine prononcierte Position einzunehmen und eine der beiden Seiten unverhältnismäßig zu unterstützen (Shackleton 2000: 336). Vor und während der offiziellen Sitzung des Vermittlungsausschusses finden informelle Trilog-Treffen zwischen den Unionsorganen[16] statt, wo die strittigen Punkte vorab besprochen und Kompromissvarianten ausgelotet werden (Shackleton 2000: 333ff.). Gelangt der Vermittlungsausschuss binnen sechs Wochen zu keiner Einigung, gilt der Rechtsakt als nicht erlassen (Art. 294 Abs. 12 AEUV). Billigt der Vermittlungsausschuss hingegen einen gemeinsamen Entwurf, haben sowohl das EP als auch der Rat abermals sechs Wochen Zeit, dem betreffenden Rechtsakt zuzustimmen. Im Zuge dieser Abstimmung stimmt der Rat mit qualifizierter Mehrheit, das EP nur mit einfacher Mehrheit ab. Scheitert die Abstimmung in einem der beiden Organe, ist der Rechtsakt abgelehnt.

16 Diese sind vertraglich nicht geregelt, sind aber ein wichtiger Bestandteil des Vermittlungsverfahrens.

Vermittlungsausschuss

Dass eine Annahme im Vermittlungsausschuss nicht automatisch auch die Mehrheit in der daraufhin stattfindenden Abstimmung finden muss, zeigt das Scheitern der sog. Übernahme-Richtlinie im Jahr 2001.[17]

Am 4. Juli 2001 lehnte das EP einen Kompromissvorschlag des Vermittlungsausschusses mit 273 zu 273 Stimmen ab. Die Positionen im EP korrespondierten bei dieser bereits im Vorfeld heftig diskutierten Richtlinie ungewöhnlich stark mit der nationalen Zugehörigkeit der einzelnen Abgeordneten (FAZ, 5. Juli 2001: 21). Letztlich ausschlaggebend war, dass die deutsche Bundesregierung im Laufe des Mitentscheidungsverfahrens – aufgrund erheblichen Drucks der deutschen Industrie – eine Positionsänderung vornahm, sich vom gemeinsamen Standpunkt des Rates distanzierte und sich in weiterer Folge explizit gegen die Annahme der betreffenden Richtlinie aussprach.

Der Umstand, dass sich die deutsche Bundesregierung bei den deutschen EP-Abgeordneten massiv für eine Ablehnung der Richtlinie einsetzte und die betreffenden Abgeordneten diesem Anliegen auch nahezu vollständig nachkamen, zeigt, dass bei Abstimmungen nationale Zugehörigkeit anstelle der Parteizugehörigkeit den Ausschlag geben kann.

Aufgrund der Ausweitung des Mitentscheidungsverfahrens auf immer mehr Politikbereiche stieg naturgemäß die Anzahl der durchgeführten Mitentscheidungsverfahren. Wurden etwa in den Jahren 1999 bis 2004 403 Rechtsakte nach dem Mitentscheidungsverfahren verabschiedet, so stieg die Anzahl in den Jahren 2004 bis 2007 – wenn auch in geringem Ausmaß – auf 447 Rechtsakte. Da der Vertrag von Lissabon das ordentliche Gesetzgebungsverfahren abermals ausgeweitet hat, ist in Zukunft weiterhin mit einer steigenden Anzahl von beschlossenen Rechtsakten zu rechnen, die auf diesem Verfahren basieren.

In den letzten Jahren kann eine Tendenz festgestellt werden, die Verhandlungsdossiers zu einem relativ früheren Zeitpunkt abzuschließen. Wurden etwa in den Jahren 1999 bis 2004 noch 28 Prozent aller Mitentscheidungsverfahren in erster Lesung abgeschlossen, waren es in der Periode

17 Der erste Fall, wo das Plenum des EP einen vom Vermittlungsausschuss gebilligten Kompromiss ablehnte, ereignete sich 1995 und betraf eine Richtlinie über den rechtlichen Schutz biotechnologischer Erfindungen (ABl. 1995 C 68/26).

von 2004 bis 2009 bereits 72 Prozent. Umgekehrt betrug die Anzahl der Mitentscheidungsverfahren, die in dritter Lesung im Anschluss an die Vermittlung zustande kamen, in den Jahren 1999 bis 2004 noch 22 Prozent, in den Jahren 2004 bis 2009 aber nur mehr fünf Prozent (Europäisches Parlament 2009: 14). Dies wurde zum einen mit einer Änderung durch den Vertrag von Amsterdam ermöglicht, der erstmals gestattete, ein Mitentscheidungsverfahren in erster Lesung abzuschließen. Zum anderen ist dies auch das Ergebnis der zunehmend verbesserten Beziehungen zwischen dem Rat, insbesondere dem AStV, und dem EP. Und es ist ferner im Interesse eines Organs, einem Kompromiss in einem möglichst frühen Stadium des Legislativprozesses zuzustimmen als zu riskieren, dass der Rechtsakt im Zuge des Vermittlungsverfahrens überhaupt scheitert. Mit anderen Worten: Ein suboptimaler Rechtsakt wird oftmals als akzeptabler eingestuft als gar keiner (Shackleton 2000: 330f.).

Neben dem ordentlichen Gesetzgebungsverfahren kennen die Verträge auch andere Beteiligungsrechte des EP. So kommt etwa dem EP bei den Bestimmungen für die Wahl der EP-Abgeordneten ein (bloßes) Zustimmungsrecht zu (Art. 223 Abs. 1 AEUV). Dies bedeutet, dass der Rat zwar einerseits gegen die Mehrheit der EP-Abgeordneten keine diesbezüglichen Bestimmungen erlassen darf, dass jedoch auf der anderen Seite dem EP diesbezüglich keine inhaltliche Mitgestaltung eingeräumt wird. Eine noch schwächere Form der Mitwirkung stellt die Anhörung des EP dar. In diesen Fällen kann sich der Rat über die Position des EP hinwegsetzen. Eine Missachtung des Anhörungsrechts ist jedoch nicht zulässig und stellt allenfalls eine Verletzung einer wesentlichen Formvorschrift dar, was sogar zu einer Aufhebung des betreffenden Rechtsakts durch den Gerichtshof führen kann (Art. 263 AEUV).

In der Literatur wird teilweise die Auffassung vertreten, dass der Einfluss des EP auf das Rechtsetzungsverfahren höher ist als jener der nationalen Parlamente (Maurer 1999, zit. n. Judge/Earnshaw 2003: 246). Während es im nationalstaatlichen Kontext die Regel ist, dass eine Regierung und die Mehrheit des Parlaments einen parteipolitischen „Handlungsverbund" bilden (Beyme 1997: 54), der nicht selten dazu führt, dass das Parlament die von der Regierung ausgearbeiteten Gesetzesvorlagen lediglich formal absegnet, kennt das institutionelle Arrangement der EU keine parteiübergreifende Verbindung von EP und Regierung. Dadurch kann das EP nicht nur ein stärkeres institutionelles Selbstbewusstsein entwickeln, sondern auch eine eigenständigere Politik gegenüber den anderen Unionsorganen verfolgen.

6.2.3.3 Die Komitologie

Wie bereits im Kap. 4 (Organe und Institutionen) erwähnt, können bei verbindlichen Rechtsakten sog. Durchführungsvorschriften auf Unionsebene erlassen werden (Art. 291 AEUV). Diese Möglichkeit stellt eine Ausnahme zum allgemeinen Grundsatz dar, wonach Rechtsakte der Union von den Mitgliedstaaten durchgeführt werden. Aus diesem Grund sind Durchführungsrechtsakte auch als solche zu bezeichnen (Art. 291 Abs. 4 AEUV). Auf welche Weise diese Durchführungsrechtsakte erlassen werden, ist im Voraus im ordentlichen Gesetzgebungsverfahren festzulegen. Grundsätzlich obliegt es jedoch den Mitgliedstaaten, die Kommission bei der Wahrnehmung der Durchführungsbefugnisse zu kontrollieren (Art. 291 Abs. 3 AEUV). Konkret handelt es sich bei dieser Kontrolle um Ausschüsse, in denen sowohl Vertreter der Mitgliedstaaten als auch der Kommission sitzen.

Dieses als Komitologie bezeichnete Ausschusswesen wurde erstmals im Jahre 1987 durch einen Beschluss des Rates festgelegt. Gegenwärtig gilt der Komitologie-Beschluss aus dem Jahr 2006 (ABl. 2006 L 200/11), der im Wesentlichen das EP erheblich aufgewertet hat. Folgende fünf Verfahren sieht der Komitologie-Beschluss 2006 vor (vgl. Harratsch/Koenig/Pechstein 2010: 150ff.):

— Beratungsverfahren: In diesem Verfahren ist die Kommission nicht verpflichtet, der Stellungnahme des Beratungsausschusses zu folgen. Sie hat dieses lediglich so weit wie möglich zu berücksichtigen (Art. 3 Komitologie-Beschluss 2006).
— Verwaltungsverfahren: In diesem Verfahren wird die Kommission von einem Verwaltungsausschuss unterstützt, der eine Stellungnahme zu der zu treffenden Maßnahme abgeben kann. Stimmen nun die Maßnahmen der Kommission nicht mit der Stellungnahme des Verwaltungsausschusses überein, kann der Rat innerhalb von drei Monaten mit qualifizierter Mehrheit einen anders lautenden Beschluss fassen (Art. 4 Komitologie-Beschluss 2006).
— Regelungsverfahren: In diesem Verfahrenstypus muss die Kommission dem Regelungsausschuss ihren Entwurf vorlegen. Stimmen die beabsichtigten Maßnahmen mit der Stellungnahme des Ausschusses überein, kann die Kommission die betreffende Maßnahme erlassen. Stimmen sie nicht überein, hat die Kommission dem Rat einen Regelungsvorschlag vorzulegen, welcher darüber mit qualifizierter Mehrheit entscheidet. Stimmt er diesem zu oder äußert er sich nicht darüber, kann die Kommis-

sion den betreffenden Durchführungsrechtsakt erlassen. Lehnt er ihn hingegen ab, kann die Kommission ihren Vorschlag abändern oder den bisherigen Vorschlag erneut vorlegen oder aber einen Vorschlag für einen Rechtsakt vorlegen. Hat der Rat innerhalb einer gewissen Frist weder den Durchführungsrechtsakt erlassen noch sich gegen den Kommissionsvorschlag ausgesprochen, wird der vorgeschlagene Durchführungsrechtsakt von der Kommission erlassen (Art. 5 Komitologie-Beschluss 2006).

— Regelungsverfahren mit Kontrolle: In diesem durch den Komitologie-Beschluss 2006 neu eingeführten Verfahren legt die Kommission ihren Vorschlag, der bereits die Zustimmung des Regelungskontrollausschusses hat, dem Rat und dem EP vor. Wird dieser Vorschlag von einem der beiden EU-Organe abgelehnt, kann die Kommission entweder einen geänderten Vorschlag oder einen neuen Rechtsetzungsvorschlag vorlegen. Stimmt jedoch der Kommissionsvorschlag nicht mit der Stellungnahme des Ausschusses überein, schlägt die Kommission dem Rat einen Vorschlag für die zu ergreifende Maßnahme vor. Beabsichtigt der Rat die betreffende Maßnahme zu erlassen, unterbreitet er einen diesbezüglichen Vorschlag an das EP (Art. 5a Komitologie-Beschluss 2006).

— Verfahren bei Schutzmaßnahmen: Hat der Rat in einem Basisrechtsakt der Kommission die Befugnis zum Erlass von Schutzmaßnahmen übertragen, teilt die Kommission dem Rat und den Mitgliedstaaten jede der von ihr getroffenen Schutzmaßnahme mit. Der Rat kann jedoch binnen einer festgelegten Frist mit qualifizierter Mehrheit einen anderslautenden Beschluss fassen (Art. 6 Komitologie-Beschluss 2006).

Das EP versuchte seit dem ersten Komitologie-Beschluss im Jahr 1987, Einfluss auf die Ausschussverfahren zu erlangen. Im Wesentlichen verfolgte es dabei eine dreifache Strategie: Zum einen versuchte es in den Basisrechtsakten, an denen es Mitwirkungsrechte besitzt, die Einrichtung von jenen Ausschüssen (v. a. die Regelungsausschüsse) zu verhindern, die die Kommission und die Kontrollrechte des EP einschränkten. Zum zweiten versuchte das Parlament seinerseits, die Transparenz in der Komitologie durch eine Verstärkung seiner Informationsrechte zu erhöhen (Judge/Earnshaw 2003: 257). Drittens übte das EP mittels seiner Haushalts- und Legislativrechte politischen Druck auf den Rat aus, wodurch es ihm im Komitologie-Beschluss 1999 gelang, gewisse Rechte im Bereich der Komitologie auch formell zu verankern.

Durch den Komitologie-Beschluss 2006 wird nunmehr das EP zum Teil erheblich aufgewertet. Vorausgesetzt der Basisrechtsakt ist im ordentlichen

Gesetzgebungsverfahren erlassen worden, kann das EP sowohl gegenüber der Kommission als auch gegenüber dem Rat argumentieren, dass die betreffende Maßnahme über den Basisrechtsakt hinausgeht und damit die Befugnis zum Erlass der Durchführungsmaßnahme überschritten wurde. Weiters hat sich die Kommission in einer Interinstitutionellen Vereinbarung verpflichtet, dem EP auf Antrag sämtliche geplanten Durchführungen von Basisrechtsakte zu übermitteln, die nicht im ordentlichen Gesetzgebungsverfahren erlassen wurden.

6.3 Die mitgliedstaatliche Ebene

Da die EU kein Staat ist, kann sie ihr Recht zwar beschließen, ist aber bei seiner Umsetzung und Vollziehung grundsätzlich auf die Mitgliedstaaten angewiesen.[18] Joseph Weiler wies bereits vor rund zehn Jahren auf die in der Präambel des damaligen EG-Vertrages zum Ausdruck gebrachte Tatsache hin, dass das europäische Integrationsprojekt auf dem Zusammenschluss verschiedener Völker, Identitäten und politischer Gemeinschaften beruht. Aufgrund dieser Pluralität können die mitgliedstaatlichen Völker, einschließlich deren Einrichtungen, nicht wie im nationalstaatlichen Kontext verpflichtet werden, dem EU-Recht zu gehorchen. Vielmehr ist die Akzeptanz des EU-Rechts Ausdruck einer „konstitutionellen Toleranz" durch die mitgliedstaatlichen Völker. „They accept it as an autonomous voluntary act, endlessly renewed on each occasion, of subordination, in the discrete areas governed by Europe to a norm which is the aggregate expression of other wills, other political identities, other political communities" (Weiler 2001: 68). Die Akzeptanz des von EU-Organen verabschiedeten Rechts wird v. a. im Kontext seiner mitgliedstaatlichen Umsetzung und Anwendung virulent, wobei es insbesondere dem Rat obliegt, einen Konsens zwischen der europäischen Entscheidungs- und der mitgliedstaatlichen Durchführungsebene herzustellen (Haltern 2005: 91).

18 Neben der mitgliedstaatlichen Vollziehung wird Gemeinschaftsrecht vereinzelt auch durch Gemeinschaftsorgane selbst vollzogen; so etwa im gemeinschaftsinternen Bereich (z. B. Haushaltsvollzug, Personalangelegenheiten) sowie in der Wettbewerbspolitik, im Bereich des Beihilfenrechts oder bei der Verwaltung des Sozialfonds (Streinz 2005: 197f.).

Je nachdem welche Rechtshandlung (z. B. VO oder RL) auf europäischer Ebene gewählt/gesetzt wird, fällt der Umfang der mitgliedstaatlichen Involvierung unterschiedlich aus. Bei der *unmittelbaren mitgliedstaatlichen Vollziehung* ist das Unionsrecht unmittelbar anwendbar und kann insofern den innerstaatlichen Behörden als Rechtsgrundlage für ihr Vorgehen dienen. Dies ist etwa der Fall bei Verordnungen oder Richtlinien mit unmittelbarer Wirkung und primärem Unionsrecht. Eine *mittelbare mitgliedstaatliche Vollziehung* liegt dann vor, wenn es keinen unmittelbar anwendbaren Rechtsakt gibt, sondern das Unionsrecht erst in innerstaatliches Recht umgesetzt werden muss. Dies kann entweder durch das betreffende nationale Parlament geschehen, das eine Richtlinie durch ein innerstaatliches Gesetz umsetzt, oder durch eine innerstaatliche Verwaltungsbehörde. Diese innerstaatlichen Rechtsvorschriften werden dann ihrerseits von den zuständigen mitgliedstaatlichen Verwaltungsbehörden oder Gerichten vollzogen.

Da das Unionsrecht in aller Regel von den Mitgliedstaaten vollzogen wird, hängt eine effektive und einheitliche Exekutive des Unionsrechts von den mit dieser Vollziehung betrauten mitgliedstaatlichen Organen ab. Dem primären und sekundären Unionsrecht ist jedoch – von Ausnahmen abgesehen – keinerlei Regelung hinsichtlich des organisatorischen Aufbaus der innerstaatlichen Behörden und dem von diesen anzuwendenden Verfahren zu entnehmen. Vielmehr kommen hier die von Mitgliedstaat zu Mitgliedstaat unterschiedlichen nationalen Vorschriften zur Anwendung *(nationale Verfahrensautonomie)*.

Weist eine Richtlinie einen gewissen Umsetzungsspielraum auf, so besitzt der Mitgliedstaat grundsätzlich die Möglichkeit, seine Interessen auch auf dieser Stufe des Politikprozesses wahrzunehmen. Nicht selten werden diese Grenzen jedoch überschritten. Dies ist v. a. dann der Fall, wenn ein Mitgliedstaat seine Positionen auf europäischer Ebene (im Rat) nicht durchsetzen konnte. Um eine möglichst gleichmäßige und einheitliche Vollziehung des Unionsrechts zu gewährleisten, sind die Mitgliedstaaten aber angehalten, gewisse unionsrechtliche Schranken zu beachten. Die Behörden der Mitgliedstaaten sind demnach verpflichtet, das in Ausführung des Unionsrechts erlassene nationale Recht so zu vollziehen, dass die Verwirklichung des Unionsrechts nicht praktisch unmöglich gemacht oder übermäßig erschwert wird *(Effektivitätsgrundsatz)* und dass das nationale Verfahrensrecht auf unionsrechtliche Sachverhalte nicht diskriminierend angewendet wird *(Äquivalenzgrundsatz)*. In der praktischen Konsequenz kann das u. a. bedeuten: das Verbot unangemessen kurzer Verjährungsfristen; den Erlass einstweiliger Anordnungen, auch wenn diese im nationalen Recht nicht vorgesehen oder gar von der Verfassung verboten sind; die Zuständigkeit nationaler Gerichte, selbst wenn dies nach dem nationalen Prozessrecht nicht der Fall ist.

Darüber hinaus muss der Mitgliedstaat bei der Umsetzung von Richtlinien gewisse unionsrechtliche Vorschriften beachten wie[19]

— die Umsetzungsfrist,
— die innerstaatliche Ebene,
— die Rechtsform
— und die Präzision.

6.3.1 Umsetzungsfrist

Richtlinien gelten ausschließlich für Mitgliedstaaten und sind von diesen innerhalb einer bestimmten, in der Richtlinie genannten Frist in nationales Recht umzusetzen. Grundsätzlich müssen die Mitgliedstaaten vor dem Ablauf dieser Frist die Richtlinie nicht umsetzen, sie dürfen jedoch in dieser Zeit keine Regelungen erlassen, die das Ziel der Richtlinie ernstlich gefährden können.[20]

Ein Mitgliedstaat kann sich weder auf interne Schwierigkeiten noch auf „Bestimmungen, Übungen oder Umstände seiner internen Rechtsordnung berufen, um dadurch die Nichtbeachtung der Umsetzungsfrist zu rechtfertigen" (EuGH Rs. 283/86, Kommission/Belgien, Slg. 1988, 3271, Rn. 7). Erweist sich die Umsetzungsfrist als zu kurz, so kann der Mitgliedstaat jedoch versuchen, eine Fristerstreckung beim zuständigen Unionsorgan zu erreichen – etwa indem eine neue Richtlinie mit der geänderten Umsetzungsfrist erlassen wird (EuGH Rs. 52/75, Kommission/Italien, Slg. 1976, 277 Rn. 11–13).

6.3.2 Innerstaatliche Ebene

Das Unionsrecht stellt es dem Mitgliedstaat frei, auf welcher staatlichen Ebene (Bund, Länder etc.) eine Richtlinie umgesetzt werden kann. Entscheidend ist aus europäischer Sicht nur, dass die Richtlinie „uneingeschränkt und genau in innerstaatliches Recht umgesetzt wird" (EuGH verb. Rs. 227 bis 230/85, Kommission/Belgien, Slg. 1988, 1, Rn. 9). Es obliegt somit dem

19 Die Ausführungen folgen hier im Wesentlichen Öhlinger/Potacs (2001: 95ff.).

20 Eine ernstliche Gefährdung kann etwa in jenen Fällen vorliegen, wo die Mitgliedstaaten bis zum Ablauf der innerstaatlichen Umsetzungsfrist den richtlinienkonformen Zustand nicht herstellen können.

nationalen Verfassungsrecht, die Kompetenzaufteilung zwischen Bund und Ländern festzulegen, welche staatliche Ebene für die Umsetzung einer Richtlinie zuständig ist. Auf diese Weise wird dem Bedürfnis föderal organisierter Mitgliedstaaten Rechnung getragen; und es wird verhindert, dass für die Umsetzung von Unionsrecht nur der Bund zuständig ist und es dadurch zu nicht gewünschten Zentralisierungstendenzen kommt.

Ungeachtet der innerstaatlichen Kompetenzaufteilung ist jedoch stets der Bund den Unionsorganen für allfällige Implementationsdefizite verantwortlich. Kommt also ein Bundesland seinen Umsetzungsverpflichtungen nicht nach, gilt die Richtlinie als nicht ordnungsgemäß umgesetzt und die Kommission kann gegen den Bund ein Vertragsverletzungsverfahren nach Art. 258 AEUV einleiten.[21]

6.3.3 Rechtsform

Gemäß Art. 288 Abs. 3 AEUV entscheidet der Mitgliedstaat über die Form und Mittel der Richtlinienumsetzung. Ungeachtet dessen hat der EuGH auch in dieser Frage einige Entscheidungen getroffen, die die Wahlfreiheit der Mitgliedstaaten einschränkt. Grundsätzlich sind nämlich jene Formen und Mittel zu wählen, die die praktische Wirksamkeit der Richtlinien *(effet utile)* am besten gewährleisten (EuGH Rs. 48/75, Royer, Slg. 1976, 479, Rn. 69ff.). Daraus ergibt sich, dass die Umsetzung durch verbindliche innerstaatliche Rechtsvorschriften zu erfolgen hat – eine bloße Verwaltungspraxis, die von der Exekutive beliebig abgeändert werden kann, ein innerministerieller Erlass oder eine richtlinienkonforme Auslegung genügen diesen Anforderungen nicht. Diese Rechtsprechung reflektiert somit den rechtstaatlichen Grundsatz, dass der Einzelne Klarheit und Sicherheit über für ihn geltende Vorschriften besitzen muss *(Gebot der Publizität)*.

Es ist offenkundig, dass ein Gesetz diese Bedingungen erfüllt. Der EuGH hat jedoch ausgesprochen, dass die Umsetzung einer Richtlinie „nicht notwendigerweise in jedem Mitgliedstaat ein Tätigwerden des Gesetzgebers" verlangt (Rs. 29/84, Kommission/Deutschland, Slg. 1985, 1661, Rn. 23), sondern unter Umständen auch durch zwingende und publizierte Verwal-

21 Besondere Schwierigkeiten stellen sich, wenn der Inhalt einer Richtlinie auf innerstaatlicher Ebene nicht einem bestimmten Kompetenzträger zuordenbar ist und sowohl von Landes- als auch Bundesstellen umzusetzen ist. Mangelnde Kooperationswilligkeit bzw. -fähigkeit zwischen den Gebietskörperschaften führen in diesen Fällen nicht selten zu einer mangelhaften Umsetzung (vgl. Bernhard 2005).

tungsvorschriften bzw. (Rechts-)Verordnungen (Öhlinger/Potacs 2001: 100) erfolgen kann. Das bedeutet, dass die Frage, ob im Umsetzungsprozess einer Richtlinie das innerstaatliche Parlament beteiligt ist, durch das innerstaatliche Recht beantwortet wird. Wenn aber der Grad der Beteiligung der einzelstaatlichen Parlamente zwischen den Mitgliedstaaten variiert, bedeutet dies, dass auch die Frage nach der demokratischen Qualität der EU insgesamt nicht pauschal beantwortet werden kann; sie muss differenziert gesehen werden.

6.3.4 Präzision

Aus der Sicht des Unionsrechts ist eine Richtlinie in einer Weise umzusetzen, die den „Erfordernissen der Eindeutigkeit und Bestimmtheit des Rechtszustandes voll gerecht wird" (EuGH Rs. 102/79, Kommission/Belgien, Slg. 1980, 1473, Rn. 11). Der konkrete Umsetzungsspielraum des Mitgliedstaates hängt jedoch vom Präzisionsgrad der betreffenden Richtlinienbestimmungen ab. Grundsätzlich ist eine wörtliche Wiederholung der Richtlinie im innerstaatlichen Recht nicht notwendig (EuGH Rs. C-190/90, Kommission/Niederlande, Slg. 1992, I-3265, Rn. 17).

Entscheidend ist in der Praxis häufig, ob die in einer Richtlinie eingeräumten Rechte sich in der mitgliedstaatlichen Vorschrift wiederfinden, um der betroffenen Person „die Kenntnis und die Durchsetzung ihrer Rechte zu ermöglichen" (EuGH Rs. 29/84, Kommission/Deutschland, Slg. 1985, 1661, Rn. 28).

6.4 Europarechtliche Kontrolle

Obwohl die Normen des Unionsrechts einzuhalten sind, bedeutet dies nicht, dass es auch faktisch geschieht. Zu Beginn des Integrationsprozesses lag der Schwerpunkt der Gemeinschaftsaktivität auf der Verabschiedung von Rechtsakten und weniger auf der Kontrolle seiner tatsächlichen Implementierung. Eine zu starke Fokussierung auf die ordnungsgemäße Implementierung hätte die Bereitschaft der Mitgliedstaaten, Kompetenzen auf die europäische Ebene zu übertragen, vermutlich deutlich verringert. Erst seit den 1980er Jahren rückt die Implementierungsfrage verstärkt in das Bewusstsein der europäischen Akteure (Knill 2005: 169). Die Verletzung von Unionsrecht kann sich, einer Aufzählung Tanja Börzels (2001: 804f.) folgend, unterschiedlich manifestieren:

— Verletzung von Vertragsbestimmungen, Verordnungen und Beschlüssen: Da diese nicht in nationales Recht umgesetzt werden, kann es bei der Anwendung durch nationale Behörden zu Rechtswidrigkeiten kommen.
— Nichtumsetzung von Richtlinien in nationales Recht: Wie oben gezeigt wurde, kann eine nicht ordnungsgemäße Umsetzung unterschiedliche Formen annehmen und von Nichtbeachtung der Umsetzungsfrist bis hin zu einer nicht vollständigen oder nicht hinreichend präzisen Umsetzung reichen.
— Nicht ordnungsgemäße Anwendung des entsprechenden nationalen Rechts: Eine Richtlinie mag zwar in nationales Recht umgesetzt worden sein, dieses kann jedoch in konkreten Fällen unionsrechtswidrig angewendet werden.
— Nichtberücksichtigung von Urteilen des Gerichtshofes.

Aus der Sicht der Mitgliedstaaten kann die Verletzung von Unionsrecht – grob gesagt – „gewollt" oder „ungewollt" sein (Börzel 2002: 5). In der politikwissenschaftlichen *compliance*-Forschung sind mehrere theoretische Modelle entwickelt worden, die die Ursachen und potenzielle Abhilfen von Verstößen gegen transnationale Regeln zu erklären beanspruchen (Zürn/Joerges 2005). Dennoch gibt es derzeit noch keine Theorie, die die Einhaltung bzw. Nichteinhaltung von Regelungen befriedigend erklärt (Knill 2005: 179). Gewollte Regelverstöße finden dann statt, wenn die Befolgung des Unionsrechts für die Mitgliedstaaten höhere Kosten verursacht als die Nichtbefolgung. Dies kann etwa dann der Fall sein, wenn ein Mitgliedstaat seine Interessen im Rat nicht (ausreichend) realisieren konnte. Dieses Argument basiert auf *rational-choice*-Modellen, die Staaten als strategisch orientierte Akteure verstehen, die ihren Nutzen zu maximieren und Kosten zu minimieren versuchen. Rationalistisch-institutionalistische Ansätze ergänzen diese Modelle und betonen, dass institutionelle bzw. rechtliche Rahmenbedingungen manche Handlungsoptionen – bei fix angenommenen Interessen – eher begünstigen und andere eher einschränken. Glaubwürdige Überwachungs- und Sanktionsregime sind geeignete Mittel, die Anreize für die Regelbefolgung zu erhöhen (Downs/Rocke/Barsoom 1996). Daneben kann die Einhaltung von supranationalen Regeln dadurch gefördert werden, dass die beteiligten Akteure die einschlägigen Regeln als legitim anerkennen (Hurd 1999). Neben gewollter Normverletzung kann es jedoch auch Fälle unbeabsichtigter bzw. ungewollter Regelverstöße geben. Ursachen können sowohl unzureichende personelle und finanzielle Ressourcen sein, aber auch unklar formulierte Vorschriften (Chayes/Chayes 1995: 9ff.).

Die Verträge kennen mehrere Möglichkeiten, um gegen Verstöße des Unionsrechts vorzugehen. So kann etwa ein Mitgliedstaat gemäß Art. 259 AEUV den Gerichtshof anrufen, wenn ein anderer Mitgliedstaat gegen eine Verpflichtung aus dem Vertrag verstoßen hat. Ein solches Vorgehen würde jedoch zu beträchtlichen politischen Spannungen zwischen den betreffenden Mitgliedstaaten führen. Außerdem würde ein klagender Staat in anders gelagerten Konstellationen selbst Gefahr laufen, von einem Mitgliedstaat beim Gerichtshof geklagt zu werden. Aus diesen Gründen kommt dem Art. 259 AEUV in der Praxis kaum Bedeutung zu (Craig/de Búrca 2003: 429).

Von höchster praktischer Relevanz ist jedoch das von der Kommission angestrengte *Vertragsverletzungsverfahren* gemäß Art. 258 AEUV. In diesen Fällen kommt es nicht selten vor, dass Mitgliedstaaten – je nach politischem Interesse – auf der Seite der Kommission oder des beklagten Mitgliedstaates im Prozess intervenieren. Bevor jedoch eine Klage erhoben wird, finden regelmäßig Gespräche bzw. Verhandlungen zwischen der Kommission und Vertretern nationaler Behörden über „Problemfälle" statt, um die Einschaltung des EuGH zu vermeiden.[22] In diesen Vorverfahren erhält der betreffende Mitgliedstaat die Gelegenheit, die Kommission zu überzeugen, dass das Unionsrecht ordnungsgemäß umgesetzt wurde.[23] Grundsätzlich ist die Kommission bemüht, den Konflikt im Vorfeld zu lösen und den Gang zum Gerichtshof zu vermeiden. Gelingt es dem Mitgliedstaat nicht, die Kommission von seiner Rechtsansicht zu überzeugen, so kann sie – muss aber nicht – Klage beim EuGH erheben. Stellt der Gerichtshof eine Vertragsverletzung durch den Mitgliedstaat fest, muss dieser Maßnahmen ergreifen, die sich aus dem Urteil des Gerichtshofes ergeben.

Da Urteile des EuGH wiederholt nur zögerlich bzw. unzureichend umgesetzt wurden, wurde mit dem Vertrag von Maastricht die Möglichkeit geschaffen, gegen den säumigen Mitgliedstaat ein Zwangsgeld zu erheben.

22 Eine besonders effiziente Form der Lösung von Umsetzungsproblemen stellen die sog. Paketsitzungen zwischen Sachverständigen der Kommission und der Mitgliedstaaten dar. Beispielsweise wurden zwischen Juli 2004 und Juli 2005 EU-weit 25 solcher Paketsitzungen abgehalten. Laut Kommission konnte dabei in fast 60 Prozent der Fälle binnen sechs Monaten eine Lösung gefunden oder zumindest ein entscheidender Fortschritt hinsichtlich einer ordnungsgemäßen Umsetzung erzielt werden (IP/06/1008).

23 Zu den einzelnen Stufen des Vertragsverletzungsverfahrens siehe z. B. Streinz (2005: 217) bzw. sehr umfassend Gil Ibañez (1999).

Um die Überfischung der Meere zu verhindern, wurden seit Beginn der 1980er Jahre zahlreiche Verordnungen verabschiedet. Beispielsweise legte der Rat mit VO Nr. 2057/82 vom 29. Juni 1982 Maßnahmen zur Kontrolle der Fischereitätigkeit von Schiffen der Mitgliedstaaten fest. Diese VO wurde vom Rat durch die VO Nr. 2241/87 vom 23. Juli 1987 ersetzt. Frankreich kam jedoch seinen daraus ergebenden Verpflichtungen trotz jahrelanger Verhandlungen mit der Kommission nicht nach. Nachdem die Kommission im Jahre 1988 Klage beim EuGH erhoben hat, stellte dieser im Jahre 1991 fest, dass Frankreich bestimmte Kontrollen der Fischereitätigkeiten nicht durchführte und auch Verstöße gegen Gemeinschaftsmaßnahmen zur Erhaltung der Fischbestände nicht ordnungsgemäß erfüllt hat (EuGH Rs. C-64/88, Kommission/Frankreich, Slg. 1991, I-2727).

Ungeachtet dieses Urteils bestanden die Verstöße im Bereich der Fischereikontrolle fort. Einschlägige Bemühungen der französischen Behörden erwiesen sich als unzureichend und gefährdeten dadurch die Ziele der Gemeinschaft im Fischereibereich und insbesondere die Wiederauffüllung der Fischbestände ernsthaft. Folglich erhob die Kommission im Jahre 2001 – immerhin zehn Jahre nach dem EuGH-Urteil – eine auf Art. 228 EGV gestützte Klage und beantragte beim EuGH, gegen Frankreich ein Zwangsgeld festzusetzen.

Im Juli 2005 hat der EuGH (Rs. C-304/02, Kommission/Frankreich) ausgesprochen, dass Frankreich nicht alle Maßnahmen ergriffen hat, die sich aus einer festgestellten Vertragsverletzung ergeben haben. Angesichts der Dauer und Schwere des Verstoßes sowie unter Berücksichtigung der Zahlungsfähigkeit Frankreichs wurde vom Gerichtshof ein Zwangsgeld in der Höhe von fast 58 Millionen Euro für jeden Sechsmonatszeitraum der Säumigkeit ab der Verkündung des vorliegenden Urteils festgelegt. Zusätzlich muss Frankreich für die vergangene Nichtumsetzung einen Pauschalbetrag in der Höhe von 20 Millionen Euro entrichten.

Aussagekräftige Daten über die korrekte Implementation von Unionsrecht zu erhalten, erweist sich als schwierig. Setzt ein Mitgliedstaat eine Richtlinie um, so teilt er dies der Kommission mit. Die Anzahl der Richtlinien, die trotz Ablaufs der Umsetzungsfrist nicht umgesetzt wurden,[24] sind ebenso wie die

24 Im Bereich des Binnenmarktes veröffentlicht die Kommission regelmäßig einen sog. Binnenmarktanzeiger, der den aktuellen Prozentsatz der nicht fristgerecht in nationales Recht umgesetzten Binnenmarktrichtlinien angibt. Gemäß der Ausgabe Nr. 15

Anzahl der Vertragsverletzungsverfahren lediglich Indikatoren für die Implementationsbereitschaft der Mitgliedstaaten. Beispielsweise muss eine geringe Zahl an Vertragsverletzungsverfahren nicht notwendigerweise bedeuten, dass die Mitgliedstaaten das Unionsrecht ordnungsgemäß umsetzen und anwenden, sondern kann auch damit erklärt werden, dass etwaige inkorrekte Umsetzungen bzw. Anwendung von Unionsrecht unentdeckt blieben bzw. von der Kommission nicht verfolgt wurden.[25] Umgekehrt kann ein Anstieg der Vertragsverletzungsverfahren auf die zunehmende Fähigkeit und Bereitschaft sowohl privater Akteure[26] als auch der Kommission zurückzuführen sein, unionsrechtliche Verstöße zu bekämpfen (Europäische Kommission 2005: 4).[27]

Neben dem Vertragsverletzungsverfahren gibt es noch eine Reihe anderer Klagearten im Rechtsschutzsystem der EU, von denen das *Vorabentscheidungsverfahren* gemäß Art. 267 AEUV besonders wichtig ist und im Folgenden näher behandelt wird.[28] Da Unionsrecht in der überwiegenden Mehrheit der Fälle von mitgliedstaatlichen Behörden vollzogen wird, besteht die Gefahr, dass das Unionsrecht von den zuständigen Behörden der 27 Mitglied-

vom Juli 2006 (http://ec.europa.eu/internal_market/score/docs/score15/score15_en.pdf) betrug das diesbezügliche Umsetzungsdefizit EU-weit im Durchschnitt 1,9 Prozent, was einem Anstieg um 0,3 Prozent gegenüber November 2005 entsprach. Damit wurde auch das vom Europäischen Rat von Stockholm (2001) vorgegebene Ziel, ein vorläufiges Umsetzungsziel von 98,5 Prozent zu erreichen, einmal mehr verfehlt.

25 Aber nicht alle gemeldeten Beschwerden werden seitens der Kommission als gleich verfolgungswürdig erachtet, was mitunter zu einer selektiven Anwendung des Vertragsverletzungsverfahrens führt (Ibañez 1999: 231f.).

26 Aufgrund ihrer beschränkten Kapazitäten ist die Kommission bei ihrer Überwachungsfunktion auf die Mithilfe privater Akteure (Einzelpersonen, Unternehmen, NGOs) angewiesen, die ihr von etwaigen Verstößen gegen Gemeinschaftsrecht berichten (Europäische Kommission 2002a; Börzel 2000: 29).

27 Siehe diesbezüglich das Online-Netz SOLVIT (http://ec.europa.eu/solvit/site/index_de.htm), das EU-Bürgerinnen und -Bürgern die Möglichkeit gibt, sich über die nicht ordnungsgemäße Anwendung von EU-Recht zu beschweren. SOLVIT versteht sich als Mechanismus zur alternativen Streitbeilegung und soll formelle Beschwerden und eine rechtliche Vorgehensweise ergänzen. Die Schwachstellen von SOLVIT sind zurzeit der Personalmangel einiger SOLVIT-Stellen sowie ihr mangelnder Bekanntheitsgrad. Darüber hinaus kann jede Person sich bei der Kommission über die Nichtbeachtung von Gemeinschaftsrecht durch einen Mitgliedstaat beschwerden (http://ec.europa.eu/community_law/complaints/form/index_de.htm). Eine solche Beschwerde kann unter Umständen in ein Vertragsverletzungsverfahren gegen den betreffenden Mitgliedstaat münden.

28 In Bezug auf die anderen Klagearten (Nichtigkeits-, Untätigkeits- und Amtshaftungsklage) muss auf die einschlägigen Lehrbücher verwiesen werden, wie z. B. Streinz (2005: 219ff.)

staaten unterschiedlich ausgelegt wird, was zu problematischen rechtlichen Divergenzen innerhalb der EU führen und die Effizienz des Unionsrechts insgesamt in Frage stellen würde. Das Vorabentscheidungsverfahren soll dies durch die Etablierung eines Kooperationsregimes zwischen den nationalen Gerichten und dem Gerichtshof verhindern: Mitgliedstaatliche Gerichte, die Probleme mit dem Unionsrecht in einer für den Rechtsstreit entscheidungserheblichen Frage haben, dürfen bzw. – in bestimmten Fällen – müssen diese Frage dem Gerichtshof mit der Bitte um Auslegung und Gültigkeit des Unionsrechts vorlegen. Das in dieser Frage ergehende EuGH-Urteil bindet in weiterer Folge das vorlegende nationale Gericht in seiner Entscheidung ein und entfaltet über den Anlassfall hinaus auch für alle anderen Gerichte der Mitgliedstaaten eine höchst relevante Präjudizwirkung. Da sich private Akteure in Rechtstreitigkeiten vor nationalen Gerichten auf einschlägiges Unionsrecht berufen können, stellt das Vorabentscheidungsverfahren – neben der erwähnten Wahrung der Rechtseinheit – ein wichtiges Instrument für den Individualrechtsschutz dar (Koenig/Haratsch 2003: 152; Streinz 2005: 228ff.).

6.5 Regieren abseits der Gemeinschaftsmethode

Die unterschiedlichen Interessen, politischen Strukturen und Traditionen der Mitgliedstaaten erfordern eine gewisse Flexibilität des europäischen Regelwerks. Dabei ist insbesondere darauf zu achten, dass diese Flexibilität nicht zu unterschiedlicher Anwendung des Gemeinschaftsrechts führt. *Soft law,* flexible Integration und die Methode der Offenen Koordination dienen der souveränitätsschonenden Vertiefung der Integration.

6.5.1 Soft Law

Im Politik- und Rechtsetzungsprozess der Gemeinschaftsmethode werden Verordnungen und Richtlinien verabschiedet, die den Mitgliedstaat und/oder den Einzelnen rechtlich binden und deren Einhaltung vom EuGH rechtlich durchgesetzt werden kann *(hard law)*.

Daneben gibt es auch unverbindliche Rechtshandlungsformen *(soft law)*. Laut Francis Snyder (1993: 32) kann immer dann von soft law gesprochen werden, wenn Rechtshandlungen zwar rechtlich unverbindlich sind, aber dennoch praktische Auswirkungen aufweisen. Linda Senden (2004: 112) erweitert diese Definition dahingehend, dass soft law nicht nur praktische, sondern in einem gewissen Ausmaß auch (indirekte) rechtliche Auswirkungen haben kann, obgleich der rechtliche Intensitätsgrad nicht einheitlich ist und daher stets im Einzelfall geklärt werden muss. Neben den drei bekannten Kategorien von verbindlichen Rechtshandlungen (Verordnung, Richtlinie und Beschluss) kennt Art. 288 Abs. 5 AEUV auch nicht bindende Rechtshandlungen, namentlich Empfehlungen und Stellungnahmen. Innerhalb der Gemeinschaftsmethode kann soft law die Funktion ausüben, das vom EP und Rat verabschiedete hard law zu ergänzen und zu präzisieren.[29] Keinesfalls darf soft law das verbindliche Primär- und Sekundärrecht modifizieren. In etlichen Fällen geht soft law jedoch über diese bloß dem hard law dienende Funktion hinaus und entwickelt sich seinerseits zu einem relevanten Steuerungsmedium. Dies kann etwa der Fall sein, wenn sich ein Unionsorgan (z. B. der Rat) nicht über eine bindende Regelung einigen kann. Aber auch eine mit einer bindenden Regelung einhergehende Auslegung durch den EuGH oder ungewisse rechtliche und politische Auswirkungen einer Regelung können potenzielle Gründe sein, weshalb die Unionsorgane auf den Erlass von hard law verzichten und anstelle dessen auf nicht bindende Vorschriften zurückgreifen (Beveridge/Nott 1998: 285).

Verstärkt werden diese Motive durch die seit rund 20 Jahren stattfindende Legitimations- und Demokratiedebatte der EU. Die Ratifizierungsprobleme des Maastrichter Vertrages zwangen die politischen Akteure verstärkt, einen Ausgleich zwischen der gebotenen Effektivität und den demokratischen Auswirkungen europäischen Regierens zu finden. Eine besondere Bedeutung kam in diesem Zusammenhang dem Europäischen Rat (1992) von Edinburgh zu, der in seinen Schlussfolgerungen auf die Bedeutung der Prinzipien der Subsidiarität und Verhältnismäßigkeit hinwies. Der Europäische Rat drückte konkret den Wunsch aus, dass Richtlinien gegenüber Verordnungen und Rahmenrichtlinien gegenüber detaillierten Maßnahmen zu bevorzugen seien. Außerdem sollen unverbindliche Maßnahmen wie Empfehlungen und freiwillige Verhaltenskodizes stärker zum Einsatz kommen. In einem dem Amsterdamer Vertrag beigefügten Protokoll wird unter Bezugnahme auf die Schlussfolgerungen von Edinburgh explizit ausgesprochen, dass Maßnahmen der Gemeinschaft eine „möglichst einfache Form" haben sollen

29 Für einen detaillierten Überblick über die Funktionen von soft law siehe Senden (2004: 119).

und die Rechtsetzungstätigkeit nicht „über das erforderliche Maß“ hinausgeht. Dadurch soll gewährleistet werden, dass bei Maßnahmen der Gemeinschaft ausreichend Raum für nationale Entscheidungen bleibt (Z 6 und 7 des Protokolls Nr. 30).

Im Juli 2001 setzte die Kommission mit der Veröffentlichung des Weißbuches *Europäisches Regieren* einen weiteren Schritt in Richtung einer Reform der Gemeinschaftsmethode. Im Kern wurde dabei die Frage diskutiert, ob bzw. in welchem Ausmaß sich die Organe der Legislativinstrumente der Gemeinschaftsmethode, d. h. Verordnung und Richtlinie, bedienen oder auf alternative Instrumente zurückgreifen sollen. Konkret forderte die Europäische Kommission (2001: 5 und 27): „Die Union muss die Gemeinschaftsmethode dahingehend erneuern, dass sie weniger Eingriff ‚von oben‘ vornimmt und ihre klassischen Politikinstrumente durch nicht gesetzgeberische Maßnahmen ergänzt.“

Ähnliches kann auch einer Mitteilung aus dem Jahr 2002 entnommen werden, in der die Europäische Kommission (2002: 7) explizit eine Reihe von Instrumenten nennt, derer sie sich in Zukunft – auch in Kombination und abhängig vom jeweiligen regulatorischen Ziel – zu bedienen gedenkt, nämlich Verordnung, Richtlinie, Empfehlung, Ko-Regulierung, Selbstregulierung, freiwillige Vereinbarung auf Sektorenebene, Offene Methode der Koordinierung etc. Einen weiteren Schritt in Bezug auf diese *new legislative culture* (Europäische Kommission 1996: 7) setzten das EP, der Rat und die Kommission durch die Verabschiedung einer Interinstitutionellen Vereinbarung (2003) mit dem Titel *Bessere Rechtsetzung*. Darin wird die Zweckmäßigkeit betont, im Rahmen der rechtlichen Möglichkeiten auf „alternative Regulierungsmechanismen zurückzugreifen“ (Z 16).

In Summe illustrieren die Dokumente den Versuch der Organe, insbesondere der Kommission, mit einem stärkeren Einsatz von soft law sowohl die Effektivität als auch die Legitimität der Union zu erhöhen. Umgekehrt kann aber ein vermehrter Einsatz von soft law die Legitimität der EU sogar verschlechtern, da soft law in der Vergangenheit regelmäßig ohne Beteiligung des EP verabschiedet wurde, anders als eine Richtlinie auch nicht von nationalen Parlamenten umgesetzt wird und letztlich nur eingeschränkt der rechtlichen Kontrolle durch den Gerichtshof unterliegt (Snyder 1994). Mittlerweile hat jedoch das EP im Zuge der Neubestellung der Barroso-Kommission erreicht, dass die Kommission das Parlament vor Verabschiedung von soft law zumindest konsultieren muss (Schwarze 2011: 15).

6.5.2 Flexible Integration

Im Zuge der letzten Erweiterungsrunde wurde wiederholt darauf hingewiesen, dass es in einer Union mit 27 oder mehr Mitgliedern in Zukunft schwieriger werden wird, einen Konsens finden und weitere Integrationsschritte vorzunehmen. Daher stellt sich die Frage, ob in diesen Fällen nicht einzelne integrationsfähige und integrationswillige Mitgliedstaaten voranschreiten sollen. Heinrich Schneider (1998) erinnert daran, dass das Thema einer Kerngruppe so neu nicht ist und bereits am Anfang der Integration eine Rolle gespielt hat. Schon bevor die erste Europäische Gemeinschaft gegründet worden war, hatte man die Idee der „verstärkten Zusammenarbeit" einiger am europäischen Einigungsprojekt beteiligten Staaten entwickelt und sich über die Verknüpfung solcher Gruppenprojekte mit dem Gesamtsystem des Zusammenschlusses der europäischen Staaten Gedanken gemacht.

Die Gründung der EGKS bedeutete schließlich die Etablierung des entscheidenden Gravitationszentrums der europäischen Einigung; die Gründung der EWG und der EAG bestätigte diese Tatsache eindrucksvoll. Diesen Institutionalisierungen folgte auf theoretischer Ebene zunächst die Konstatierung der Tatsache, dass weder alle Bereiche staatlicher Aktivität noch alle Politikbereiche, auf die sich die Regelungshoheit der Gemeinschaften bezog, vollständig integrieren ließen; man sprach von „unvollständiger Integration" und in Bezug auf deren unbefristete Regelung von „abgestufter Integration" (Grabitz/Iliopoulos 1984). In Zeiten der „Eurosklerose" in den 1970er und frühen 1980er Jahren und der absehbaren schrittweisen Ausdehnung der Anzahl der Mitgliedstaaten wurden zunehmend Konzepte der Flexibilisierung – wie etwa das Europa der zwei Geschwindigkeiten – diskutiert, in denen die Befürworter eine Chance für die Überwindung der Krise der EU sahen.

Aus heutiger Sicht kann daher flexible Integration zunächst als Überbegriff für konkret im Vertragsrecht vorgesehen Formen der Zusammenarbeit einiger Mitgliedstaaten in einem bestimmten Politikbereich verstanden werden.[30] Innerhalb dieses definitorischen Rahmens bleiben dann zwei unterschiedliche Perspektiven unterscheidbar: Zum einen kann davon ausgegangen werden, dass eine vollständige Harmonisierung bzw. Vereinheitlichung ohnehin nur in jenen wenigen Bereichen möglich ist, die ausschließlich im Kompetenzbereich der Union liegen (Stubb/Wallace/Peterson 2003: 140). In

30 Eine Übersicht über die Vielzahl verwendeter Begriffe einschließlich des Versuchs einer Typisierung bietet Stubb (1996).

allen anderen von der „Gemeinschaftsmethode" berührten Politikbereichen ist die Integrationstiefe seit jeher unterschiedlich stark ausgeprägt. Zum zweiten kann Flexibilisierung darauf abzielen, dass nicht sämtliche EU-Mitgliedstaaten Adressaten europäischer Politik sind. Während das EU-Recht in der ersten Lesart sämtlichen Mitgliedstaaten die gleichen Spielräume im Implementierungsprozess eröffnet, ist in der zweiten Lesart ohnehin nur eine gewisse Anzahl von Staaten von EU-Regelungen betroffen (Tuytschaever 1999: 2f.).

Neil Walker (1998) hat darauf hingewiesen, dass die flexible Integration weder ein Ziel an sich darstellt noch das Resultat einer einheitlichen, umfassenden Strategie ist. Ob Flexibilität ein taugliches Integrationsmittel ist, kann jeweils nur in Bezug zum jeweiligen Politikbereich festgestellt werden. Vielen Integrationsfortschritten wie etwa dem Schengener Abkommen oder der WWU gingen – oft informelle – Kooperationsschritte außerhalb der Verträge voran. Unabhängig ihrer etwaigen späteren Überführung in das EG- bzw. EU-Recht wurde mit dem Vertrag von Amsterdam erstmals allgemein die Möglichkeit flexibler Integration primärrechtlich verankert, wobei von an Beginn bezweifelt wurde, dass diese Bestimmungen aufgrund ihrer restriktiven Formulierung jemals zur Anwendung kommen würden (Giering/Janning 2001: 146).

Konkret sehen die Bestimmungen des Lissabonner Vertrages vor, dass der Rat eine verstärkte Zusammenarbeit nur „als letztes Mittel" wählen soll, wenn er der Auffassung ist, dass sich die mit der Zusammenarbeit verfolgten Ziele „von der Union in ihrer Gesamtheit nicht innerhalb eines vertretbaren Zeitraums" verwirklichen lassen (Art. Abs. 2 EUV). Damit eine verstärkte Zusammenarbeit eingeleitet werden kann, müssen sich zumindest neun Mitgliedstaaten daran beteiligen (Art. 20 Abs. 2 EUV). Die aus der verstärkten Zusammenarbeit resultierenden Bestimmungen binden naturgemäß nur die beteiligten Mitgliedstaaten (Art. 20 Abs. 4 EUV). Die genauen Anforderungen und Verfahrensregelungen für eine verstärkte Zusammenarbeit finden sich in den Art. 326–334 AEUV.

6.5.3 Offene Methode der Koordinierung

Der Europäische Rat hat im März 2000 in Lissabon den politischen Wunsch formuliert, dass sich die Europäische Union bis zum Jahre 2010 zum „weltweit dynamischsten und wettbewerbsfähigsten wissensbasierten Wirtschaftsraum" entwickeln soll.[31] Erreicht werden soll dieses Ziel – auch Lissabon-Strategie genannt – durch die *Offene Methode der Koordinierung* (OMK), die auf sämtlichen Ebenen des europäischen Mehrebenensystems eine „kohärente strategische Leitung und eine effektive Überwachung der Fortschritte gewährleisten soll" (Europäischer Rat 2000). Im Einzelnen umfasst die OMK folgende Aspekte:

— Festlegung von Leitlinien für die Union einschließlich eines Zeitplans für die Realisierung kurz-, mittel- und langfristiger Zielsetzungen;
— Etablierung quantitativer und qualitativer Indikatoren und sog. *benchmarks*, die den Vergleich nationaler Politiken gewährleisten;
— Umsetzung der europäischen Leitlinien durch die Festsetzug konkreter nationaler Ziele und Maßnahmen;
— Überwachung, Bewertung und regelmäßige *peer-review*, die einen wechselseitigen Lernprozess in Gang setzen.

Der Begriff OMK findet sich nach Inkrafttreten des Vertrages von Lissabon nicht im geltenden Vertragsrecht; dessen ungeachtet kennt der Vertrag zahlreiche Stellen, in denen die Zusammenarbeit, die Koordinierung, aber auch die Förderung der Zusammenarbeit der Mitgliedstaaten erwähnt wird. Derzeit wird die OMK in verschiedenen Politikbereichen wie etwa der Informationsgesellschaft, Forschungs-, Unternehmens-, Bildungs-, Umwelt-, Beschäftigungs- sowie in der Sozialpolitik angewendet.[32] Dabei ist es jedoch wichtig darauf hinzuweisen, dass es sich bei der OMK um keine einheitliche Methode handelt, die in sämtlichen von ihr berührten Bereichen einem einheitlichen Verfahren folgt. Die konkrete Ausgestaltung der OMK unterscheidet sich hinsichtlich der Rolle der Kommission, des EP, der Gestaltung und Anwendung quantitativer und qualitativer Indikatoren sowie der Ausgestaltung von Sanktionen (Linsenmann/Meyer 2002: 288).

Die Gemeinsamkeit aller der OMK zugerechneten Verfahren besteht darin, dass es sich um potenziell unbegrenzte Koordinierungs- und Kommunikationsprozesse handelt, in denen nationale und supranationale Akteure

31 Zur Entwicklungsgeschichte der OMK siehe z. B. Best (2003: 7f.).
32 Für eine Übersicht der von der OMK berührten Politikbereiche siehe z. B. Radaelli (2003) und Bodewig/Voß (2003: 314ff.).

miteinander interagieren und gleichzeitig auch klassisches soft law wie eine Mitteilung[33], Leitlinie[34], Empfehlung[35] oder ein Beschluss über Leitlinien[36] verabschiedet wird. Während klassisches soft law in der Praxis oft von der Kommission beschlossen und vom EuGH mitunter herangezogen wird, ist die OMK – ungeachtet der Mitwirkung supranationaler Akteure – ein vornehmlich intergouvernementaler Prozess. Während klassisches soft law grundsätzlich als einmaliger Akt konzipiert wird, ist die OMK nicht nur prozedural, sondern gleichzeitig auch iterativ angelegt. Kennzeichnend dafür ist etwa die kontinuierliche Überprüfung der in Leitlinien festgelegten Zielsetzungen durch supranationale Institutionen, andere Mitgliedstaaten und unabhängige Experten. Dadurch kommt es zu einer völlig neuartigen Verknüpfung von in die mitgliedstaatliche Kompetenz fallenden Politikbereichen mit primär intergouvernementaler Kooperation unter Einbindung der Kommission (Borrás/Jacobsson 2004).

Aus rechtsdogmatischer Sicht sind die im Rahmen der OMK verabschiedeten Leitlinien und sonstiges soft law rechtlich unverbindlich. Ob die OMK ähnlich wie klassisches soft law eine rechtliche Relevanz aufweist, ist allerdings fraglich. Klassisches soft law entfaltet v. a. im Kontext mit bindendem Gemeinschaftsrecht eine etwaige rechtliche Relevanz. Im Gegensatz dazu wird die OMK v. a. in jenen Bereichen eingesetzt, die (noch) zu einem Großteil in die mitgliedstaatliche Kompetenz fallen und in denen die Union lediglich eine schwache – nur eine koordinierende bzw. unterstützende – Funktion einnimmt.[37] Aus diesem Grund gibt es für das im Rahmen der OMK verabschiedete soft law kaum Anknüpfungspunkte zu bindendem Gemeinschaftsrecht, wodurch es kaum eine rechtliche Relevanz entfalten kann, zumal dem Gerichtshof im Rahmen der OMK keine Funktion zukommt. Umstritten ist derzeit, inwieweit der OMK tatsächlich ein Einfluss auf das Verhalten der Mitgliedstaaten zukommt bzw. ob es die in sie gesetzten Erwartungen einer Steigerung der demokratischen Qualität europäischen Regierens erfüllen kann. Bei beiden Fragen ist erhebliche Skepsis angebracht (Kröger 2009).

33 Siehe etwa Mitteilung der Kommission „Die europäische Beschäftigungsstrategie wirkungsvoller umsetzen", KOM(2004) 239 endg.

34 Siehe etwa Integrierte Leitlinien der Kommission für Wachstum und Beschäftigung, 2005–2008, KOM(2005) 141 endg.

35 Siehe etwa die in KOM(2005) 141 endg. inkludierte Empfehlung der Kommission zu den Grundzügen der Wirtschaftspolitik (2005–2008).

36 Siehe etwa 2003/578/EG, Beschluss des Rates vom 22. Juli 2003 über die Leitlinien für beschäftigungspolitische Maßnahmen der Mitgliedstaaten, ABl L 197/13.

37 Für eine Einschätzung in Bezug auf die Beschäftigungspolitik der Art. 125–130 EGV siehe Sciarra (1999: 162f.) und Craig/de Burca (2003: 33f.).

Weiterführende Literatur

Craig, P./Harlow, C. (Hg.) (1998). *Lawmaking in the European Union,* London–The Hague–Boston: Kluwer Law International.

Hix, S. (2005). *The Political System of the European Union,* Houndmills: Palgrave Macmillan, 27–110.

Holzinger, K. (2005). Institutionen und Entscheidungsprozesse der EU, in: K. Holzinger/C. Knill/D. Peters/B. Rittberger/F. Schimmelfennig/W. Wagner. *Die europäische Union. Theorien und Analysekonzepte,* Paderborn: Schöningh, 81–152.

Knill, C. (2005). Die EU und die Mitgliedstaaten, in: K. Holzinger/C. Knill/D. Peters/B. Rittberger/F. Schimmelfennig/W. Wagner. *Die europäische Union. Theorien und Analysekonzepte,* Paderborn: Schöningh, 153–180.

Websites

http://ec.europa.eu/codecision/index_de.htm – detaillierter Überblick über das Mitentscheidungsverfahren.

http://ec.europa.eu/community_law/index_en.htm – Generalsekretariat der Kommission mit zahlreichen Daten bezüglich der von den Mitgliedstaaten umzusetzenden Richtlinien (Fristen, Notifizierungsstand, Vertragsverletzungsverfahren).

http://ec.europa.eu/growthandjobs/index_de.htm – Schlüsseltexte, Dokumente, Berichte und Statistiken zur Lissabon-Strategie.

7 Der Haushalt der Europäischen Union

Wenige EU-Themen erfreuen sich an einem vergleichbar hohen Ausmaß an öffentlicher Aufmerksamkeit wie die Verhandlungen rund um den EU-Haushalt. Dies liegt nicht zuletzt daran, dass sich anhand dieser Verhandlungen relativ leicht – zumindest aus medialer Sicht – „Gewinner" und „Verlierer" unter den Mitgliedstaaten feststellen lassen. Ebenso lassen die Ausgaben des EU-Haushalts Rückschlüsse auf die Schwerpunktsetzung der EU-Politik zu (Laffan/Lindner 2005: 192). Dabei ist zu bedenken, dass der EU-Haushalt angesichts der Größe der Union sehr klein ist. Rund ein Prozent des EU-Volksvermögens, das sind jährlich etwa 235 Euro pro Einwohner, fließt in den EU-Haushalt und wird zum größten Teil wieder für zahlreiche Maßnahmen in den Mitgliedstaaten ausgegeben.

Im Folgenden wird nach einem kurzen historischen Abriss das gegenwärtige System des EU-Haushalts beschrieben, wobei besonderes Augenmerk auf die Einnahmen und Ausgaben sowie auf das jährliche Haushaltsverfahren gelegt wird.

7.1 Die Entwicklung des EU-Haushalts

In den ersten Jahren der europäischen Integration wurde der Haushalt der damaligen EWG, der EAG und nach dem Fusionsvertrag (1965) auch der EGKS – wie bei internationalen Organisationen üblich – durch Beiträge der Mitgliedstaaten finanziert. Dieses Finanzierungssystem wurde durch zwei primärrechtliche Veränderungen im Jahr 1970 und 1975 grundlegend geändert. Durch einen Beschluss des Rates (1970) wurden die Finanzbeiträge der Mitgliedstaaten durch sog. *eigene Mittel* ersetzt. Die zweite, bis heute prägende Systemveränderung des EU-Haushalts bezog sich auf das Verhältnis zwischen Rat und EP, die von 1975 an gemeinsam die Haushaltsbehörde bildeten.

Der Haushaltsbereich war das erste Politikfeld, in dem das EP bedeutende Mitwirkungsrechte erhielt. In der Sprache des Haushaltsrechts hatte es von nun an das Letztentscheidungsrecht über alle Ausgaben, die als *nicht obligatorisch* qualifiziert wurden, während der Rat dieses Recht in Bezug auf sämtliche *obligatorische* Ausgaben besaß. Da finanzielle Fragen auch für andere Bereiche, in denen das EP nicht über vergleichbare Rechte verfügte, von Relevanz waren, wurde die institutionell starke haushaltsrechtliche Position des EP von diesem häufig als Druckmittel gegenüber dem Rat eingesetzt, um in anderen Politikbereichen eine stärkere Rolle zu spielen *(power of the purse)*.

Im Laufe der 1980er Jahre erreichten die interinstitutionellen Spannungen zwischen Parlament und Rat einen Höhepunkt und führten zu verzögerten oder gar vom Parlament abgelehnten Haushalten und etlichen Rechtstreitigkeiten vor dem EuGH (Nicoll 1986; Läufer 1990: 113ff.). Obwohl sich die beteiligten Akteure der Auswirkungen einer krisenbehafteten Haushaltspolitik bewusst waren, gelang es ihnen nicht – außer einiger Notlösungen wie etwa der Verabschiedung einer Interinstitutionellen Vereinbarung zwischen dem Rat, dem EP und der Kommission im Jahr 1982 –, den Konflikt dauerhaft zu lösen. Neben den interinstitutionellen Streitigkeiten kamen aber noch andere Probleme hinzu, etwa Finanzierungsprobleme angesichts sinkender Einnahmen bei einem gleichzeitigen Anstieg der Gemeinschaftsausgaben oder der Streit um die Höhe des finanziellen Beitrags Großbritanniens. Hintergrund des letzteren Konflikts war die Auffassung Großbritanniens, dass es unverhältnismäßig mehr in den EU-Haushalt einzahlt, als es angesichts seines kleinen landwirtschaftlichen Sektors wieder herausbekommt.[1] Der Europäische Rat beschloss daraufhin im Jahr 1984 in Fontainebleau einen Korrekturmechanismus zugunsten Großbritanniens.

Da sich in den vergangenen mehr als 25 Jahren jedoch die Rahmenbedingungen des sog. *Britenrabatts* aufgrund mehrerer Erweiterungsrunden sowie struktureller Reformen des EU-Haushalts erheblich geändert haben, wurde im Dezember 2005 Einigung darüber erzielt, dass der Rabatt für die Periode 2007 bis 2013 deutlich reduziert wird. Durch den britischen Rabatt erhöhen sich die Zahlungen für die anderen Mitgliedsländer, da selbiger proportional zum Bruttonationaleinkommen (BNE) aufgeteilt wird. Deutschland, die Niederlande, Schweden und Österreich reduzierten bereits 2002 ihren

1 Die Auffassung Großbritanniens beruht auf der fragwürdigen Annahme, dass der Beitrag eines Mitgliedstaates zu und der Rückfluss aus dem EU-Haushalt in etwa gleich hoch sein sollten *(concept of „fair return")*. Vgl. dazu näher Le Cacheux (2005) und Europäische Kommission (2004).

Anteil an dieser Kompensation auf 25 Prozent des eigentlichen Betrags, da sie ihren Beitrag am EU-Haushalt für zu hoch hielten.

Der Abschluss der Einheitlichen Europäischen Akte im Jahr 1986 bewog die Kommission unter der Führung ihres damaligen Präsidenten Jacques Delors, die Finanzierung der EU einer grundlegenden Reform zu unterziehen. Im Februar 1987 legte die Kommission ihre Reformvorschläge vor, das sog. Delors-I-Paket, in dessen Zentrum ein mehrjährige finanzielle Vorausschau (1988–1992), eine umfassende Agrar- und Strukturreform, eine gemeinsame Haushaltsdisziplin der beiden Teile der Haushaltsbehörde sowie ein neues System der Eigenmittel stand (Europäische Kommission 1987). Der politische Durchbruch wurde beim Europäischen Rat im Februar 1988 erzielt. Die Hauptpunkte waren: eine Zunahme der finanziellen Ressourcen, die Schaffung einer neuen vierten Einnahmequelle basierend auf einem Prozentanteil des Bruttosozialprodukts, eine strengere Haushaltsdisziplin im Bereich der Agrarausgaben und eine Fortsetzung des britischen Rabattsystems im Sinne der Vereinbarungen des Europäischen Rates von Fontainebleau (Laffan/Lindner 2005: 199f.). Umgesetzt wurden die Ergebnisse des Europäischen Rates durch einen neuen Eigenmittelbeschluss des Rates, einen weiteren Beschluss des Rates über die Haushaltsdisziplin sowie eine Interinstitutionelle Vereinbarung zwischen EP, Rat und Kommission (Nicoll 1988; Kuhlmann 1997: 82ff.; Laffan 2000). Die zentralen Parameter der Haushaltsreform des Jahres 1988 wurden auch im Zuge der Verhandlungen über das sog. Delors-II-Paket (1993–1999) im Großen und Ganzen beibehalten.

Aufgrund des kontinuierlich steigenden Umfangs des EU-Haushalts drängen die sog. Nettozahler unter den Mitgliedstaaten, insbesondere Deutschland, seit Mitte der 1990er Jahre verstärkt auf eine finanzielle Entlastung und plädieren für einen gerechteren Lastenausgleich unter den Mitgliedstaaten. Die Sorge der Nettozahler unter den Mitgliedstaaten wurde und wird auch dadurch verstärkt, dass der EU-Beitritt der mittel- und osteuropäischen Staaten zu einer weiteren Belastung des EU-Haushalts führt. Vor diesem Hintergrund konzentrierten sich die Haushaltsverhandlungen zur sog. Agenda 2000[2], die unter deutscher Ratspräsidentschaft abgeschlossen

2 Der Begriff „Agenda 2000" bezeichnet ein Aktionsprogramm, das auf eine effizientere Gestaltung der Gemeinschaftspolitik und auf die Vorbereitung der EU auf die damals bevorstehende Osterweiterung abzielte. Vorrangig beinhaltete die Agenda 2000 eine Reform der Gemeinsamen Agrarpolitik, eine Erhöhung der Wirksamkeit der Strukturfonds und des Kohäsionsfonds sowie eine Festlegung des EU-Haushalts für die Jahre 2000 bis 2006.

wurden, vornehmlich auf eine Stabilisierung des EU-Haushalts. Auch im Zuge der Verhandlungen um den EU-Haushalt für die Jahre 2007 bis 2013 gab es – zum ersten Mal unter Mitwirkung der 10 neuen Mitgliedstaaten – heftige Kontroversen über die bekannten Themen wie die Reform der Agrarpolitik, der Strukturpolitik, den Britenrabatt, Entlastung der Nettozahler sowie eine Schwerpunktverlagerung der Ausgaben auf Themen wie Forschung und die sog. Lissabon-Agenda.[3] Aber auch der vom Europäischen Rat Mitte Dezember 2005 beschlossene neue Finanzrahmen sowie die im Mai 2006 abgeschlossene Interinstitutionelle Vereinbarung brachten keine dramatischen Änderungen, sondern setzten vielmehr den Status quo der EU-Haushaltspolitik fort (Becker 2006).

Welche Veränderungen brachte nun der Vertrag von Lissabon? An erster Stelle ist die Aufhebung der Unterscheidung in obligatorische und nicht obligatorische Ausgaben zu nennen. Im Wesentlichen entschied das Parlament über das Ausmaß der nicht obligatorischen Ausgaben, während der Rat die Höhe der obligatorischen Ausgaben bestimmte.[4] Da die Verträge vor dem Vertrag von Lissabon keine hinreichend präzise Definition von obligatorischen oder nicht obligatorischen Ausgaben angaben, kam es in den jährlichen Haushaltsverfahren der 1970er und 1980er Jahre regelmäßig zu massiven Konflikten zwischen dem Parlament und dem Rat über die korrekte Ausgabenklassifizierung. Die Auseinandersetzungen führten nicht selten zu verspäteten Haushaltsaufstellungen und Rechtstreitigkeiten vor dem EuGH. Zahlreichen Versuche, die Streitfrage der Klassifizierung mittels Interinstitutioneller Vereinbarungen oder eigener Klassifikationslisten zu klären, war jedoch kein dauerhafter Erfolg beschieden. Letztlich wurde erst durch die Reform des Jahres 1988 und die Einführung einer „Finanziellen Vorausschau“ – seit Lissabon „Mehrjährige Finanzplanung“ (Art. 310.4 AEUV) – eine stabile Haushaltspolitik erreicht. Das heißt, heute sind EP und Rat bezüglich aller Ausgaben gleichberechtigt. Sollten die beiden Organe nicht in der Lage sein, eine Übereinkunft über Ausgaben zu erzielen, so tritt ein Vermittlungsausschuss – wie im ordentlichen Gesetzgebungsverfahren (Art. 294 AEUV) – zusammen.

Der große Unterschied in Budgetangelegenheiten ist, dass der Rat in diesem Vermittlungsverfahren eine Einigung blockieren kann. In diesem

3 Siehe dazu Kap. 9.4.

4 Diese Unterscheidung wurde hauptsächlich auf das Betreiben des französischen Parlaments eingeführt, um die Ausgaben für die Landwirtschaft dem Einfluss des EP zu entziehen (Westlake 1994: 123).

Fall muss die Kommission einen neuen Budgetvoranschlag ausarbeiten. Eine weitere Neuerung betrifft die vertragsrechtliche Verankerung der mehrjährigen Vorausschau (Art. 310.4 AEUV).

Angesichts der nach wie vor heftigen mehrdimensionalen Konfliktlinien, insbesondere zwischen Nettozahlern und -empfängern, Gegnern und Befürwortern verschiedener Reformprojekte in den Bereichen der Agrar- und Strukturpolitik, ist die Stabilität und Funktionsfähigkeit der EU-Haushaltspolitik seit dem Reformjahr 1988 bemerkenswert.

7.2 Die Struktur des EU-Haushalts

Die Komplexität des Haushaltssystems der EU liegt zunächst darin begründet, dass Haushaltsregeln auf mehreren Ebenen des Gemeinschaftsrechts zu finden sind. Die zentralen Bestimmungen finden sich in Art. 310–325 AEUV (ex-Art. 268–280 EGV). Obgleich das Vertragsrecht über die Jahre außergewöhnlich stabil blieb, wurde eine Vielzahl unterschiedlicher, aber miteinander in Beziehung stehender rechtlicher Instrumente in Anspruch genommen, namentlich Verordnungen, Richtlinien, Beschlüsse und Entscheidungen des Rates, Schlussfolgerungen des Europäischen Rates sowie Interinstitutionelle Vereinbarungen zwischen dem Rat, dem EP und der Kommission.[5] Im Folgenden wird in der gebotenen Kürze auf die Eckpfeiler des EU-Haushalts eingegangen.

7.2.1 Die Einnahmen

Der Art. 311 AEUV bestimmt, dass der EU-Haushalt „vollständig aus Eigenmitteln finanziert" wird, lässt jedoch offen, wie diese Einnahmen zustande kommen. Das Eigenmittelsystem wurde 1970 eingeführt. Zuvor war der EU-Haushalt durch Beiträge der Mitgliedstaaten finanziert worden. Gegenwärtig stammen die Eigenmittel der Union aus vier verschiedenen Einnahmequellen.

5 Einen guten Überblick über die verschiedenen rechtlichen Instrumente bietet Europäische Kommission (2002b: 99ff.).

6 Dieser Beschluss wurde regelmäßig durch weitere Ratsbeschlüsse erneuert. Der jüngste Eigenmittelbeschluss ist 2007/436/EG, Euratom des Rates vom 7. Juni 2007 über das System der Eigenmittel der Europäischen Gemeinschaften, ABl. 2007 L 163/17.

(1) Traditionelle Eigenmittel (TEM): Zölle, Abschöpfungen, Prämien, Zusatz- oder Ausgleichsbeträge und sonstige Abgaben, die im Agrarhandel mit Drittstaaten erhoben werden, sowie Abgaben aus der Gemeinsamen Marktorganisation für Zucker.
(2) Mehrwertsteuer-Eigenmittel: Prozentueller Anteil an den Mehrwertsteuereinnahmen der Mitgliedstaaten.
(3) BNE-Eigenmittel: Prozentueller Anteil am Bruttosozialprodukt (BSP) bzw. seit dem Jahr 2001 am Bruttonationaleinkommen[7] (BNE) der Mitgliedstaaten[8].
(4) Sonstige Einnahmen: Steuern auf die Gehälter der EU-Bediensteten, Beiträge von Drittländern zu EU-Programmen, Bußgelder von Unternehmen, die gegen das Wettbewerbsrecht oder andere Rechtsvorschriften verstoßen haben.

Trotz des Begriffs „Eigenmittel" muss betont werden, dass nur die erste und vierte Einnahmequelle wirklich als eigene Mittel der Union angesehen werden können. Im Gegensatz dazu sind die Einnahmenkategorien zwei und drei als nationale Mitgliedsbeiträge zu charakterisieren. Die Prozentsätze auf die national eingehobenen Mehrwertsteuern und auf das BSP/BNE sind das Ergebnis von zwischenstaatlichen Verhandlungen. Da beide Einnahmen zusammen den weitaus größten Anteil an den EU-Eigenmitteln aufweisen,[9] ist es nicht erstaunlich, dass die Mitgliedstaaten bzw. der Europäische Rat (immer noch) die entscheidende politische Macht im Haushaltsbereich innehaben.

7 Das Bruttonationaleinkommen (BNE) ist die Summe des Bruttosozialprodukts (BSP) zu Marktpreisen zuzüglich des Nettoprimäreinkommens aus der übrigen Welt. Das BNE hat das BSP als Wohlstandsindikator weitgehend ersetzt. Der Barwert der „Eigenmittel" hat sich nicht geändert, doch wird deren Obergrenze nach der neuen Berechnungsmethode nun als 1,24 Prozent des BNE der EU anstelle von 1,27 Prozent des BSP der EU ausgedrückt (siehe dazu http://www.europa.eu.int/comm/budget/other_main/glossary_de.htm#B).

8 Diese vierte Einnahmenquelle wurde im Jahr 1988 eingeführt (ABl. 1988 L 185/24). Der Prozentsatz betrug zuletzt 1,24 Prozent des BNE, wobei es sich dabei um eine Obergrenze handelte, die faktisch aber nicht ausgeschöpft wird. Zum Vergleich: In den USA verfügt der Bund über rund 20 Prozent der Mittel.

9 In den letzten zehn Jahren haben sich die Einnahmenkategorien (2) und (3) unterschiedlich entwickelt. Während die MwSt-Eigenmittel im Jahre 1996 noch einen Anteil von 45 Prozent an den gesamten EU-Eigenmitteln aufwiesen, verringerte sich dieser Anteil kontinuierlich und betrug im Jahre 2009 nur mehr 11,7 Prozent. Demgegenüber stieg der Anteil des BSP/BNE von 25,9 Prozent im Jahr 1996 auf 70,3 Prozent im Jahr 2009.

Tabelle 5: Die Zusammensetzung der EU-Eigenmittel 1996–2009

	1996	1997	1998	1999	2000	2001	2002	2003	2004	2005	2006	2007	2008	2009
TEM (in %)	16,7	17,6	16,9	15,9	14,1	13,6	11,5	11,0	10,8	11,7	12,9	13,2	12,6	12,3
MwSt. (in %)	45,0	42,6	39,1	36,1	38,0	33,2	23,0	22,7	13,4	14,9	15,8	16,5	14,8	11,7
BNE (in %)	25,9	33,4	41,4	43,2	40,5	37,0	48,0	54,8	66,6	66,1	64,6	62,9	60,1	70,3
Gesamt (in Mrd. €)	81,2	80,5	84,4	86,9	92,7	94,3	95,4	93,4	103,5	107,0	108,4	117,5	121,6	117,3

Quelle: Jahresberichte des Europäischen Rechnungshofes zum jeweiligen Haushaltsjahr (http://eca.europa.eu).

7.2.2 Die Ausgaben

Im Dezember 2010 hat das EP den EU-Haushalt 2011 angenommen, der eine Gesamthöhe von 141,9 Milliarden Euro vorsieht. Diese verteilen sich auf die Rubriken Kohäsion und Wettbewerbsfähigkeit für Wachstum und Beschäftigung (45 Prozent), Direktbeihilfen und marktbezogene Ausgaben (31 Prozent), Entwicklung des ländlichen Raumes (11 Prozent), die EU als globaler Akteur (6 Prozent), Verwaltung (6 Prozent) sowie Unionsbürgerschaft, Freiheit, Sicherheit und Recht (1 Prozent). Am 13. Juni 2011 stellte die Kommission ihren Entwurf des Finanzrahmens für 2014 bis 2020 vor. Insgesamt 972,2 Milliarden Euro sind für diese sieben Jahre vorgesehen. Die Kommission schlägt dem EP und dem Rat vor, dieses Geld verstärkt für Wachstum und Beschäftigung, Bildung, nachhaltige und grüne Landwirtschaft, Klima- und Umweltpolitik sowie für eine stärkere Stellung Europas in der Welt durch Nachbarschafts- und Entwicklungshilfe zu verwenden. Wie in der Vergangenheit ist zu erwarten, dass die Budgetforderungen des EP über dem Kommissionsvorschlag liegen, während die Regierungen der Mitgliedstaaten für ein geringeres Budget plädieren werden.

Einnahmen und Ausgaben des EU-Haushalts sind insofern aneinander gekoppelt, als die Kommission grundsätzlich darauf zu achten hat, dass jeder ihrer Vorschläge für Rechtsakte und jede Durchführungsmaßnahme eine ausreichende finanzielle Grundlage im Rahmen der Eigenmittel der Gemeinschaften besitzt. Alle sechs Jahre finden Verhandlungen über den kommenden Finanzrahmen statt. Dabei legt zuerst die Kommission nach vielen

Vorgesprächen „Mitteilungen“ vor, in denen sie Ziele und Schwerpunkte des künftigen Budgets vorschlägt. In einer nächsten Phase diskutieren Rat und EP den Vorschlag der Kommission – in der Regel plädieren die Herren der Verträge (und Zahlmeister) für geringere Ausgaben, während das EP auf die finanzielle Lücke zwischen den von den Mitgliedstaaten der EU auferlegten Funktionen und ihrer Mittelausstattung verweisen; meistens einigt man sich dann näher bei der Position der Mitgliedstaaten. Der Vertrag von Lissabon hebt die Unterscheidung von Ausgabenkategorien gänzlich auf und stellt das EP in allen Politikbereichen dem Rat gleich. Inwieweit sich dies auf eine etwaige Veränderung der Gewichtung der Ausgabenpositionen auswirkt – so drängt das EP seit langem auf eine grundlegende Reform der Gemeinsamen Agrarpolitik –, werden die Verhandlungen für den Finanzrahmen 2014–20 zeigen.

Tabelle 6: Die EU-Ausgaben 2000–2006 (in Mio. €)

	2000	2001	2002	2003	2004	2005	2006
Landwirtschaft	40,505	41,533	43,520	44,379	43,579	48,465	49,798
Strukturpolitische Maßnahmen*	27,509	22,455	23,499	28,527	34,198	32,763	32,399
Interne Politikbereiche**	5,370	5,303	6,566	5,671	7,255	7,972	9,013
Externe Politikbereiche	3,841	4,230	4,423	4,285	4,605	5,013	5,186
Verwaltung	4,751	4,855	5,211	5,305	5,856	6,191	6,699

* Enthält EAGFL, FIAF, EFRE, ESF.

** Enthält die Kategorien Bildung, Jugend, Kultur, Energie, Umwelt, Verbraucherschutz, TREN, Forschung und Entwicklung.

Quelle: http://ec.europa.eu/budget/library/biblio/publications/2008/fin_report/fin_report_08_data_de.pdf.

Im Jahr 2007 trat der derzeitig gültige mehrjährige Finanzrahmen (2007–13) in Kraft. Damit änderten sich die Kategorien, so wird z. B. „Externe Politikbereiche“ in „Die EU als globaler Akteur“ umbenannt, „Strukturpolitische Maßnahmen“ werden zu „Nachhaltiges Wachstum“ und „Interne Politikbereiche“ zu „Unionsbürgerschaft, Freiheit, Recht“. Die Vergleichbarkeit ist lediglich indikativ, da z. B. Forschung nunmehr Teil des nachhaltigen Wachstums ist und nicht mehr Teil der internen Politikbereiche. Diese Umbenennung spiegelt auch eine andere Prioritätenliste der Union wieder. Die Umsetzungsbedingungen sind in einer Interinstitutionellen Vereinbarung zwischen Rat, EP und Kommission festgelegt.[10] Um eine gewisse Flexibilität des Haushalts und v.a. die Einhaltung der festgelegten Ausgabenobergrenzen einzuhalten, werden in dieser Vereinbarung genaue Regeln niedergelegt, aber auch die Vereinbarung selbst geändert. Jedes Jahr nimmt die Kommission sog. technische Anpassungen vor, um eine Inflationsanpassung zu gewährleisten und die Entwicklung des BNE als Grundlage für die Ausgabenobergrenze à jour zu halten.

Tabelle 7: Der mehrjährige Finanzrahmen 2007–2013 (in Mio. €)

	2007	2008	2009	2010	2011	2012	2013	Total
Nachhaltiges Wachstum	53,979	57,653	61,696	63,555	63,974	66,964	69,957	437,778
Bewahrung und Bewirtschaftung der natürlichen Ressourcen	55,143	59,193	56,333	59,955	60,338	60,810	61,289	413,061
Unionsbürgerschaft, Freiheit, Sicherheit und Recht	1,273	1,362	1,518	1,693	1,889	2,105	2,376	12,216
Die EU als globaler Partner	6,578	7,002	7,440	7,893	8,430	9,997	9,595	55,935
Verwaltung	7,039	7,380	7,525	7,882	8,334	8,670	9,095	55,925
Gesamt	124,457	132,797	134,722	140,987	142,965	147,546	152,312	975,77
Prozent des BNE	1,02 %	1,08 %	1,16 %	1,18 %	1,16 %	1,13 %	1,12 %	1,12 %

Quelle: http://ec.europa.eu/budget/figures/fin_fwk0713/fwk0713_de.cfm.

Die Ausführung des Haushalts erfolgt durch die Europäische Kommission bzw. durch nationale Administrationen. Das Amt gegen Betrugsbekämpfung OLAF sowie der Europäische Rechnungshof kontrollieren das Haushaltsgebaren.

10 Interinstitutionelle Vereinbarung zwischen dem Europäischen Parlament, dem Rat und der Europäischen Kommission über die Haushaltsdisziplin und die wirtschaftliche Haushaltsführung, ABl. 2006/C 139/01

7.2.3 Das jährliche Haushaltsverfahren

Das jährliche Haushaltsverfahren ist in den Art. 313 und 314 AEUV detailliert geregelt: Auf der Grundlage der Haushaltsvoranschläge der einzelnen Organe legt die Kommission EP und Rat spätestens bis zum 1. September des Jahres, das dem entsprechenden Haushaltsjahr vorausgeht, einen Haushaltsplan vor. Innerhalb eines Monats erstellt der Rat nun einen gemeinsamen Standpunkt und übermittelt diesen an das EP. Danach beginnt ein kompliziertes interinstitutionelles Abstimmungsverfahren, während dessen es abhängig vom Grad der (Nicht-)Übereinstimmung zu interinstitutionellen Kontroversen, in der Regel zwischen dem Rat und dem Parlament, kommen kann. Schließlich beendet das EP das Haushaltsverfahren durch Annahme oder Ablehnung des Haushalts. In jenen Fällen, in denen Ausgaben nicht aus dem EU-Haushalt bestritten werden, werden die Lasten grundsätzlich nach einem auf dem BSP basierenden Schlüssel auf die Mitgliedstaaten verteilt. Die Finanzierung der gemeinsamen Kosten von Operationen mit militärischen Bezügen wird durch den 2004 eingerichteten ATHENA-Mechanismus verwaltet.[11]

Seit der Reform 1988 sind die jährlichen Haushaltsverfahren in die jeweils geltende, nunmehr vertraglich vorgesehene mehrjährige finanzielle Vorausschau (Art. 312 AEUV) eingebettet. Dadurch wurde nicht nur die Haushaltsdisziplin gestärkt, sondern auch den jährlichen Haushaltsverfahren die politische Brisanz genommen, da bereits in der finanziellen Vorausschau Obergrenzen sowohl für die Gesamtausgaben wie für die einzelnen Ausgabenkategorien eingeführt wurden. Insofern wurden die politischen Konflikte, die in den 1970er und 1980er Jahren jährlich ausbrachen, auf die alle sieben Jahre stattfindenden Verhandlungen um einen neuen Finanzrahmen verlagert.

Da der EU-Haushalt regelmäßig mit politischen und finanziellen Problemen wie Korruption, Missmanagement oder Betrug konfrontiert ist, verpflichtete der Vertrag von Amsterdam die Gemeinschaft und die Mitgliedstaaten, gegen Betrügereien und gegen sonstige, die finanziellen Interessen der Gemeinschaft gerichtete Handlungen vorzugehen (Art. 325 AEUV). Im Zuge dessen wurde im Jahr 1999 das Europäische Amt für Betrugsbekämpfung (OLAF) gegründet, das Untersuchungen im Zusammenhang mit der

11 Entscheidung des Europäischen Rates 2008/957/CFSP, ABl. L 345/96. Diese ersetzt die Entscheidung 2004/197/CFSP, ABl. L 63/68.

Verwaltung und Finanzierung der Gemeinschaftsorgane und sonstiger Institutionen der EU wie etwa Agenturen durchführen kann. Die Einrichtung von OLAF kann auch als Versuch gedeutet werden, über den Kampf gegen Korruption und Misswirtschaft die Legitimität der EU-Institutionen insgesamt zu erhöhen (Pujas 2003).

Weiterführende Literatur

Cipriani, G. (2011). *The EU Budget: Responsibility without Accountability?*, Centre for European Policy Studies.

Laffan, B./Lindner, J. (2010[6]). The Budget: Who Gets What, When, and How?, in: H. Wallace/M. A. Pollack/A. R. Young (Hg.). *Policy-Making in the European Union*, Oxford: Oxford University Press, 207–228.

Linder, J. (2006). *Conflict and Change in EU Budgetary Politics*, London: Routledge.

Websites

http://europa.eu/legislation_summaries/budget/index_de.htm – Überblick über Haushaltsfragen der EU.

http://ec.europa.eu/budget/index_de.cfm – Website der DG Haushalt.

8 Demokratie und Legitimität in der Europäischen Union

Die mittlerweile inflationäre Rede vom Demokratiedefizit der EU, das Bonmot von der Unmöglichkeit eines Beitritts der Union zur Union, begann ihre Karriere spätestens mit den Verhandlungen zur Einheitlichen Europäischen Akte und erfuhr einen rasanten Anstieg durch die verzögerte Ratifizierung des Vertrags von Maastricht, die größtenteils als enttäuschend empfundenen Regierungskonferenzen von Amsterdam und den aufgrund der mitgliedstaatlichen Tauschgeschäfte sog. „Bazar" von Nizza (Pollak/Puntscher-Riekmann 2002) sowie den gescheiterten Verfassungsprozess. Auch vor 1986 war die Union kein Musterbeispiel eines demokratisch organisierten Gemeinwesens. Allerdings wurde sie von den treibenden Akteuren und den Bürgern als eine Form der intergouvernementalen Zusammenarbeit zur Optimierung ökonomischer Koordination der teilnehmenden Länder akzeptiert und nicht als eine Konkurrenz für nationale demokratische Systeme verstanden. Die Souveränität lag weitgehend unwidersprochen bei den Nationalstaaten und deren Parlamenten. Mit anderen Worten: Die europäische Integration war zwar ein Elitenprojekt, beruhte aber auf einem sog. *permissiven Konsens* der Bürger (Lindberg/Scheingold 1970; Inglehart 1973; Reif 1994).[1] Die Verabschiedung des Direktwahlaktes im Jahr 1976, die im Jahr 1979 erstmals erfolgte Direktwahl des Europäischen Parlaments sowie die darum geführten Debatten zeigen aber auch, dass es bereits vor mehr als 30 Jahren Stimmen gab, die das Fehlen adäquater demokratischer Repräsentation und damit

1 Wie zweifelhaft Annahme eines „permissiven Konsenses" schon immer war, zeigt ein Blick in die Geschichte des Europäischen Direktwahlaktes und seiner Rechtfertigung. Waren die Europäischen Föderalisten zu Beginn des Integrationsprozesses noch der Meinung, ein Parlament sei notwendig, um dem überwältigenden positiven Willen der europäischen Bürger zum Integrationsprojekt Ausdruck zu verleihen, so kamen sie in den 1960er Jahren zu der Überzeugung, dass es eines direkt gewählten Parlamentes bedürfe, um eben diesen Willen zu formen (Westlake 1994; Smith 1999).

Legitimation als ein mögliches Hindernis für eine weitere Integration sahen (Spinelli 1983).[2]

Obwohl das EP im Rahmen der Vertragsänderungen seit Maastricht kontinuierlich aufgewertet wurde, besteht weiterhin Unbehagen über die demokratische Qualität der Union. Dieses Unbehagen, stellte der Ausschuss für konstitutionelle Fragen des EP im Arbeitsdokument über *die Beziehungen zwischen dem EP und den einzelstaatlichen Parlamenten im Hinblick auf den Aufbau Europas* vom 7. Juni 2001 fest, „hängt auch mit dem Gefühl der Entfremdung zusammen, mit ernsthaften Verständnisproblemen und Mitwirkungsdefiziten sowie der empfundenen Ohnmacht angesichts von Entscheidungen, die von oben herab erlassen werden und weder beeinflusst noch kontrolliert werden können" (PE 294.776). Verbesserungsvorschläge zur Behebung des europäischen Demokratiedefizits werden im Allgemeinen aus der Logik des Nationalstaates übernommen[3] und in der Gleichung Parlamentarisierung ist gleich Demokratisierung ausgedrückt. Die Voraussetzungen dieser Gleichung – transparente Entscheidungsstrukturen, Öffentlichkeit, intermediäre Akteure und die Möglichkeit, die politischen Entscheidungsträger zur Rechenschaft zu ziehen – sind auf europäischer Ebene aber nur rudimentär ausgebildet.

8.1 Der Begriff der Demokratie in offiziellen Dokumenten der EU

Im Folgenden sollen, ohne Anspruch auf Vollständigkeit, einige wichtige Dokumente der EU beschrieben werden, die den Begriff der Demokratie beinhalten und meist auf eine Parlamentarisierung abstellen. In den Pariser und Römer Gründungsverträgen von 1951 und 1957 findet der Grundsatz der Demokratie keine Erwähnung, anstelle eines Parlamentes war lediglich eine Beratende Versammlung vorgesehen. Hervorgehoben werden hingegen die Friedenssicherung und die wirtschaftliche Entwicklung. Die Erklärung

2 Bereits einige Reaktionen auf die Schuman-Erklärung vom 9. Mai 1950 wiesen auf die Notwendigkeit einer Kontrolle der Hohen Behörde hin (siehe dazu Küsters 1988; Griffiths 1990; Mosler 1966; Rittberger 2003).

3 Dies resultiert in einer Situation, die von Joseph Weiler (1998: 7) treffend umschrieben wurde: „The result is a description of oranges with a botanical vocabulary developed for apples."

des Europäischen Rates in Kopenhagen vom 7./8. April 1978 zur Demokratie[4], in der auch der Termin der ersten Direktwahlen zum EP festgelegt wurde, wurde vom Rat als „Demonstration des allen Mitgliedstaaten gemeinsamen demokratischen Ideals" interpretiert. „[D]ie Achtung und die Aufrechterhaltung der parlamentarischen Demokratie [sind] in allen Mitgliedstaaten wesentliche Elemente ihrer Zugehörigkeit zu den Europäischen Gemeinschaften".[5]

Die *Feierliche Deklaration zur Europäischen Union* des Europäischen Rats in Stuttgart vom 19. Juni 1983 hatte eine Vertiefung und Wiederbelebung der Integration durch das Projekt der Schaffung einer Europäischen Union zum Ziel. In der Präambel und in den Zielen (Kap. 1) wird die Demokratie angesprochen. In Punkt I.2. bekräftigen die Staats- und Regierungschefs die bereits in Kopenhagen (April 1978) zum Ausdruck gebrachte Bedeutung der parlamentarischen Demokratie. Zwar wurde in der Erklärung die Umwandlung der EG in eine EU anvisiert, ein Ausbau der demokratischen Elemente, sprich eine Stärkung des EP, aber abgelehnt.

Ein wichtiger Impuls zur Frage der Demokratisierung der Gemeinschaften kam von dem unter der Leitung des italienischen EP-Abgeordneten Altiero Spinelli entstandenen Entwurf über einen Vertrag zur Gründung der Europäischen Union vom 14. Februar 1984.[6] Der Entwurf beinhaltete eine erhebliche Neugestaltung des institutionellen Gleichgewichts, da das Parlament gegenüber dem Rat zu einem gleichwertigen Partner aufgewertet werden sollte. In der Präambel wird die Notwendigkeit wirksamerer und demokratischerer Institutionen zur Erreichung der Einigung Europas hervorgehoben. In Erwägungsgrund drei wird zudem auf den Grundsatz der „pluralistischen Demokratie" abgestellt. Diese soll zum einen als Leitsatz der Gestaltung der Union dienen und wird zum anderen als Bedingung einer Beitrittsmöglichkeit in den Raum gestellt (Art. 2). Art. 4 Abs. 4 des Entwurfs sieht für den Fall der anhaltenden Verletzung des demokratischen Grundsatzes Sanktionsmöglichkeiten vor (spezifiziert in Art. 44); eine Bestimmung, die erst durch den Amsterdamer Vertrag Verankerung im Primärrecht fand (Art. 7 EUV).

Die EEA, die erste substanzielle Vertragsrevision seit der Gründung der Gemeinschaften, versuchte einen Ausgleich zwischen dem Minimalansatz

4 Bulletin der EG Nr. 3/1978.

5 Die Erklärung war auch als Signal an die südeuropäischen Beitrittsaspiranten (Griechenland, Portugal und Spanien) gemeint.

6 ABl. 1984 C 77/33.

der Kopenhagener Erklärung und dem Spinelli-Entwurf zu finden.[7] Einmal mehr wird in der Präambel auf die Stütze der mitgliedstaatlichen Demokratie und auf das EP als „unerlässliches Ausdrucksmittel" der „demokratischen Völker Europas" verwiesen. Ein qualitativer Unterschied liegt in der rechtlichen Verankerung, die erlaubt, die Aussagen zur Demokratie zur Interpretation des Vertragswerkes heranzuziehen (Januschkowetz 2003).

Der Vertrag über die EU vom 7. Februar 1992 bekannte sich nicht nur in der Präambel zur Demokratie, sondern normierte in Art. F Abs. 1 EUV ausdrücklich, dass die Union die nationale Identität ihrer Mitgliedstaaten, deren Regierungssysteme auf demokratischen Grundsätzen beruhen. Trotz Einführung des Mitentscheidungsverfahrens brachte aus der Sicht des EP der Maastrichter Vertrag keine wesentliche Stärkung des Demokratieprinzips.[8] Im Februar des Jahres 1994 legte das EP erneut eine Entschließung zu einer Verfassung der EU vor.[9] Der Entschließung war eine intensive Debatte im Institutionellen Ausschuss des EP vorangegangen. Im sog. *Herman-Bericht*[10] setzt das EP in Art. 1 einen starken Akzent, der weder in früheren Texten noch in darauf folgenden eine Entsprechung findet („alle Macht der Union geht von den Bürgern aus"). In der Präambel des Entwurfs wird einmal mehr auf die Demokratie der Mitgliedstaaten eingegangen sowie der Auftrag erteilt, die „demokratische Ausrichtung ihrer Organe zu verbessern". Eine Forderung, die sich auch in den Schlussfolgerungen des Europäischen Rats von Cannes (Juni 1995) findet: Es soll eine „Verstärkung des Rückhalts für den Aufbau Europas in der Öffentlichkeit dadurch, dass dem Bedürfnis der europäischen Bürger, denen die Probleme der Beschäftigung und des Umweltschutzes Sorge bereiten, nach einer ihnen näher stehenden Demokratie entsprochen wird"[11], gewährleistet werden.

7 Der zur Vorbereitung eingesetzte, nach seinem Vorsitzenden benannte Dooge-Ausschuss nahm wesentliche Anregungen aus dem Spinelli-Entwurf auf.

8 Vgl. die Entschließung des Europäischen Parlaments zu den Ergebnissen der Regierungskonferenz vom 7. Juli 1992 (DOK A3 – 123/92), ABl. 1992 C 125/81. Das EP kritisierte v. a. seine geringe Mitwirkung im Bereich des Mitentscheidungsverfahrens, die fehlenden Kontrollbefugnisse in der GASP und der Innen- und Justizpolitik.

9 ABl. 1994 C 61/155.

10 Der Herman-Bericht basierte auf dem Colombo-Bericht. Als Emilio Colombo italienischer Außenminister wurde, übernahm Manuel Oreja den Report. Nach dessen Umstieg in die Kommission führte Fernand Herman die Arbeit weiter.

11 Bulletin der EU Nr. 6/1995. Für die Mantra-artige Wiederholung des Demokratieausbaus lassen sich viele Beispiele zitieren: siehe etwa die Berichte der Reflexionsgruppe zur Regierungskonferenz 1996 (SN 509/1/95 REV 1; SN 520/1/95 REV 1). Der Bericht der Reflexionsgruppe übernimmt auch die Möglichkeit der Sanktion bei schwerwiegen-

Am 2. Oktober 1997 wurde der Vertrag von Amsterdam unterzeichnet. Der Grundsatz der Demokratie wird in der Präambel bestätigt und in Art. 6 EUV, der sich sowohl an die Union und ihre Organe als auch an die Mitgliedstaaten richtet, näher ausgeführt: Die Union beruht auf den Grundsätzen der Freiheit, der Demokratie, der Achtung der Menschenrechte und Grundfreiheiten sowie der Rechtsstaatlichkeit.[12] Der Art. 7 EUV sieht für den Fall der Verletzung der Grundsätze des Art. 6 EUV Sanktionen vor – allerdings nur für die Mitgliedstaaten. Gleichzeitig wird in der Präambel dem Wunsch Ausdruck verliehen, die Demokratie und Effizienz der Organe weiter zu stärken. Das EP bedauerte in einer Entschließung vom folgenden November aber, dass die institutionellen Reformen des Amsterdamer Vertrages nicht weit genug gehen, „damit die erweiterte Union effizient und demokratisch funktionieren kann"[13]. Diese Sichtweise setzte sich auch unter den Staats- und Regierungschefs durch.

Angesichts der bevorstehenden Erweiterung um die mittel- und osteuropäischen Länder wurde vom Europäischen Rat in Köln am 3./4. Juni 1999 entschieden, zu Beginn des Jahres 2000 eine Regierungskonferenz unter portugiesischer Präsidentschaft einzuberufen. Ziel dieser Regierungskonferenz sollte die Klärung der sog. *left-overs* von Amsterdam sein und die Union erweiterungsfähig machen. Die „Regierungskonferenz zu institutionellen Angelegenheiten" wurde offiziell am 14. Februar 2000 in Brüssel inauguriert. Der am 26. Februar 2001 unterzeichnete Vertrag von Nizza enthält einmal mehr in der Präambel ein Bekenntnis zum Grundsatz der Demokratie und den Wunsch nach Stärkung derselben. Der Vertrag von Nizza kann aber nur eingeschränkt als Erfolg gelten, da die wesentlichen Ziele, die Union erweiterungsfit und demokratischer zu machen, nur zum Teil erreicht wurden. Insbesondere wurde die Methode der Vertragsreform durch intergouvernementale Regierungskonferenzen heftig kritisiert. Die Staats- und Regierungschefs schienen der gleichen Meinung zu sein, da dem Vertrag von Nizza eine Erklärung (Nr. 23) zur Zukunft der Union beigefügt wurde, in der „die Aufnahme einer eingehenderen und breiter angelegten Diskussion über

den Verstößen gegen die Demokratie in einem Mitgliedsland, wie sie sich im Spinelli-Entwurf aus dem Jahr 1984 findet; Schlussfolgerungen des Europäischen Rates von Korfu (Juni 1994); Schlussfolgerungen des Europäischen Rates von Madrid (Dezember 1995); die Vorlage der irischen Präsidentschaft vom 5. Dezember 1996 eines „Allgemeinen Rahmen für einen Entwurf zur Revision der Verträge" (CONF/2500/96).

12 Diese Grundsätze muss auch jeder Staat erfüllen, der der Union beitreten möchte (Art. 49 EUV).

13 Bulletin EU Nr. 11/1997.

die Zukunft" gewünscht wurde, an der „alle interessierten Seiten beteiligt sind: Vertreter der nationalen Parlamente und der Öffentlichkeit insgesamt, das heißt Vertreter aus Politik, Wirtschaft und dem Hochschulbereich, Vertreter der Zivilgesellschaft usw.". Das Ziel sollte es sein, dass „die demokratische Legitimation und die Transparenz der Union und ihrer Organe verbessert und dauerhaft gesichert werden müssen, um diese den Bürgern der Mitgliedstaaten näher zu bringen".

Der Europäische Rat (2001) von Laeken verabschiedete eine Erklärung, die eine Fülle von Problembereiche rund um ein demokratisches und effizientes Regieren aufwarf, zu deren Beantwortung ein Konvent zur Zukunft Europas eingesetzt wurde. Der Konvent unter dem Vorsitz von Valéry Giscard d'Estaing legte nach knapp 17 Monaten Beratung im Juni 2003 einen Vertrag über eine Verfassung für Europa vor, der die Grundsätze der repräsentativen Demokratie (Art. I-46 VVE) verankerte: „Die Arbeitsweise der Union beruht auf der repräsentativen Demokratie." In Abs. 2 werden zwei Repräsentationsebenen definiert: (1) „Die Bürgerinnen und Bürger sind auf Unionsebene unmittelbar im Europäischen Parlament vertreten." (2) „Die Mitgliedstaaten werden im Europäischen Rat von ihrem jeweiligen Staats- oder Regierungschef und im Rat von ihrer jeweiligen Regierung vertreten, die ihrerseits in demokratischer Weise gegenüber ihrem nationalen Parlament oder gegenüber ihren Bürgerinnen und Bürgern Rechenschaft ablegen müssen." Explizit werden in Abs. 4 die politischen Parteien als wichtiger Faktor bei der Ausbildung eines europäischen Bewusstseins genannt.

Bemerkenswert ist, dass von den Konventsteilnehmern die Notwendigkeit empfunden wurde, dem Grundsatz der repräsentativen Demokratie jenen der partizipativen Demokratie beizustellen (Art. I-47 VVE): „Die Organe geben den Bürgerinnen und Bürgern und den repräsentativen Verbänden in geeigneter Weise die Möglichkeit, ihre Ansichten in allen Bereichen des Handelns der Union öffentlich bekannt zu geben und auszutauschen. Die Organe pflegen einen offenen, transparenten und regelmäßigen Dialog mit den repräsentativen Verbänden und der Zivilgesellschaft." Abgesehen von diesen Absichtserklärungen wurde in Absatz 4 die Möglichkeit einer transnationalen Bürgerinitiative eingeführt: „Unionsbürgerinnen und Unionsbürger, deren Anzahl mindestens eine Million betragen und bei denen es sich um Staatsangehörige einer erheblichen Zahl von Mitgliedstaaten handeln muss, können die Initiative ergreifen und die Kommission auffordern, im Rahmen ihrer Befugnisse geeignete Vorschläge zu Themen zu unterbreiten, zu denen es nach Ansicht jener Bürgerinnen und Bürger eines Rechtsakts der

Union bedarf, um die Verfassung umzusetzen." Darüber hinaus beinhaltet der VVE weitere Verbesserungen für die demokratische Qualität europäischen Regierens, insbesondere die Etablierung des Mitentscheidungsverfahrens als „ordentliches Gesetzgebungsverfahren" (Art. I-34 i. V. m. Art. III-396 VVE), die Ermöglichung der Wahl des Kommissionspräsidenten auf Vorschlag des Europäischen Rates unter der Berücksichtigung der EP-Wahlergebnisse (Art. I-27 VVE) sowie die Vorschrift, dass das EP gemeinsam mit dem Rat die Haushaltsbefugnisse ausübt (Art. I-20 VVE).

Das Scheitern des Verfassungsvertrages bedeutete nicht das Ende der darin zum Ausdruck gebrachten Ideen zur Verbesserung der demokratischen Qualität der Union. Titel II des Vertrags über die Europäische Union legt die „Bestimmungen über die demokratischen Grundsätze" nieder. Der Art. 9 EUV betont den Grundsatz der Gleichheit. Und Art. 10 stellt fest: „Die Arbeitsweise der Union beruht auf der repräsentativen Demokratie." Institutionell gefasst bedeutet dies die Repräsentation der Bürger im EP, während die Mitgliedstaaten im Rat vertreten sind. Transparenz, politische Parteien, repräsentative Verbände und die Zivilgesellschaft werden als wichtige Elemente des demokratischen Lebens zitiert. Der Art. 11/4 EUV führt die Bürgerinitiative ein: Eine Million Bürger aus „einer erheblichen Zahl von Mitgliedstaaten" kann die Kommission „im Rahmen ihrer Befugnisse" auffordern, Vorschläge für Rechtsakte zu unterbreiten.

In der Verordnung (EU) Nr. 211/2011 des Europäischen Parlaments und des Rates vom 16. Februar 2011 über die Bürgerinitiative werden die genauen Instrumente und Verfahren festgelegt. Die Organisatoren einer Initiative (ein sog. Bürgerausschuss) müssen aus mindestens sieben Mitgliedstaaten kommen. Sie haben ein Jahr Zeit, um eine Million Unterschriften (auch online) aus mindestens einem Viertel der Mitgliedstaaten zu sammeln. Um Gleichheit zwischen den unterschiedlichen großen Mitgliedstaaten zu gewährleisten, findet das Prinzip der degressiven Proportionalität Anwendung. So müssen z. B. in Österreich mindestens 12 750 Unterschriften gesammelt werden, in Malta 3 750 und in Deutschland 74 250.[14] Die Verordnung legt weiters fest, dass Bürgerinitiativen ab dem 1. April 2012 eingeleitet werden können. Danach hat die Kommission drei Monate Zeit, die Initiative zu prüfen und über das weitere Vorgehen zu entscheiden. Maßgeblich ist, dass Bürgerinitiativen nur zu Themen initiiert werden können, die in die Kompe-

14 Diese Zahl errechnet sich durch die Anzahl der Mitglieder des EP in einem Land multipliziert mit 750.

tenz der Kommission fallen. So wäre z. B. eine Bürgerinitiative zur Festlegung eines einzigen EP-Sitzes zwar lobenswert, da die Entscheidung darüber aber nicht in die Befugnisse der Kommission fällt, wäre sie vergebens.

Eine weitere wichtige Neuerung betrifft die direkte Einbindung der nationalen Parlamente in die Gesetzgebung der Union (Protokoll Nr. 2 EUV, insbes. Art. 4–7). Sie können nun v. a. bei der Kontrolle der Einhaltung des Subsidiaritätsprinzips eine stärkere Rolle spielen. Ist ein Drittel der Parlamente der Auffassung, dass ein Kommissionsvorschlag nicht dem Prinzip der Subsidiarität entspricht, muss die Kommission ihren Vorschlag überprüfen und ihn anschließend beibehalten, abändern oder zurückziehen. Bleibt die Kommission bei ihrem Vorschlag, muss sie ihre Gründe darlegen. Rat und EP entscheiden dann über eine Fortsetzung des Legislativverfahrens. Die nationalen Parlamente haben zum interparlamentarischen Austausch die Datenbank IPEX (Interparliamentary EU Information Exchange[15]) geschaffen. IPEX erlaubt allen Parlamenten – unabhängig von anderen Informationsquellen –, sich über den Stand des Überprüfungsverfahrens in den jeweiligen nationalen Parlamenten zu informieren und auszutauschen. Da den Parlamenten nur acht Wochen Zeit für eine solche Prüfung zur Verfügung stehen, kann sich diese Datenbank als wertvolles Instrument erweisen. Es bleibt allerdings abzuwarten, ob nationale Parlamente über die Ressourcen, die Expertise und den Willen verfügen, dieses Instrument effizient zu nutzen. Dabei ist zu bedenken, dass das politische Prinzip der Subsidiarität in den einzelnen Mitgliedstaaten unterschiedlich interpretiert wird – was seine Justiziabilität nicht erleichtert –, dass Subsidiaritätsverletzungen selten auftreten und dass Rat, EP und Kommission sich über diese Bedenken hinwegsetzen können.

Was lässt sich aus diesem groben, holzschnittartigen Überblick gewinnen? Obgleich es eine Vielzahl an rhetorischen Bekenntnissen zur Demokratie auf europäischer Ebene gibt, ist nicht immer klar, wie eine solche verwirklicht werden soll. Repräsentanten des EP sind naturgemäß der Auffassung, dass eine demokratische Union nur durch ein starkes EP erreicht werden kann. Dass ein Machtzuwachs des EP jedoch nicht automatisch ein Mehr an Demokratie bedeuten muss, ja unter Umständen sogar zu einer Verringerung derselben führen kann, hat nachdrücklich der deutsche Verfassungsrechtler Dieter Grimm (1995) betont. Er sprach sich demgegenüber für eine Stärkung der nationalen Parlamente aus – eine Auffassung, die im Vertrag von Lissabon primärrechtlich verankert wurde. Eine dritte Auffassung ver-

15 Siehe http://www.ipex.eu/IPEXL-WEB/home/home.do.

sucht überhaupt von der Gleichsetzung Demokratisierung ist gleich Parlamentarisierung wegzukommen und setzt verstärkt auf „alternative" Mittel der Demokratie wie etwa Transparenz und Einbindung der Zivilgesellschaft (Kohler-Koch/Quittkat 2011). Daraus folgt, dass die Beurteilung der demokratischen Qualität der EU von den verwendeten normativen Maßstäben abhängt. Sie entscheiden, ob die demokratische Qualität der EU ausreicht oder ob ein sog. Demokratiedefizit festgestellt wird und mit welchen Maßnahmen es verringert werden kann.

8.2 Die Debatte über das Demokratiedefizit der EU

Die normative Demokratietheorie hat sich dem Phänomen der Integration bisher eher zurückhaltend genähert (Curtin 1997; Pollak 2007), wurde doch Demokratie im supranationalen Raum aufgrund des Fehlens eines europäischen Demos[16] (Grimm 1995; Scharpf 1995; Greven 1998; Böckenförde 1999; Kirchhof 2001) als unmöglich oder auch als gefährlich, da nationale Demokratietraditionen und -systeme aushöhlend, betrachtet (Andersen/Burns 1996; Chryssochoou 1998; Jachtenfuchs 1998; Wincott 1998; Eriksen/Fossum 2000). Aus diesem Grund sind systematische Arbeiten zur Demokratie im supranationalen Raum die Ausnahme in der Fülle der Literatur zur Europäischen Union (Weiler 1995; Curtin 1997; Abromeit 1998; Jachtenfuchs 1998; Lord 1998; Greven/Pauly 2000; Pollak 2007). Vielmehr wurden die Mechanik der Systembildung (im Neofunktionalismus) oder die *bargaining*-Prozesse zwischen den nationalen Regierungen (im Intergouvernementalismus) studiert. Für Erstere ist europäische Demokratie ein Beiprodukt politisch-technischer Koordination. Für Letztere ist supranationale Demokratie kaum ein Thema, da die Integration nicht ein Vorgang der Gemeinschaftsbildung, sondern Teil staatlicher Außenpolitik ist. Standard ist hingegen das Anlegen nationaler demokratischer Maßstäbe an das europäische politische System. Dennoch lässt sich auch in der Integrationsforschung ein *normative turn* feststellen (Bellamy/Castiglione 2000 und 2000a).

16 So wird immer wieder auf ursprüngliche Wortbedeutung „demos kratein" (Herrschaft des Volkes) verwiesen. Wenn es aber wie in der EU keinen *demos* gibt, wer soll dann herrschen? Dass die Existenz eines *demos* nicht notwendigerweise für eine demokratische Herrschaft vonnöten ist, zeigen David Collier und Steven Levitsky (1997), die 500 Begriffe anführen, die zur Unterscheidung verschiedener Versionen der Demokratie benutzt werden.

Die politische und akademische Debatte um die demokratische Qualität der EU identifiziert mehrere Ursachen für ein vermeintliches Demokratiedefizit: Die Kommission in Brüssel wurde und wird von vielen Bürgerinnen und Bürgern als bürokratischer Moloch wahrgenommen, dem jegliche demokratische Legitimation fehlt.[17] Die Staats- und Regierungschefs der Union bilden ein arkanes Kartell (Wallace 1996: 33), bilden keine politische Gemeinschaft (Dinan 1994: 4) und entziehen sich der Kontrolle nationaler Öffentlichkeiten. Die Entscheidungsregeln und -verfahren sind so komplex, dass selbst Experten Schwierigkeiten haben, den Paragrafendschungel zu durchblicken, und werden darüber hinaus durch ein opakes Ausschusswesen umgangen. Die Europäische Kommission ist ein nicht gewählter *agenda setter*, der seine Macht, wie der EuGH auch, beständig ausweitet. Verglichen mit der politischen Macht des Europäischen Rates, des Rates und der Kommission nehmen sich die Rechte des Europäischen Parlaments äußerst bescheiden aus (Nugent 2003: 203), v. a. da es die Exekutive nicht gezielt zur Verantwortung ziehen kann, bis zum Vertrag von Lissabon nur über beschränkte Budgethoheit verfügte und ein Misstrauensvotum nur gegen die Kommission in ihrer Gesamtheit möglich ist. Das „doppelte Defizit" (Lodge 1996: 190) besteht folglich in der Übertragung staatlicher Hoheitsrechte auf die supranationale Ebene ohne entsprechende parlamentarische Kontrolle (Williams 1991: 162; Neunreither 1994; Norris 1997; Coultrap 1999; Thomassen/Schmitt 1999: 4; Maurer 2001: 16).

In die gleiche Kerbe schlägt – wenig überraschend – das EP selbst, indem es in einem Bericht im Jahr 1988 festhält, dass das demokratische Defizit „is the combination of two phenomena: (a) the transfer of powers from the Member States to the European Community; and (b) the exercise of these powers at the Community level by institutions other than the EP, even though, before the transfer, the national parliaments held power to pass laws in the areas concerned."[18] Angesichts dieser Kritik kann auch der Hin-

17 Siehe dazu etwa Schmidt (1994: 438): Die Kommission erscheint als „Beamtenherrschaft ohne massendemokratische Grundlage. Das erweitert ihren nominellen Handlungsspielraum, mindert aber ihre Anerkennungswürdigkeit. Das Fehlen der massendemokratischen Basis ist für die klassische Beamtenherrschaft eines autoritären Staates unproblematisch; sie herrscht über Untertanen. Die Beamtenherrschaft in der EG jedoch erfasst demokratische Staatsbürger der Mitgliedstaaten; doch diesen Bürgern tritt sie nicht als legitimierte Herrschaftsinstanz gegenüber, sondern als Obrigkeit, die Politik für Untertanen betreibt."

18 EP report drawn up on behalf of the Committee on Institutional Affairs on the democratic deficit in the European Community (Toussaint Report; PE A 2276/87) vom 1. Februar 1988, 10–11.

weis auf die Direktwahl des Europäischen Parlaments ebenso wenig befriedigen wie die Anmerkung, dass die nationalstaatlichen parlamentarischen Systeme ebenfalls über gehörige Defizite verfügen (Moravcsik 2002; Zweifel 2002). Die Wahlen zum Europäischen Parlament sind nicht nur *second-order-elections* (Reif/Schmitt 1980; Reif 1984; Curtice 1989; Eijk/Franklin 1996; Hix 1999), sie weisen zudem eine Differenz zwischen wahlwerbenden Parteien und im Parlament vertretenen Parteien auf (Andeweg 1995). Darüber hinaus ist der eher technokratische statt politische Charakter europäischen Regierens nicht dazu angetan, politische Spannung zu erzeugen (Wallace/Smith 1995). Nicht zuletzt wird auch auf das generelle Informationsdefizit der europäischen Bürgerinnen und Bürger über das Funktionieren des komplexen Zusammenspiels von nationaler und europäischer Politik verwiesen.

Sind solche komplexen Systeme überhaupt demokratisch regierbar? Zumindest sind sie aus demokratietheoretischer Sicht „suspekt" (Grande 2000: 22), da sie Kontroll- und Verantwortlichkeitsprobleme mit sich bringen, die durch die alleinige Ausweitung parlamentarischer Rechte nicht lösbar sind. Das Fazit lautet: Die EU ist ein „classical case of a gradual process of de-democratisation through integration" (Seidelmann 1995: 79).

Es gibt aber auch Autoren, die die Existenz eines Demokratiedefizits auf europäischer Ebene verneinen. Giandomenico Majone (1996, 1998, 2000 und 2002) sieht in der EU hauptsächlich einen *regulatory state*, der keine redistributive Politik verfolgt. Würden massiv umverteilende Programme (z. B. über Steuern, Subventionen, kostengünstige Bereitstellung öffentlicher Güter) auf supranationaler Ebene initiiert werden, dann müssten die demokratischen Standards nationalstaatlicher Systeme angewandt werden. Da dies aber nicht der Fall ist, kann die EU auch nicht mit den üblichen Standards repräsentativer Demokratie gemessen werden und besitzt somit kein wirkliches Demokratiedefizit. Der Hauptvertreter des Liberalen Intergouvernementalismus, Andrew Moravcsik,[19] wendet sich v. a. gegen den Vorwurf der exekutiven Dominanz in der EU. Nationale Regierungen sind ihren Wählern direkt verantwortlich. Sie werden ferner durch ihre nationalen Parlamente, das EP und den EuGH kontrolliert – der europäische Politikprozess ist letztlich transparenter als in den Mitgliedstaaten. Majones und Moravcsiks Positionen bieten insofern eine interessante Gegenposition vor allzu überschäumender Kritik an der EU, als sie zum einen auf die nur begrenzten Auf-

19 Siehe Kap. 3.2.

gaben[20] der EU und zum anderen auf die Defizite nationalstaatlicher Demokratien hinweisen.

In der „komplexen Demokratietheorie" von Fritz Scharpf (1999) wird zwischen *Input* und *Output* unterschieden. Der Input bezieht sich auf die Beteiligung am Politikprozess, auf die Möglichkeiten des Einbringens politischer Forderungen und Wünsche durch die Bürgerinnen und Bürger bzw. ihrer politischen Repräsentanten; Output bezieht sich auf die Qualität des Regierens bzw. auf die messbaren Ergebnisse des Regierens. Während die EU im Sinne des Outputs als ein Erfolgsmodell gewertet werden kann (v. a. hinsichtlich ihrer Ziele der Kriegsvermeidung zwischen ihren Mitgliedern; des erreichten wirtschaftlichen Wohlstands und der demokratischen Stabilität der Mitglieder und der Vorbildwirkung auf zukünftige Beitrittsländer), muss der Input kritisch betrachtet werden. Demokratische Legitimität lediglich als Folge des zufriedenstellenden Outputs zu verstehen, ist unzureichend, da z. B. auch eine monarchische oder technokratische Herrschaft ohne Bürgerbeteiligung gute Ergebnisse zeitigen kann. Vielmehr muss den Bürgerinnen und Bürgern die Möglichkeit gegeben werden, ihren Anliegen Gehör zu verschaffen und den politischen Prozess zu beurteilen. Auf nationalstaatlicher Ebene erfolgt dies durch den politischen Wettbewerb zwischen Parteien, deren europäische Pendants nur unzureichend ausgebildet sind.

Darüber hinaus ist der sog. *Throughput* in die Analyse mit einzubeziehen: Nach welchen Regeln erfolgt die tatsächliche Entscheidungsfindung im politischen System? Wie kann nun ein demokratisch befriedigender Input und Throughput sichergestellt werden? Die klassische Antwort wäre ein repräsentativ-parlamentarisches System – wobei in einem ersten Schritt offen bleiben soll, ob dies in eine Stärkung des EP oder der nationalen Parlamente im europäischen Mehrebenensystem münden soll. Die Fürsprecher eines parlamentarischen Systems gehen davon aus, dass die Legitimität demokratischen Regierens von seinem Grad an Repräsentativität abhängt; d. h., politische Entscheidungen werden durch den Verweis auf den repräsentativen Charakter der am Entscheidungsprozess beteiligten Institutionen und Personen gerechtfertigt. Politische Entscheidungen müssen – so die Vorgabe der normativen Theorie – im besten Interesse der Betroffenen gefällt werden.

Dazu sind drei Voraussetzungen unerlässlich: (1) Die Interessen der Repräsentierten sind bekannt. Diese Bedingung verweist auf den notwendigen Kontakt zwischen Repräsentierten und Repräsentanten. (2) Das Handeln

20 Zum Prinzip der begrenzten Einzelermächtigung siehe Kap. 5.2.

der Repräsentanten muss klaren Regeln folgen, nachvollziehbar und transparent sein. (3) Politische Repräsentanten werden regelmäßig in freien Wahlen selektiert. Die Legitimation dieses parlamentarisch-repräsentativen Modells gründet sich auf die gleiche und direkte Wahl des Parlamentes sowie auf seine Vorherrschaft gegenüber den anderen Staatsgewalten (Exekutive, Judikative), die ihm aufgrund seiner Rechtsetzungskompetenz zukommt. Es sind die von den Bürgerinnen und Bürgern gewählten Repräsentanten, die in dieser Eigenschaft politische Wertungen vornehmen und auf deren Basis Entscheidungen fällen, für die sie dem Wahlvolk periodisch verantwortlich sind. Das parlamentarisch-repräsentative Verständnis von Demokratie ist tief in der westeuropäischen politischen Tradition verankert. Einen solchen Maßstab an die EU anzulegen bedeutet, sie nicht lediglich als eine internationale Organisation oder ein in vereinzelten Politikbereichen operierendes, Politik koordinierendes und regulatives Regime zu begreifen, sondern als eine politische Ordnung, deren autoritative Entscheidungen Rechte und Pflichten für fast 500 Millionen europäische Bürgerinnen und Bürger begründen.

Die kontinuierliche Aufwertung des EP seit den Vertragsrevisionen der 1990er Jahre kann als Versuch gewertet werden, die parlamentarische Dimension der EU zu stärken. Für die Aufwertung des EP spricht, dass es auf jener Ebene operiert, auf der immer mehr relevante Entscheidungen für die Bürgerinnen und Bürger Europas fallen. Ein weiterer Ausbau der Rechte des EP, wie zuletzt im Vertrag von Lissabon, kann den dringend notwendigen Wettbewerb zwischen den europäischen Parteien ermöglichen, zu einer größeren Medienaufmerksamkeit führen und letztlich eine ausgeglichene institutionelle Balance auf europäischer Ebene zur Folge haben. Wie Simon Hix (2005: 203) feststellt, sind allerdings auch innerhalb des EP Veränderungen geboten, um den politischen Wettbewerb zu forcieren. Derzeit werden Ausschussvorsitze streng nach proportionalen Gesichtspunkten vergeben. Hix schlägt vor – und damit folgt er dem britischen Wahlrecht des *first-past-the-post* –, dem Gewinner der EP-Wahlen die Wahl der ersten fünf Ausschussvorsitze zu überlassen.

Eine weitere wichtige Reform, wie vom Verfassungsvertrag vorgesehen, betrifft die Aufhebung der Trennung in obligatorische und nicht obligatorische Ausgaben im Haushalt der Union. Hätte das EP das Recht, alle Ausgaben der EU abändern zu dürfen (und nicht lediglich die nicht obligatorischen Ausgaben), so wäre z. B. eine grundlegende Reform der Gemeinsamen Agrarpolitik möglich – ein lang gehegter Wunsch der Mehrheit des EP. Hix schlägt auch vor, eine stärkere Verbindung zwischen den EP-Wahlen und der Zusammensetzung der Kommission zu etablieren. Der Vertrag von Nizza führte die qualifizierte Mehrheitsentscheidung im Europäischen Rat zur Wahl des Kommissionspräsidenten ein und legte fest, dass sich die Kommission als Kollegium einem Zustimmungsvotum des EP stellen muss. Aber erst der Vertrag von Lissabon spezifiziert Entscheidendes in Art. 17 Abs. 7: Der Europäische Rat berücksichtigt bei Vorschlag eines Kommissionspräsidenten „das Ergebnis der Wahlen zum EP". Es wäre wünschenswert, wenn die europäischen Parteien bereits vor der Wahl mit einem Spitzenkandidaten für den Posten des Kommissionspräsidenten ins Rennen gingen. Als Alternative wird immer wieder die Direktwahl des Kommissionspräsidenten vorgeschlagen (Bogdanor 1986; Decker 2002). Alle Vorschläge bedingen, dass sich Europa stärker integriert – eine Voraussetzung, von der alles andere als klar ist, dass sie eine Mehrheit der europäischen Bürgerinnen und Bürger goutieren würde.

Eine andere Position hält zwar ebenfalls an der zentralen Bedeutung parlamentarischer Körperschaften fest, betont jedoch, dass die strukturellen Besonderheiten der EU eine starke Stellung des EP nicht zulassen. Die Legitimation der EU – so etwa Dieter Grimm (1995) – basiert nach wie vor auf den demokratischen Systemen der Mitgliedstaaten bzw. den dort gewählten Parlamenten. Nur im nationalstaatlichen Kontext existiert eine einigermaßen funktionierende politische Öffentlichkeit und politische Auseinandersetzung, die – massenmedial vermittelt – eine politische Identität zwischen den Bürgerinnen und Bürgern des Nationalstaates herstellt, sodass politische Entscheidungen der (parlamentarischen) Mehrheit auch von der Minderheit grundsätzlich akzeptiert werden. Gemäß den Urteilen zum Maastricht-Vertrag (BVerfGE 89, 155) und zum Lissabon-Vertrag (BVerfG, 2 BvE 2/08 vom 30. Juni 2009) des deutschen Bundesverfassungsgerichts legitimiert sich die EU, genauer: das Handeln der europäischen Organe, in erster Linie durch die Rückkoppelung an die von den Staatsvölkern der Mitgliedstaaten gewählten nationalen Parlamente. Erst in zweiter Linie vermittelt sich die demokratische Legitimation der Union durch das von den Bürgern der Mitgliedstaaten gewählte EP.

Das parlamentarisch-repräsentative Modell impliziert formell eine Vorherrschaft der Legislative gegenüber der Exekutive, insbesondere die Annahme, dass das Parlament den Willen und die Fähigkeit aufbringt, die Regierung zu kontrollieren, sowie dass die Regierung sich auf die Umsetzung der vom Parlament beschlossenen Gesetze beschränkt. Warum können

Parlamente die in sie gesetzten Erwartungen in der Praxis kaum erfüllen? In einem viel zitierten Artikel hat Anthony King (1976) auf die Defizite des binären Modells der Beziehung zwischen Legislative und Exekutive im traditionellen Staatsrecht hingewiesen. Nach diesem auf den Überlegungen Montesquieus basierenden Modell ist die direkt legitimierte Legislative für die grundsätzliche politische und rechtliche Willensbildung zuständig. Die Exekutive, d. h. die Regierung und der ihr zur Verfügung stehende administrative Apparat, ist ausschließlich für die Konkretisierung der generell-abstrakten Vorschriften sowie für die Implementation derselben verantwortlich. Für King ist dieses im 18. Jahrhundert geprägte Modell ungeeignet, um die politische Realität widerzuspiegeln, da es die im Nationalstaat dominanten Akteure gegenwärtiger Politik vollständig negiert: die politischen Parteien. Durch deren Existenz ist es unmöglich, die dem binären Modell innewohnende feinsäuberliche Trennung zwischen Exekutive und Legislative weiterhin aufrechtzuerhalten. Es ist realpolitisch naiv anzunehmen, dass die vom Elektorat gewählten Abgeordneten die Regierung kontrollieren. Vielmehr verläuft die Trennung entlang von Parteigrenzen zwischen den die Regierung stützenden (Blondel/Cotta 2000) und den oppositionellen Abgeordneten. Dies ist auch einer der entscheidenden Gründe, weshalb die mitgliedstaatlichen Parlamente die Ratsaktivitäten ihrer Regierungsmitglieder – trotz zum Teil beachtlicher Mitwirkungsrechte – nur sehr eingeschränkt kontrollieren (Pollak/Slominski 2009).

Vor diesem Hintergrund ist es natürlich fraglich, ob eine Aufwertung der nationalstaatlichen Parlamente – wie dies etwa der Vertrag von Lissabon mit dem sog. Frühwarnsystem vorsieht – ein demokratiepolitischer Zugewinn wäre, oder ob dies dem einzelstaatlichen parlamentarisch-exekutiven Handlungsverbund (Beyme 1997: 54) nicht eine weitere Handlungsebene bietet, seine Interessen geltend zu machen und insofern als ein Schritt in Richtung Renationalisierung der EU-Politik zu werten ist. Auch die Annahme, dass die Regierung sich ausschließlich auf die Umsetzung der vom Parlament beschlossenen Gesetze beschränkt, ist empirisch nicht haltbar. Gesetze werden zu einem überwiegenden Teil von der Regierung und ihrem bürokratischen Unterbau gemacht. Das Parlament kann diese exekutive Legislativtätigkeit maximal kontrollieren. Bereits Max Weber hat aber bereits im Jahre 1918 darauf hingewiesen, dass die Kontrolle der administrativen Bürokratie durch das parlamentarische Regierungssystem kaum möglich ist. Auch jüngere Forschungsarbeiten bestätigen die Dominanz der Exekutive im Gesetzgebungsverfahren (Bach 1999). Die Dominanz der Exekutive ist somit weniger eine Konsequenz der europäischen Integration, sondern vielmehr ein Ausdruck gegenwärtigen Regierens.

Angesichts der oft hochkomplexen Probleme, auf die ein politisches System Antworten finden muss, ist es unrealistisch, dass ein Parlament – und diesbezüglich spielt es keine Rolle, ob es sich dabei um das EP oder um nationale Parlamente handelt – die politische Führungsrolle übernehmen kann (Andersen/Burns 1996). Eine Option ist der sog. „horizontale Parlamentarismus" (Maurer 2002a und 2002b) oder das „parliamentary field" (Fossum/Crum 2009). Ausgangspunkt ist die formal gestiegene Kontrollkompetenz nationaler Parlamente und deren Zusammenarbeit, sei es in der COSAC oder in der Subsidiaritätskontrolle. In beiden Fällen sind jedoch sowohl die mangelnde Ressourcenausstattung und Expertise der nationalen Parlamente ein ernst zu nehmendes Hindernis.

Eine Alternative zum parlamentarischen Modell bietet – zumindest in einem gewissen Ausmaß – ein Ansatz, der zurzeit zur Analyse der demokratischen Qualität der EU verwendet wird: die deliberative Demokratietheorie (Fishkin 1991 und 1995; Habermas 1992 und 1999; zur Anwendung auf die EU siehe insbesondere Eriksen/Fossum 2000, die sich zwar auch wie das parlamentarische Modell auf den Input konzentrieren, aber gleichzeitig über das Parlament hinausgehen). Durch die Beteiligung möglichst vieler Bürgerinnen und Bürger bzw. der Zivilgesellschaft soll mittels Debattieren, Argumentieren und Überzeugen eine optimale Politikgestaltung erfolgen. In der Diskussion sollen mehrheitsfähige Lösungen für den Interessenausgleich in einem politischen System gefunden werden. Dies hat zur Voraussetzung, dass die Bürgerinnen und Bürger an einer solchen intensiven Beteiligung Interesse haben und über die notwendigen zeitlichen und finanziellen Ressourcen verfügen.

Inwieweit dies realistisch ist und mehr als eine normative Forderung politischer Theoretiker ist, sei dahingestellt. Klar ist, dass das Modell der deliberativen Demokratie nicht als Ersatz zum parlamentarischen Modell zu verstehen ist, sondern demokratische Politik nicht auf die bloße Existenz parlamentarischer Körperschaften reduziert wissen will. Auf diese Weise kommt der deliberativen Demokratietheorie eine zum parlamentarischen Modell komplementäre Funktion zu; sie leistet dank ihrer Betonung der Bedeutung einer aktiven Bürgerschaft einen wichtigen Beitrag zur Differenzierung der Input-Dimension demokratischen Regierens.

8.3 Transparenz in der EU

Die Transparenz des Entscheidungsprozesses ist eine unabdingbare Voraussetzung für demokratische Systeme, da politische Akteure nur aufgrund von möglichst vollständigen Informationen zur Rechenschaft gezogen werden können. Fehlt eine solche Transparenz oder ist sie nur in einem ungenügenden Ausmaß vorhanden, kann es sehr schnell zu einer Verselbständigung des politischen Systems und der Zunahme an „Bürgerferne" kommen. Auch im Fall der EU kann Transparenz als ein „konstitutionelles Prinzip" bezeichnet werden (Jacqué 2003: 210).[21]

Die Ausweitung der EU-Aktivitäten und der Mehrheitsentscheidungen im Rat seit der EEA ließ die Forderung nach Transparenz lauter werden. Die Möglichkeit, dass Staaten nunmehr überstimmt werden konnten, verlangte nach einer Bekanntgabe ihrer Position in der Abstimmung. Der Rat hielt jedoch das Mantra der Vertraulichkeit mit dem Argument aufrecht, dass nur die Vertraulichkeit den Fortschritt des Einigungsprojektes garantiere. Eine Rechtfertigung der jeweiligen Positionen vor den Augen einer eventuell kritischen Öffentlichkeit könnte leicht zu einer Hürde für die Finalisierung des Binnenmarktprojektes werden. Erst das negative Votum der dänischen Bevölkerung zum Vertrag von Maastricht im Juni 1992 – und die Perzeption einer Legitimitätskrise des Einigungsprojektes – veranlasste den Rat zum Überdenken seiner Position. Eine Erklärung zum Recht auf Zugang zu Informationen (Nr. 17) wurde dem Vertrag beigefügt (Lenaerts 2004).

Der Europäische Rat (1992) von Edinburgh verabschiedete ein Paket von Änderungen zur Erhöhung der Transparenz. Er sprach sich für die Öffentlichkeit der Beratungen über das Arbeitsprogramm der Präsidentschaft und der Kommission sowie über „major issues of Community interest[22] [...] and major new legislative proposals" aus. Eine weitere Neuerung, die durch die Schlussfolgerungen von Edinburgh eingeführt wurde, war die Veröffentlichung der Abstimmungen im Rat. Formelle Abstimmungen finden zwar selten statt, dennoch darf diese Reform nicht unterschätzt werden, gehen mit

21 Allerdings weist Lenaerts (2004: 323) darauf hin, dass „the Community courts were not willing – so far – to recognize formally that the principle of transparency constitutes a general principle of Community Law".

22 Um diese öffentlich zu machen, bedarf es allerdings eines einstimmigen Votums des Rates.

der Veröffentlichung doch ausführliche Memoranda und Presseerklärungen einher.

Im November 2005 initiierte die Kommission die sog. Transparenzinitiative: ein Versuch, Regeln zu erstellen für EU-Politiker, tausende Lobbyisten, NGOs etc., die Einfluss auf den supranationalen Legislativprozess nehmen. Dies mündete in das gemeinsame Transparenzregister von EP und Kommission, das ab Sommer 2011 einsatzbereit sein soll.[23] Bereits seit 2008 sind zwei unabhängige Register auf einer gemeinsamen Internetplattform zugänglich.[24] Organisationen und selbständige Einzelpersonen, die sich mit der Gestaltung und Umsetzung der EU-Politik befassen und über einen längeren Zeitraum Zugang zu EP und Kommission erlangen wollen, sollen damit von einem Register zentral erfasst werden. Bei Verstößen gegen den Verhaltenskodex kann die Registrierung im Register ausgesetzt werden. Des Weiteren hat das EP beschlossen, seine Geschäftsordnung dahingehend zu verändern, dass im Anhang von Berichten zu Gesetzestexten ein „legislativer Fußabdruck" hinzugefügt werden soll. Darin werden alle Lobbyisten aufgelistet, die ein Abgeordneter bei seiner Arbeit an einem Gesetz kontaktiert hat.

Einen großen Schritt zu mehr Transparenz stellt die Möglichkeit dar, Zugang zu Dokumenten des Rates und der Kommission zu erhalten. Dies wird durch den gemeinsamen Verhaltenskodex vom 6. Dezember 1993 geregelt. Der Rat verabschiedete am 20. Dezember desselben Jahres einen Beschluss (93/731/EG), der den Zugang zu Ratsdokumenten präzisierte. Auf der Grundlage dieses Kodex haben die beiden Organe Sonderbestimmungen über den Zugang zu ihren Dokumenten in ihre Geschäftsordnung aufgenommen. In der Praxis werden Anfragen an den Rat durch das Ratssekretariat erledigt. Die Herausgabe von Dokumenten kann unter dem Hinweis auf deren Vertraulichkeit jedoch untersagt werden. Eine weitere Hürde betrifft das Erfordernis, dass ein Antrag „hinreichend präzise formuliert" sein muss (Art. 2 Abs.1 Beschluss des Rates 93/731/EG).

Nach der Norderweiterung im Jahr 1995 kam es zu einem weiteren Ausbau der Transparenzregeln. Mit dem Amsterdamer Vertrag wurden zahlreiche Bestimmungen zur Transparenz eingeführt, die auch im Lissabon-Vertrag fortgeführt werden: Art. 1 EUV hält fest, dass Entscheidungen

23 Siehe http://europa.eu/transparency-register/index_de.htm.

24 Siehe auch die Interinstitutionelle Vereinbarung zwischen Parlament und Kommission über ein gemeinsames Transparenzregister vom 11. Mai 2011 (2010/2291, ACI).

„möglichst offen und möglichst bürgernah getroffen werden" sollen. Die Umsetzung dieser Norm spezifiziert Art. 15 EUV: Jeder Unionsbürger hat das Recht auf Zugang zu Dokumenten des EP, des Rates und der Kommission. Allerdings wird in Abs. 3 von den genannten Organen verlangt, Sonderbestimmungen hinsichtlich des Zugangs zu seinen Dokumenten in den jeweiligen Geschäftsordnungen festzulegen.

Die Umsetzung des Art. 15 EUV erfolgte durch die VO 1049/2001[25] über den Zugang der Öffentlichkeit zu Dokumenten des EP, des Rates und der Kommission, beinhaltet allerdings auch Ausnahmeregeln.[26] So dürfen die Organe den Zugang zu Dokumenten verweigern, wenn der Schutz des öffentlichen Interesses oder der Schutz der Privatsphäre beeinträchtigt würde (Art. 4 VO 1049/2001). Kritik an der Intransparenz der Entscheidungsfindung im EU-System bezieht sich zumeist auf den Rat. Obwohl das EP grundsätzlich die größtmögliche Transparenz gewährleisten muss (Art. 96 GOEP), gibt es diesbezüglich erhebliche Unzulänglichkeiten. Beispielsweise ist der physische Zugang für Bürgerinnen und Bürger erheblich eingeschränkt. Personen, die nicht von einem MEP oder einem EP-Mitarbeiter eingeladen wurden, dürfen das Parlamentsgebäude nicht betreten. Selbst jene, die zugelassen wurden, dürfen sich dort nicht frei bewegen. Länger gültige Besucherausweise werden zwar auf Antrag vergeben, die Entscheidung beruht jedoch auf keinen objektiv nachvollziehbaren Kriterien. Eng damit verbunden ist die Tatsache, dass auch eine unmittelbare Anwesenheit im Plenum erheblich eingeschränkt ist. Ferner ist das Abstimmungsverhalten eines einzelnen MEP für seine Wählerschaft nicht nachzuvollziehen, da über sein oder ihr Stimmverhalten keine offiziellen Aufzeichnungen geführt werden. Dasselbe trifft übrigens für Abstimmungen in den EP-Ausschüssen zu (Settembri 2005: 646ff.).

Der Zugang zu Dokumenten und schriftlichen Unterlagen der Organe der EU ist allerdings nur ein Aspekt von Transparenz. Ein solcher Zugang ist immer nur nach Annahme eines Dokuments möglich, d.h. ex post. Wie konkrete Beratungen und Verhandlungen verlaufen (z.B. im AStV, Rat oder in der Kommission), bleibt dem Blick der Bürgerinnen und Bürger, aber auch den Medien jedoch weitgehend verborgen.

25 ABl. 2001 L 145/43.

26 Siehe dazu auch Vorschlag für eine Verordnung des Europäischen Parlaments und des Rates vom 30. April 2008 für den Zugang der Öffentlichkeit zu Dokumenten des Europäischen Parlaments, des Rates und der Kommission, KOM(2008) 229 endg., nicht im Amtsblatt veröffentlicht.

Grundsätzlich können sich zwei Probleme durch die Forderung nach mehr Öffentlichkeit und Transparenz von Beratungen ergeben: (1) Die Kompromissbereitschaft der Akteure wäre geringer, da die dafür notwendigen Positionsänderungen im Fall öffentlicher Verhandlungen tendenziell unwahrscheinlicher wird (Nicoll 1994: 192). Somit muss jede Forderung nach mehr Transparenz eine delikate Balance zwischen der notwendigen Vertraulichkeit von Beratungen und dem Bedürfnis der Öffentlichkeit nach einer demokratischen Kontrolle schaffen. (2) Wie bereits weiter oben ausgeführt, fallen die meisten Entscheidung im Rat nicht aufgrund einer ausführlichen Debatte zwischen den Regierungsvertretern, sondern aufgrund der Vorbereitungsarbeit in den Arbeitsgruppen und dem AStV. Folglich können Transparenzbestimmungen, die ausschließlich auf die formell entscheidungsbefugten Akteure abzielen (z. B. Kollegium der Kommission, Minister im Rat) und nicht auch die vor gelagerten Verhandlungsebenen mit einbeziehen, ohnehin nur eine begrenzte Wirkung entfalten.

Weiterführende Literatur

Beetham, D./Lord, C. (1998). *Legitimacy and the EU*, London–New York: Longman.

Eriksen, O. E./Fossum, J. E. (Hg.) (2000). *Democracy in the European Union. Integration through Deliberation?*, London–New York: Routledge.

Kohler-Koch, B./Rittberger, B. (2007). *Debating the Democratic Legitimacy of the European Union*, Lanham: Rowman & Littlefied.

Websites

http://www.europarl.europa.eu/elections2004/ep-election/sites/de/index.html – Ergebnisse zu den EP-Wahlen seit 1979.

http://ec.europa.eu/civil_society/index_de.htm – Generalsekretariat der Kommission über den Konsultationsmechanismus der EU-Organe.

http://ec.europa.eu/transparency/index_de.htm – offizielle Dokumente der Kommission.

http://www.consilium.europa.eu/showPage.asp?id=254&lang=de&mode=g – offizielle Dokumente des Rates.

http://www.europarl.europa.eu/registre/recherche/RechercheSimplifiee.cfm?langue=DE – offizielle Dokumente des EP.

http://ec.europa.eu/prelex/apcnet.cfm?CL=de – über laufende Legislativprozesse.

http://www.votewatch.eu/ – über das Stimmverhalten der EP-Abgeordneten.

9 Ausgewählte Politikbereiche

Im Folgenden sollen sechs Politiken der EU vorgestellt werden. Aus dem Bereich der Ersten Säule sind dies die Gemeinsame Agrarpolitik (GAP), der Binnenmarkt und die Wirtschafts- und Währungsgemeinschaft (WWU) als stark vergemeinschaftete Politikfelder. Als Ergänzung wird die Sozial- und Beschäftigungspolitik vorgestellt – ein Bereich relativ geringer, aber in den letzten Jahren zunehmender gemeinschaftlicher Aktivität.

Die Gemeinsame Außen- und Sicherheitspolitik und die Justiz- und Innenpolitik dienen als Beispiel für den intergouvernementalen Interaktionsmodus.

9.1 Die Gemeinsame Agrarpolitik

Die Erfahrungen am Ende des Zweiten Weltkriegs ließen die Nahrungsmittelversorgung zu einem Hauptthema des Integrationsprozesses werden. Gleichsam als Tausch für die Schaffung eines gemeinsamen Marktes für Industriegüter akzeptierte Deutschland den französischen Wunsch nach einem gemeinsamen, stark geschützten Agrarmarkt.[1] Aber auch die anderen Gründungsmitglieder unterstützten die GAP.[2] Die GAP war einer der ersten Bereiche, in denen die Mitgliedstaaten zugunsten der Gemeinschaft auf einen Teil ihrer Souveränität verzichteten. Europa wurde binnen kürzester

1 Frankreich mit seinem großen Agrarsektor erwartete sich Nachteile, sollte es lediglich zu einem Binnenmarkt für Industriegüter kommen. Allerdings finden sich in der Literatur auch Hinweise, dass diese Sichtweise kaum durch empirische Evidenz gestärkt ist (Rieger 2005: 168). Noch heute erzeugt Frankreich 22,5 Prozent der gesamten EU-Agrarprodukte – ein starkes Interesse an der GAP kann also angenommen werden.

2 Es darf nicht vergessen werden, dass 1958 rund 25 Prozent aller Beschäftigten der EG in der Landwirtschaft tätig waren (heute: 5 Prozent) – ein kaum zu unterschätzendes Wählerpotenzial.

Zeit von einem Nahrungsmittelimporteur zu einem der bedeutendsten Agrarexporteure. Die GAP stand und steht jedoch immer wieder im Mittelpunkt heftiger Kontroversen, da – trotz der hohen Ausgaben des EU-Haushalts[3] – das Ziel eines angemessenen Einkommens für Landwirte durch Preis- und Einkommensstützungen nicht erreicht werden konnte. Vielmehr trug das System dazu bei, „Butter- und Rindfleischberge", „Milch- und Weinseen" zu produzieren und einem europäischen Protektionismus Vorschub zu leisten. Seit den frühen 1990er Jahren führen steigende Kosten, Überproduktion und ökologische Überlegungen zu grundlegenden Reformen. Diese beinhalten v. a. eine Senkung des Stützpreises bei Getreide, Rindfleisch, Stilllegungen von Anbauflächen und Ausgleichszahlungen nach Hektar (nicht nach Produktionsmenge!). Als flankierende Maßnahmen werden ökologische und soziale Maßnahmen (z. B. Vorruhestandsregelungen für Landwirte) gefördert.

Die erste gemeinsame Marktordnung wurde vom Ministerrat im Januar 1962 beschlossen. Marktordnungen dienen der Abgrenzung des europäischen Marktes vom Weltmarkt. Begründet wird dies damit, dass die Produktionskosten in der Gemeinschaft in vielen Fällen höher sind als in anderen großen Erzeugerländern und so eine Preisstabilisierung erreicht werden kann. Dieses Ziel wird über marktinterne Preisregelungen, Protektion gegenüber Importen durch Quoten und Zölle[4] sowie durch Unterstützungszahlungen an die Produzenten zu erreichen versucht. Die sog. McSharry-Reform im Mai 1992 war der erste Versuch, Marktmechanismen und Umweltschutz in der Landwirtschaft über die Produktionsmenge zu stellen. Die Förderhöhe pro Hektar wurde begrenzt, Ausgleichszahlungen für Einkommensverluste vereinbart.

Auf einem Sondergipfel in Berlin 1999 wurde die sog. Agenda 2000 beschlossen. Sie verfolgte das ambitionierte Ziel, die GAP grundlegend zu reformieren und sie auf den damals anstehenden Beitritt der zehn mittel- und osteuropäischen Mitgliedstaaten vorzubereiten.[5] Im Mittelpunkt standen

3 Siehe dazu Kap. 7.2.2.

4 Dies kann auch als *Prinzip der Gemeinschaftspräferenz* verstanden werden: Innergemeinschaftlichen Produkten wird im Binnenmarkt ein Absatzvorrang zuerkannt.

5 Der Beitritt der zehn mittel- und osteuropäischen Staaten bedeutete aufgrund des hohen Anteils der in der Landwirtschaft Beschäftigten eine besondere Herausforderung. Insgesamt kamen durch den Beitritt 38 Millionen Hektar Agrarfläche zu den 130 Millionen in den EU-15 hinzu. Die Produktion erhöhte sich jedoch nur um ca. 15 Prozent. Zunächst erhielten die neuen Mitgliedsländer 25 Prozent der Prämien der alten Mitgliedsländer. Bis zum Jahr 2007 wurde dieser Satz in Fünf-Prozent-Schritten, danach in Zehn-Prozent-Schritten erhöht.

insbesondere eine Stärkung der Wettbewerbsfähigkeit, Förderung eines angemessenen Lebensstandards der in der Landwirtschaft tätigen Bevölkerung, die Etablierung der ländlichen Entwicklung und eine stärkere Berücksichtigung von Umweltschutz und Lebensmittelqualität. Die ehrgeizigen Ziele des damaligen Agrarkommissars Franz Fischler – v. a. eine Abkehr von Preisstützungen und eine gleichzeitige Hinwendung zu Einkommensunterstützung für die Landwirte – wurden durch ein französisch-deutsches Abkommen zum Teil unterlaufen, wodurch die Produktionsmenge und Beihilfenhöhe einmal mehr nicht gänzlich entkoppelt wurde (Akrill 2000).

Im Juni 2003 verabschiedete der Rat nach Bewertung der Agenda 2000 ein neuerliches Reformprogramm (sog. *Midterm Review*). Im Wesentlichen lief diese Reform auf eine weitere Entkoppelung von Direktzahlungen und Produktion hinaus.[6] Damit sollte eine stärker an Marktgegebenheit und nicht an EU-Prämien ausgerichtete Produktion landwirtschaftlicher Güter erreicht werden. Insbesondere Frankreich wehrte sich aber weiter gegen eine vollständige Entkoppelung. Als Kompromiss wurde den Mitgliedstaaten gewährt, unter genau festgelegten Bedingungen eine Koppelung der Beihilfen an die Produktion beizubehalten. Ein weiteres Element der Reform ist die verstärkte Entwicklung des landwirtschaftlichen Raumes durch Bereitstellung von mehr Fördermittel für Umwelt, Tierschutz und Qualität. Dabei verbindet die Gemeinschaft Prämienauszahlungen mit der Einhaltung gewisser Umwelt-, Tierschutz- oder Lebens- und Futtermittelsicherheitsstandards. Im Fall einer Verletzung dieser Standards kann der betreffende Landwirt die gesamten Fördermittel verlieren (sog. *Cross-Compliance*). Im Ergebnis ist die GAP heute zumindest auf dem Weg von einer starren, produktionsorientierten Subventionspolitik zu einer mehr marktorientierten Produktion.

Im November 2008 wurde der *Health Check* der GAP beschlossen. Mit wenigen Ausnahmen kam es zur Entkoppelung von Direktzahlungen und Produktion, einer weiteren Betonung der Ökologisierung der Landwirtschaft, der Lebensmittelsicherheit und Tierhaltung. Um eine größere Flexibilität im Weltmarkt zu gewährleisten, fiel auch die Auflage, zehn Prozent der landwirtschaftlichen Nutzfläche brachliegen zu lassen. Man einigte sich weiters darauf, bis 2015 Milchquoten stufenweise abzubauen.

Derzeit steht die Diskussion der GAP nach 2013 an. Es wird erwartet, dass die Kommission im Herbst 2011 nach umfangreichen öffentlichen

6 Siehe Verordnung (EG) Nr. 1782/2003 des Rates vom 29. September 2003 mit gemeinsamen Regeln für Direktzahlungen im Rahmen der Gemeinsamen Agrarpolitik, ABl. L 270 vom 21. Oktober 2003.

Konsultationen[7] einen Vorschlag für den Zeitraum von 2014 bis 2020 präsentieren wird. Einen ersten Hinweis für die Pläne der Kommission gibt ihre Mitteilung „Die GAP bis 2020".[8] Als Ziele werden die ausreichende Versorgung mit Nahrungsmitteln vor dem Hintergrund des weltweit steigenden Bedarfs und schwankender Märkte genannt, die stärkere Einbeziehung von Umwelt- und Klimaschutzmaßnahmen in die Agrarpolitik und der Erhalt der Landwirtschaft in allen Regionen der EU sowie der Vielfalt der ländlichen Gebiete. Diese neuerliche Reform ist in die Verhandlungen zum neuen Finanzrahmen für die Jahre 2013 bis 2020 eingebettet – und es ist zu erwarten, dass neben den genannten Zielen auch eine Reduktion des Agrarhaushaltes ansteht. Kostete die GAP in den 1970er Jahren noch 70 Prozent des EU-Budgets, so ist dies auf ca. 34 Prozent im Zeitraum 2007 bis 2013 gesunken.

Die Bedeutung der GAP lässt sich nicht nur an den Kosten ermessen, sondern auch an der Verabschiedung der Rechtsakte: Jedes Jahr werden im Agrarbereich wegen dem ständigen Anpassungsbedarf an den Weltmarkt rund 3 000 Rechtsakte des Rates und der Kommission erlassen (Streinz 2005: 421). Die Rolle des EP im Bereich der GAP war bisher auf einzelne Anhörungsrechte beschränkt. Der Vertrag von Lissabon (Art. 43 Abs. 2 AEUV) bietet nun dem EP die Möglichkeit, gemeinsam mit dem Rat gemäß dem ordentlichen Gesetzgebungsverfahren die Ziele der Agrar- und Fischereipolitik festzulegen. Da auch die Trennung in obligatorische und nicht obligatorische Ausgaben im EU-Budget gefallen ist – die GAP war Teil der der Aufsicht des EP weitgehend entzogenen obligatorischen Ausgaben –, ist zu erwarten, dass das EP in Zukunft das lang gehegten Ziel einer umfassenden GAP-Reform intensiver verfolgen wird. Bisher wird in Bezug auf die GAP zu Recht von einem *iron triangle* gesprochen, bestehend aus Landwirtschaftsministern[9], Kommissionsbeamten[10] und der Agrarlobby[11] (Daugbjerg 1999; Pappi/

7 Die Ergebnisse wurde im Juni 2010 in einer Tagung vorgestellt (http://ec.europa.eu/agriculture/cap-post-2013/conference/index_de.htm).

8 Siehe Mitteilung der Kommission an das Europäische Parlament, den Rat, den europäischen Wirtschafts- und Sozialausschuss und den Ausschuss der Regionen: Die GAP bis 2020: Nahrungsmittel, natürliche Ressourcen und ländliche Gebiete – die künftigen Herausforderungen, KOM(2010) 672 endg.

9 Diese werden nicht wie im Rat üblich vom AStV, sondern vom Sonderausschuss für Landwirtschaft unterstützt.

10 Die GD Landwirtschaft und ländliche Entwicklung ist die zweitgrößte Generaldirektion (nach der GD Personal und Verwaltung) in der Kommission und weist eine hohe Anzahl französischer und deutscher Beamten auf.

11 Z. B. der Ausschuss der berufsständischen landwirtschaftlichen Organisationen der Europäischen Union (Confederation of Professional Agricultural Organisations, COPA). Neben der COPA gibt es an die 130 europäische Lobby-Verbände für die Landwirtschaft.

Henning 1999). So ist es kaum verwunderlich, dass eine tief greifende Reform der GAP nur unter speziellen Bedingungen erfolgen kann: Dies war beispielsweise Ende der 1990er Jahre der Fall, als ein Konsens über die Unfinanzierbarkeit der bisherigen GAP angesichts des Beitritts von zehn Mitgliedstaaten entstand; hinzu kam der externe Druck der WTO-Liberalisierungsrunden.

Laut Art. 39 AEUV ist es das Ziel der GAP die Steigerung der Produktivität der Landwirtschaft, die Gewährleistung einer angemessenen Lebenshaltung der landwirtschaftlichen Bevölkerung, die Stabilisierung der Märkte, die Sicherstellung der Versorgung und Belieferung der Verbraucher zu angemessenen Preisen. Um diese Ziele zu erreichen, stehen der Gemeinschaft drei Instrumente zur Verfügung: gemeinsame Wettbewerbsregeln, Koordinierung der einzelstaatlichen Marktordnungen und eine europäische Marktordnung (Art. 40 AEUV). In der Praxis erweisen sich die europäischen Marktordnungen als bedeutendstes Instrument, da solche für die meisten Agrarprodukte der EU existieren. Sie basieren auf einem organisierten Außenschutz vor Niedrigpreisprodukten aus Drittstaaten, einem Interventionssystem zur Aufrechterhaltung eines Mindestpreises und aus Beihilfen. Kann eine Ware zu einem bestimmten Mindestpreis (sog. Interventionspreis), der üblicherweise über dem Weltmarktpreis liegt, nicht verkauft werden, wird sie durch staatliche Interventionsstellen aufgekauft. Die auf diese Weise entstehende Überproduktion wird wiederum durch entsprechende Exportsubvention zu senken versucht (Streinz 2005: 420). Sämtliche Ausgaben der GAP werden aus dem EU-Haushalt bestritten (sog. finanzielle Solidarität).

Es ist leicht vorstellbar, dass ein solches System enormer finanzieller Mittel bedarf – diese werden von dem *Europäischen Ausrichtungs- und Garantiefonds für die Landwirtschaft (EAGFL)* getragen. Zudem trug dieses System der Preisfestsetzung mit Absatzgarantie zur Produktion erheblicher Überschüsse bei. Erste Versuche, diesen beiden negativen Folgen der GAP beizukommen – z. B. mittels freiwilligen Flächenstilllegungen –, zeigten nur wenig Erfolg. Ein Reformprogramm, gestartet im Jahr 1992, nahm die Preisstützungen zurück und glich diese durch Direktzahlungen an die Landwirte aus. Der Interventionspreis für Getreide wurde schrittweise um 33 Prozent gesenkt (bei Rindfleisch um 15 Prozent). Als Ausgleich erhielten die Produzenten eine am regionalen Durchschnitt orientierte Hektarbeihilfe. Um eine Überproduktion zu vermeiden, wurden sie zudem verpflichtet, ab einer bestimmten Menge Flächen still zu legen. Wesentliches Augenmerk liegt heute auf der Entwicklung ländlicher Regionen. Das mit den verschiedenen Reformen eingesparte Geld fließt in den *Europäischen Landwirtschaftsfonds für die Entwicklung des ländlichen Raums* (ELER).

Neben der Markt- und Preispolitik steuert die Gemeinschaft auch die Agrarstrukturpolitik. Primärer Gedanke ist hierbei, die Effizienz der Betriebe (auch unter ökologischen Gesichtspunkten) zu erhöhen, aber auch die Landwirtschaft in benachteiligten Gebieten (Stichwort: Bergbauern) aufrechtzuerhalten. Ein 1988 beschlossener kombinierter Mitteleinsatz aus EAGFL, des Regionalentwicklungsfonds und des Europäischen Sozialfonds soll diese Ziele verwirklichen helfen.

9.2 Der Binnenmarkt

Ausgehend von einem Weißbuch der Kommission im Jahr 1985 beschlossen die Staats- und Regierungschefs in der EEA, den Binnenmarkt bis Dezember 1992 zu vollenden. Auch wenn dieses ambitionierte Programm bis heute nicht zur Gänze verwirklicht ist, stellte es durch die Überwindung des Stagnationsprozesses der 1970er und frühen 1980er Jahre *(Eurosklerose)* einen Wendepunkt in der europäischen Integrationsgeschichte dar. Obwohl bereits der EG-Vertrag von Rom die Errichtung eines gemeinsamen Marktes und die Errichtung einer Zollunion vorsah – Letztere wurde bereits 1968 realisiert –, gab es eine Reihe von Hindernissen in Gestalt unterschiedlicher nationaler Rechtsvorschriften, die einen gemeinsamen Markt behinderten. Im besagten Weißbuch sah die Kommission eine Vielzahl von Maßnahmen zur Beseitigung von Binnenmarkthindernissen vor. Um die Marktbeschränkungen zu beseitigen, verfolgte die Kommission in den Anfangsjahren der Integration eine sog. *Harmonisierungsstrategie*: Sie versuchte einheitliche und sehr detaillierte europäische Vorschriften zu verabschieden, die die unterschiedlichen nationalen Regelungen ersetzen sollten. Da dieses Unterfangen überaus zeitintensiv war und nicht selten auch zu erfolglosen Verhandlungen im Rat führte, rückte die Kommission sukzessive von der Harmonisierungsstrategie ab und betonte verstärkt die Bedeutung der *gegenseitigen Anerkennung* nationaler Regelungen. Ermöglicht wurde dieser Strategiewechsel durch das Cassis-de-Dijon-Urteil des EuGH im Jahr 1979 (Stone Sweet 2000: 181, und 2004: 127ff.). Zusätzlich konnten für viele Politikbereiche seit der EEA Ratsbeschlüsse auch mit qualifizierter Mehrheit verabschiedet werden, was die Verabschiedung europäischer „harmonisierender" Rechtsakte erleichterte.

Der Wegfall der EU-Binnengrenzen und die Beseitigung von Handels- und Wettbewerbshemmnissen werden als *negative Integration* bezeichnet. Demgegenüber geht es bei der *positiven Integration* um die Wahrnehmung wirtschaftspolitischer und regulativer Aufgaben wie etwa die Schaffung von Umwelt- und Sozialstandards (Scharpf 1999: 49). Vor dem Hintergrund dieser Begrifflichkeit ist ersichtlich, dass der Schwerpunkt der europäischen Integration auf einer negativen Integration liegt, obgleich es – insbesondere in den letzten Jahren – zu einem Anstieg an positiven Integrationsmaßnahmen gekommen ist.

Dies erklärt auch, weshalb die Union als *regulatory state* bezeichnet wird. Das v. a. von Giandomenico Majone auf die EU angewandte Konzept des „regulatorischen Staates" sieht den Schwerpunkt des Regierens auf europäischer Ebene im ökonomischen Bereich angesiedelt, insbesondere in der Liberalisierung des Binnenmarktes und in der Wettbewerbspolitik. Mangels einer gemeinsamen (politischen) Identität kann die EU – so Majone – keine klassischen (re)distributiven Aufgaben des nationalen Wohlfahrtsstaates erfüllen, sondern soll sich primär auf die Herstellung möglichst optimaler Marktbedingungen bzw. der Korrektur von Marktversagen konzentrieren.[12] Aufgrund der dabei entstehenden Kombination von „negativen" marktbeseitigenden und „positiven" marktkorrigierenden Maßnahmen kann auch von einer Kombination von Deregulierung und Reregulierung gesprochen werden (Majone 1997: 143).

Der Art. 3 EUV normiert, dass eines der zentralen Ziele der EG die Errichtung eines Binnenmarktes[13] ist, d. h. eines Raumes ohne Binnengrenzen, in dem der freie Verkehr von Waren, Personen, Dienstleistungen und Kapital gewährleistet ist (Art. 26 AEUV).

12 Marktversagen wird im Sinne der neoklassischen Lehre der Nationalökonomie dann angenommen, wenn Monopolunternehmen über zu viel Macht verfügen und überhöhte Preise für ihre Produkte verlangen, weiters wenn sog. negative Externalitäten auftreten (z. B. Umweltverschmutzung durch Unternehmen), Informationen fehlen oder asymmetrisch verteilt sind oder öffentliche Güter (z. B. Gesundheitsversorgung) in unzureichendem Ausmaß vom Markt angeboten werden (Majone 1996a). Dementsprechend kam es seit den 1980er Jahren auch zu umfangreichen Liberalisierungen von ehemals monopolistischen Märkten und zu Privatisierungen ehemals staatlicher Unternehmen in Infrastrukturbereichen wie Telekommunikation, Energieversorgung, Eisenbahnen etc. (Eberlein/Grande 2003).

13 Der Binnenmarkt ist Teil des Gemeinsamen Marktes und darf somit nicht mit diesem gleichgesetzt werden (Thun-Hohenstein/Cede/Hafner 2005: 30).

Im Zentrum des *freien Warenverkehrs*[14] stehen die Errichtung einer Zollunion sowie das Verbot mengenmäßiger Beschränkungen des Warenaustausches zwischen den Mitgliedstaaten (Art. 28 AEUV). Die Warenverkehrsfreiheit bezieht sich aber nicht nur auf Waren, die aus den Mitgliedstaaten stammen, sondern auch auf Waren aus Drittstaaten, die sich in den Mitgliedstaaten in freiem Verkehr befinden (Art. 28 Abs. 2 AEUV). Die seit 1968 existierende Zollunion besteht ihrerseits aus dem Verbot von Ein- und Ausfuhrzöllen, aus Maßnahmen gleicher Wirkung zwischen den Mitgliedstaaten sowie aus der Schaffung eines gemeinsamen Außenzolls. Vor allem in der Frühphase der Integration versuchten die Mitgliedstaaten den freien Warenverkehr – nicht selten aus protektionistischen Motiven – dahingehend zu behindern, indem sie bei der Einfuhr von Waren aus anderen Mitgliedstaaten Abgaben erhoben (z. B. Gebühren für behauptete Qualitäts- oder Gesundheitskontrollen). Diese Vorgangsweise wurde jedoch seitens des EuGH in zahlreichen Urteilen untersagt. Ähnliches kann vom Verbot von Einfuhr- und Ausfuhrbeschränkungen sowie Maßnahmen gleicher Wirkung gesagt werden.

Dennoch gibt es Schranken der Warenverkehrfreiheit, insbesondere aus Gründen der öffentlichen Sittlichkeit, Ordnung und Sicherheit, zum Schutz der Gesundheit (Art. 36 AEUV).[15] Darüber hinaus hat der EuGH in einer Reihe von Urteilen weitere Ausnahmen von der Warenverkehrsfreiheit anerkannt. Danach sind Ein- und Ausfuhrbeschränkungen zulässig, wenn (1) eine spezifische gemeinschaftsrechtliche Vorschrift fehlt, wenn (2) die besagte Beschränkung erforderlich (Verhältnismäßigkeitsprinzip) ist, wenn (3) es sich um zwingende Erfordernisse[16] des Gemeinwohls handelt und wenn (4) die Ausnahme nicht zwischen in- und ausländischen Waren diskriminiert.

Der *freie Personenverkehr* kann unterteilt werden in die Freizügigkeit von Arbeitnehmern (unselbständige Tätigkeit) und in die Niederlassungsfreiheit (selbständige Tätigkeit). Die Freizügigkeit der Arbeitnehmer umfasst

14 Eine exzellente Darstellung der Warenverkehrsfreiheit, die die europarechtlichen Vorschriften in ihren politischen und ökonomischen Kontext einbettet, findet sich bei Haltern (2005: 533ff.).

15 Ähnliche, wenngleich nicht idente Ausnahmen gibt es auch für alle anderen Grundfreiheiten. Auf ihre Darstellung wird jedoch aus Platzgründen verzichtet und auf die einschlägigen Lehrbücher (z. B. Streinz 2005: 312ff.) verwiesen.

16 Das zwingende Erfordernis wurde vom EuGH kontinuierlich weiterentwickelt. Mittlerweile können Handelshemmnisse u. a. aus Gründen der Kulturpolitik, des Umweltschutzes und der Aufrechterhaltung der Medienvielfalt gerechtfertigt sein.

die Eliminierung jeder auf Staatsangehörigkeit beruhenden unterschiedlichen Behandlung in Bezug auf Beschäftigung, Entlohnung und sonstige Arbeitsbedingungen (Art. 45 AEUV). Unter gewissen Bedingungen kann sich ein EU-Bürger auch nach Beendigung seiner Beschäftigung in dem anderen Mitgliedstaat weiter aufhalten bzw. sich vor einer Beschäftigung zur Arbeitssuche in einen Mitgliedstaat begeben.

Die *Niederlassungsfreiheit* ermöglicht die ungehinderte Ausübung dauernder selbständiger Tätigkeit natürlicher und juristischer Personen in einem anderen Mitgliedstaat zu den gleichen Bedingungen, die für Inländer gelten (Art. 49 AEUV). Im freien Personenverkehr gilt ein Diskriminierungsverbot zwischen EU-Bürgern, aber auch eine Reihe von Beschränkungen, wenn sie aus Gründen des Allgemeininteresses erfolgen und dem Grundsatz der Verhältnismäßigkeit entsprechen. So kam es bei Großveranstaltungen wie z. B. bei der Fußball-Europameisterschaft, den Olympischen Spielen im Jahr 2000 oder auch den G-8-Gipfeln zur kurzfristigen Wiedereinführung von Binnengrenzkontrollen.

Die *Dienstleistungsfreiheit* ergänzt den freien Personenverkehr dahingehend, als sie erwerbswirtschaftliche Tätigkeiten ohne Wohnsitzverlagerung grenzüberschreitend ohne Diskriminierung nach Staatsangehörigkeit ermöglicht (Art. 56 AEUV).[17] Das Kriterium der Grenzüberschreitung kann bei Dienstleistungen auf dreifache Weise erfüllt sein: (1) wenn der Dienstleistungserbringer den Grenzübertritt vornimmt (z. B. ein niederländischer Anwalt berät und vertritt einen Mandanten in Belgien), (2) wenn der Dienstleistungsempfänger die mitgliedstaatliche Grenze überschreitet (z. B. eine EU-Bürgerin konsultiert einen Arzt in einem anderen Mitgliedstaat) oder (3) wenn die Dienstleistung selbst die Grenze wechselt (z. B. im Fall von Fernseh- oder Radiosendungen).

Die *Kapitalverkehrsfreiheit* verbietet alle Beschränkungen des Kapitalverkehrs (Übertragung von Sach- und Geldkapital) zwischen den Mitgliedstaaten sowie zwischen Mitgliedstaaten und Drittstaaten (Art. 63 AEUV).

17 Die Dienstleitungsfreiheit grenzt sich von der Niederlassungsfreiheit vom vorübergehenden Charakter der Leistungserbringung ab.

9.3 Die Wirtschafts- und Währungsunion

Im Gegensatz zum Binnenmarkt verfügte die Gemeinschaft in der Wirtschafts- und Währungspolitik (WWU) anfänglich über keine nennenswerten Kompetenzen. Erste politische Aktivitäten auf europäischer Ebene waren das Ergebnis der Krise des Bretton-Woods-Systems[18] und seine befürchteten Auswirkungen auf die GAP in den späten 1960er Jahren. Auf der Gipfelkonferenz von Den Haag (1969) visierten die Staats- und Regierungschefs erstmals die Schaffung einer WWU an. Im März 1970 beschloss der Rat, einen Ausschuss unter der Leitung des damaligen Luxemburgischen Ministerpräsidenten und Finanzministers Pierre Werner für die schrittweise Einrichtung einer WWU einzusetzen. Dieser schlug im Oktober desselben Jahres die Vollendung einer WWU bis zum Ende der 1970er Jahre vor (Werner-Plan) – ein überaus ambitioniertes Vorhaben, das letztlich nicht realisiert werden konnte (Synder 1999: 426f.).

Ungeachtet des Scheiterns des Werner-Plans wurden weitere Schritte in Richtung einer WWU in Angriff genommen. So wurde 1972 die sog. *Währungsschlange* eingeführt, d. h. ein System zur Verringerung der Schwankungsbreiten zwischen den einzelnen Währungen der Mitgliedstaaten. Die Währungsschlange wurde im Jahre 1979 durch das Europäische Währungssystem (EWS) abgelöst. Sowohl die Währungsschlange als auch das EWS stabilisierten – in unterschiedlichem Ausmaß – die Wechselkurse zwischen den Mitgliedstaaten und etablierten schrittweise die Prinzipien einer stabilitätsorientierten Währungs- und Finanzpolitik im Denken der europäischen Eliten (Dyson 2003: 454).

Der Erfolg des Binnenmarktprogramms ab Mitte der 1980er Jahre war ausschlaggebend, dass die Mitgliedstaaten einen erneuten Anlauf für eine Realisierung der WWU unternahmen. Mit der Ausarbeitung eines solchen Planes wurde im Jahre 1988 eine Expertengruppe unter der Leitung von Jacques Delors von den Staats- und Regierungschefs beauftragt. Diese schlug einmal mehr – aber dieses Mal erfolgreich – einen Dreistufenplan zur Errichtung einer WWU vor (Delors-Report). Während sich die erste Stufe (1990) auf die Liberalisierung des Geld- und Kapitalverkehrs und die zweite

18 Ziel des Bretton-Woods-Systems war die Schaffung eines stabilen internationalen Währungssystems mit festen Wechselkursen und dem US-Dollar als Leitwährung. Im Jahr 1973 brach das Bretton-Woods-System zusammen; es erfolgte die Freigabe der Währungen.

Stufe (1994) auf die Liberalisierung des Kapital- und Zahlungsverkehrs konzentrierte und ein Europäisches Währungsinstitut einrichtete, umfasste erst die dritte Stufe (1999) eine wirkliche Währungsunion einschließlich einer neu eingerichteten EZB.[19] Damit ein Mitgliedstaat jedoch daran teilnehmen darf, muss er sog. Konvergenzkriterien wie Preisstabilität, eine tragbare Finanzlage der öffentlichen Hand, die Einhaltung der normalen Bandbreiten des Wechselkursmechanismus des EWS seit mindestens zwei Jahren sowie ein entsprechendes Niveau langfristiger Zinssätze (Art. 140 AEUV) erfüllen. Derzeit (1. Juli 2011) nehmen 17 Mitgliedstaaten an der dritten Stufe der WWU und damit an der Gemeinschaftswährung Euro teil.[20]

Die Problematik der WWU kann darin gesehen werden, dass die Währungspolitik, insbesondere für die Mitglieder der Eurozone, stark vergemeinschaftet ist, während die Wirtschaftspolitik weitgehend in der Kompetenz der Mitgliedstaaten verbleibt. Die wenigen diesbezüglichen Bestimmungen im Primärrecht verpflichten die Mitgliedstaaten nur zu einer offenen Marktwirtschaft mit freiem Wettbewerb und zu einer engen Koordinierung ihrer Wirtschaftspolitik (Art. 120 und 121 AEUV). Politisch relevant, wenn auch nicht rechtlich bindend, sind die vom Rat auf der Basis von Schlussfolgerungen des Europäischen Rates mit qualifizierter Mehrheit angenommenen Empfehlungen, in der die Grundzüge der Wirtschaftspolitik dargelegt werden (Art. 121 Abs. 2 AEUV). Überwacht wird die Einhaltung dieser Empfehlungen vom Rat anhand von Berichten der Kommission (Art. 121 Abs. 3 AEUV). Wird dabei festgestellt, dass ein Mitgliedstaat die empfohlenen Grundzüge nicht einhält, kann der Rat mit qualifizierter Mehrheit erforderliche Empfehlungen an den betreffenden Mitgliedstaat richten und diese unter Umständen sogar veröffentlichen (Art. 121 Abs. 4 AEUV).

Im Gegensatz zu diesen „weichen" Überwachungs- und Sanktionsmechanismen, die auf dem Prinzip des *naming and shaming* basieren, kennt der Vertrag bei der Kontrolle der nationalen Haushaltsdisziplin auch „harte" Sanktionen. Die Mitgliedstaaten der Eurozone, d. h. jene, die der dritten Stufe der WWU angehören, verpflichten sich, übermäßige öffentliche Defizite zu vermeiden.[21] Überwacht wird die Einhaltung der Haushaltsdisziplin durch die

19 Für die institutionellen Einzelheiten der EZB und des ESZB siehe Kap. 4.6.3.

20 Die Mitglieder der Eurozone sind: Belgien, Deutschland, Finnland, Frankreich, Griechenland, Irland, Italien, Luxemburg, Niederlande, Österreich, Portugal und Spanien. Mit 1. Januar 2007 ist mit Slowenien ein weiteres Land hinzukommen. Dänemark, Großbritannien und Schweden haben sich gegen eine Teilnahme entschieden.

21 Konkret prüft die Kommission die Einhaltung der Haushaltsdisziplin anhand zweier Kriterien: (1) das Verhältnis des geplanten oder tatsächlichen öffentlichen Defizits

Kommission. Ist sie der Auffassung, dass ein übermäßiges Defizit in einem Mitgliedstaat besteht oder sich ergeben könnte, legt sie dem Rat eine Stellungnahme vor, der mit qualifizierter Mehrheit seinerseits feststellt, ob ein übermäßiges Defizit besteht (Art. 126 Abs. 6 AEUV). Wird ein solches festgestellt, richtet der Rat eine Empfehlung an den Mitgliedstaat mit dem Ziel, dieser Lage abzuhelfen. Leistet der Mitgliedstaat dieser Empfehlung nicht Folge, so kann der Rat beschließen, dass der betreffende Staat innerhalb einer bestimmten Frist Maßnahmen zum Defizitabbau setzt (Art. 126 Abs. 9 AEUV). Kommt der Mitgliedstaat auch diesen Maßnahmen nicht nach, kann der Rat sogar verschiedene Sanktionen wie eine Geldbuße verhängen (Art. 126 Abs. 11 AEUV).

Da die Vertragsbestimmungen in etlichen Aspekten keine Regelung enthielten – z. B. existieren keine Fristen für die einzelnen Phasen des Art. 126 AEUV –, wurde v. a. auf Betreiben Deutschlands ein sog. Stabilitäts- und Wachstumspakt (SWP) für die Wahrung der Haushaltsdisziplin in der dritten Stufe der WWU beschlossen (Heipertz/Verdun 2005: 988 ff.).[22] In diesem verpflichten sich die Mitgliedstaaten politisch zu einem mittelfristigen Haushaltsziel eines nahezu ausgeglichenen oder einen Überschuss aufweisenden Haushalts. Obwohl der SWP anfänglich einigermaßen gut zu funktionieren schien, wurde er in den letzten Jahren sowohl von einigen Mitgliedstaaten als auch von zahlreichen Experten erheblich kritisiert und als Achillesferse der WWU bezeichnet. Deutschland und Portugal – und später Frankreich – waren die ersten Mitgliedstaaten, die in den Jahren 2002 und 2003 ein übermäßiges Haushaltsdefizit aufwiesen. Während Portugal seinen Haushalt wieder in Übereinstimmung mit den einschlägigen Bestimmungen des EG-Vertrages brachte, waren Deutschland und Frankreich weniger erfolgreich. Obwohl die Kommission dem Rat vorschlug, gegen Deutschland und Frankreich gemäß Art. 126 Abs. 8 und 9 AEUV vorzugehen, konnte die dafür erforderliche qualifizierte Mehrheit im Rat – nicht zuletzt aufgrund des politischen Drucks Deutschlands und Frankreichs – nicht erreicht werden, was

zum BIP zu Marktpreisen darf drei Prozent nicht überschreitet; (2) das Verhältnis zwischen dem öffentlichen Schuldenstand und dem BIP zu Marktpreisen darf 60 Prozent nicht überschreiten (Art. 126 Abs. 2 AEUV i. V. m. Art. 1 des Protokolls über das Verfahren bei einem übermäßigen Defizit, Protokoll Nr. 12).

22 Der Stabilitäts- und Wachstumspakt besteht aus der Entschließung des Rates vom 17. Juni 1997 (ABl. 1997 C 236/1) sowie zwei Verordnungen (1466/97; 1467/97), die genaue Verfahrensregeln hinsichtlich der haushaltspolitischen Überwachung, der Überwachung und Koordinierung der Wirtschaftspolitiken und die Beschleunigung und Klärung des Verfahrens bei einem übermäßigen Defizit vorsehen.

de facto zu einer Aussetzung des Defizitverfahrens führte (Buti/Pench 2004: 1025). Die Kommission erhob daraufhin ihrerseits gegen den Rat eine Nichtigkeitsklage vor dem EuGH. Der EuGH (Rs. C-27/04, Kommission/Rat) hob zwar die Schlussfolgerungen des Rates hinsichtlich der Aussetzung des Defizitverfahrens auf, er wies allerdings auch die Klage der Kommission ab, die sich gegen die Nichtannahme der von der Kommission empfohlenen Rechtsinstrumente nach Art. 126 Abs. 8 und 9 AEUV richteten.

Die Europäische Kommission (2004a: 3) veröffentlichte daraufhin eine Mitteilung zur Klärung der Umsetzung des SWP und bemerkte dabei, dass es „in den letzten Jahren zu Spannungen bei der Anwendung des SWP gekommen [ist], was zu einem Verlust an Glaubwürdigkeit [...] und zu institutioneller Unsicherheit" führte. Während einige Mitgliedstaaten sich für eine „flexiblere" Handhabung des SWP aussprachen, fürchteten andere seine „Aufweichung". Der Europäische Rat (2005: 30f.) reagierte seinerseits im März 2005 auf die Kritik, indem er festhielt, dass ein Abweichen vom Referenzwert des Haushaltsdefizits von drei Prozent des BIP dann toleriert wird, wenn dieses seinen Grund in langfristig wirksamen Strukturreformen hat (z. B. Rentenreformen).

Die 2008 einsetzende weltweite Finanzkrise brachte die Europäische Währungsunion in schwere Turbulenzen. Dramatisch wachsende Haushaltsdefizite und Gesamtverschuldungen führten die Kommission ab Februar 2009 dazu, Defizitverfahren gegen eine Reihe von Ländern einzuleiten. Der Europäische Stabilisierungsmechanismus (ESM) wurde im Mai 2010 vom Rat beschlossen, um in die Nähe des Staatsbankrotts geratene Mitgliedstaaten mit insgesamt 750 Milliarden Euro[23] zu unterstützen. Damit wurde die sog. *No-Bail-Out*-Klausel (Art. 125 AEUV) eindeutig gebrochen, die vorsah, dass jeder Mitgliedstaat für den eigenen Haushalt verantwortlich ist. Darüber hinaus begann die EZB, Staatsanleihen hoch verschuldeter Länder zu kaufen. Hierzu war eine Umgehung von Art. 123 AEUV, der solche Maßnahmen klar untersagt, notwendig: Staatsanleihen wurden nicht direkt von den betroffenen Staaten gekauft, sondern am Sekundärmarkt.

Vor allem Griechenland, Irland, Spanien und Portugal sind von der Krise in einem Ausmaß betroffen, dass eine Kettenreaktion und sogar ein Ausei-

23 60 Milliarden Euro kommen aus dem Haushalt der EU, 440 Milliarden von der Europäischen Finanzstabilisierungsfazilität (EFSF) und 250 Milliarden vom Internationalen Währungsfonds. EFSF erhält das Geld durch Anleihen am internationalen Kapitalmarkt, für die alle Mitgliedstaaten haften, der IWF stellt Kredite in besagtem Ausmaß zur Verfügung. In allen Fällen müssen die betroffenen Länder das Geld zurückzahlen.

nanderbrechen der Eurozone befürchtet wird. Im Juli 2011 wurde erneut die Frage der Ausgabe von Eurobonds diskutiert, da sich nunmehr auch Italien in den negativen Finanznachrichten fand. Um die rechtliche Bedeckung dieses Vorgehens abzusichern, wurde beschlossen, Art. 136 AEUV um einen Absatz zu ergänzen, der den ESM ab 2013 dauerhaft stellt und den EFSF durch einen neuen ESM ablöst.[24] Im März 2011 einigte sich die Eurogruppe auf eine Verschärfung des Stabilitätspaktes. Hier wurde v. a. der Rat in die Pflicht genommen, eine Untätigkeit bei Verstößen zu rechtfertigen – der von einigen Staaten, aber auch von Experten geforderte automatische Sanktionsmechanismus wurde allerdings nicht eingeführt. Ob diese Maßnahmen ausreichen, die Stabilität der Eurozone zu gewährleisten, darüber sind Fachexperten uneins.

9.4 Die Sozial- und Beschäftigungspolitik

Laut Präambel des EU-Vertrags ist es das Ziel der europäischen Sozialpolitik, den sozialen Fortschritt der EU-Länder ebenso zu sichern wie die Lebens- und Arbeitsbedingungen der Völker Europas zu verbessern. Es wird als Aufgabe der Gemeinschaft angesehen, durch die Errichtung eines Gemeinsamen Marktes und einer WWU u. a. ein hohes Maß an sozialem Schutz, die Hebung der Lebenshaltung und der Lebensqualität und den sozialen Zusammenhalt und die Solidarität zwischen den Mitgliedstaaten zu fördern (Art. 151 AEUV). Dies soll auch durch eine Sozialpolitik und die Errichtung eines Sozialfonds unterstützt werden (Art. 162–164 AEUV). Angesichts dieser ambitionierten Zielsetzung verwundert es ein wenig, dass die Mitgliedstaaten der Gemeinschaft für die Erfüllung dieser Ziele nur geteilte Zuständigkeit und ergänzende Tätigkeiten (für eine Liste siehe Art. 153 AEUV) einräumte (Art. 4 AEUV). Zwar enthielten bereits die Römischen Verträge ein Kapitel zur Sozialpolitik, allerdings verhinderten die unterschiedlichen mitgliedstaatlichen Sozialsysteme[25] und ökonomischen Bedingungen einen Ausbau der

24 Der bis zum 1. Januar von den Mitgliedstaaten zu ratifizierende Passus lautet: „Die Mitgliedstaaten, die der Eurozone angehören, können einen Stabilitätsmechanismus aktivieren, um im Notfall die Stabilität der Eurozone als Ganzes zu sichern. Die Garantie für die erforderliche Finanzunterstützung wird strikten Bedingungen unterworfen."

25 Z. B. betrug im Jahr 2004 der Anteil der staatlichen Sozialtransfers am BIP in Schweden 37,8 Prozent, in Österreich 29,9 Prozent und in Estland 20,2 Prozent.

supranationalen Sozialpolitik. Beispielsweise wollte Frankreich aufgrund eigener hoher Kosten die Sozialpolitik möglichst bald harmonisieren, während sie Deutschland nur als einen von mehreren Kostenfaktoren betrachtete und keine Notwenigkeit einer Vergemeinschaftung sah – ein Standpunkt, der sich letztlich durchsetzte (Streinz 2005: 425). Zudem ist Sozialpolitik ein veritables politisches Machtinstrument zur Steuerung gesellschaftlicher Systeme – eine Macht, die die Mitgliedstaaten nur sehr zögerlich bereit sind abzugeben.

Immerhin wurde im Jahr 1974 vom Rat eine Entschließung über ein sozialpolitisches Aktionsprogramm verabschiedet, worin bekräftigt wird, „dass die wirtschaftliche Expansion nicht Selbstzweck ist, sondern dazu dienen muss, die Lebensqualität und den Lebensstandard zu verbessern".[26] Die vorgeschlagenen Maßnahmen betrafen die Gleichstellung der Geschlechter auf dem Arbeitsmarkt, den Kündigungsschutz und die Gesundheit. Eine Folge davon war auch die Gründung einer europäischen Agentur für die Förderung der Berufsbildung im Jahr 1975.[27] Abgesehen von einigen die Personenfreizügigkeit flankierenden Verordnungen und Richtlinien, die teilweise bereits in den späten 1960er Jahren erlassen wurden, konnte die Gemeinschaft letztlich nicht mehr als unverbindliche Empfehlungen, Entschließungen und anderes *soft law* verabschieden.[28]

Jacques Delors wollte als Kommissionspräsident den ungleichen Vergemeinschaftungsgrad der Sozialpolitik beseitigen und sie grundsätzlich auf eine Stufe mit dem Binnenmarktprogramm heben. Am stärksten widersetzte sich Großbritannien unter Margaret Thatcher diesem Kommissionsvorhaben. Generell befürchtete die für eine pointierte liberale Politik stehende britische Premierministerin, dass eine Europäisierung der Sozialpolitik eine wirtschaftliche Stagnation aufgrund mangelnder Flexibilität des Arbeitsmarktes auslösen könnte.

So wurde im Dezember 1989 die *Gemeinschaftscharta der sozialen Grundrechte der Arbeitnehmer* von allen Staats- und Regierungschefs mit Ausnahme Großbritanniens, das sich der Stimme enthielt, angenommen. Die Gemeinschaftscharta beruhte auf der Sozialcharta des Europarats und dem Übereinkommen der Internationalen Arbeitsorganisation. Sie definierte eine Reihe sozialer Rechte, die auf dem europäischen Arbeitsmarkt garantiert

26 ABl. 1974 c 13/1.

27 Allgemein zu den europäischen Agenturen siehe Kap. 4.6.6.2.

28 Siehe dazu Kap. 6.5.1.

werden müssen, war jedoch lediglich eine rechtlich unverbindliche politische Absichtserklärung. Da sich Großbritannien weiterhin weigerte „auf dem durch die Sozialcharta von 1989 vorgezeichneten Weg weitergehen" zu wollen – so die Formulierung des dem Maastrichter Vertrags beigefügten Protokolls (Nr. 14) über die Sozialpolitik –, war eine Änderung der sozialpolitischen Vertragsbestimmungen in Maastricht nicht möglich. Die elf anderen Mitgliedstaaten wollten ihre sozialpolitischen Agenden auch ohne Großbritannien weiterführen und schlossen ein Abkommen über die Sozialpolitik, das dem Protokoll (Nr. 14) beigefügt wurde. Damit existierten zwei Klassen an Regelungen: die vertraglichen Regelungen des EG-Vertrags für alle (zwölf) Mitgliedstaaten und die weitergehenden Regelungen des Abkommens für elf Mitgliedstaaten.[29]

Die Verwirklichung einer Wirtschafts- und Währungsunion, wie im Maastrichter Vertrag ausgeführt, erforderte jedoch Schritte für eine gemeinschaftliche Sozialpolitik.[30] Das am 5. Dezember 1993 vorgestellte ambitionierte Weißbuch der Kommission, *Wachstum, Wettbewerbsfähigkeit und Beschäftigung – Herausforderungen der Gegenwart und Wege ins 21. Jahrhundert* (KOM(93) 700), ging den Mitgliedstaaten jedoch zu weit.[31] Im Juli 1994 wurde das Weißbuch *Europäische Sozialpolitik: Ein zukunftsweisender Weg für die Union* von der Kommission angenommen (KOM(94) 333). Zur Wahrung des Zusammenhalts in der Union wurden Mindestvorschriften ins Auge gefasst, wenn die Unionsziele anderweitig nicht erreicht werden können und die Mitgliedstaaten nicht fähig sind, die betreffende Fragen auf ihrer Ebene zu regeln. Mit diesen Mindestvorschriften sollte Sozialdumping verhindert werden. Der Wahlsieg von New Labour unter Tony Blair führte zu einem sozialpolitischen Kurswechsel. Mit der Zustimmung von Großbritannien konnte nun das Protokoll und das Abkommen über die Sozialpolitik in den Vertrag aufgenommen werden (Art. 151–161 AEUV).

Seit den 1990er Jahren stieg in Staaten wie Deutschland und Frankreich die Arbeitslosigkeit kontinuierlich und erreichte neue Rekordhöhen. Die Kommission unter Jacques Santer reagierte und erklärte die Beschäftigungspolitik zu ihrem zentralen Thema. Die durch den Vertrag von Amsterdam erfolgte Einführung eines Beschäftigungskapitels (Kap. VIII, Art. 125–130 EGV) stellte ein Novum in der europäischen Integrationsgeschichte dar, auch

29 Zur flexiblen Integration siehe Kap. 6.5.2.

30 Die Verwirklichung der Freizügigkeit der Arbeitnehmer wirft z. B. auch Fragen des Versicherungsschutzes und der erworbenen Sozialversicherungsansprüche auf.

31 Es war dies die letzte wichtige Initiative der Ära Delors.

wenn es sich aufgrund des Widerstands Deutschlands hauptsächlich um eine verstärkte Koordinierung nationaler Politiken und bescheidene beschäftigungsfördernde Maßnahmen handelte. Des Weiteren wurde das Ziel fixiert, ein hohes Beschäftigungsniveau zu erreichen. Es war klar, dass die Verantwortung für das Erreichen dieses Ziels weiterhin bei den Mitgliedstaaten verblieb. Der Europäische Rat entwickelte Leitlinien und die Kommission kontrollierte die Einhaltung derselben – etwaige Empfehlungen oder Vorschläge konnte aber nur der Europäische Rat machen. Die sog. *Europäische Beschäftigungsstrategie*[32] verlangte von den Mitgliedstaaten jährliche *Nationale Aktionspläne* zur Bekämpfung der Arbeitslosigkeit.

Mit der Lissabon-Agenda setzte sich der Europäische Rat das äußerst ehrgeizige Ziel, Europa bis zum Jahr 2010 „zum wettbewerbfähigsten und dynamischsten wissensbasierten Wirtschaftsraum der Welt zu machen – einem Wirtschaftsraum, der fähig ist, ein dauerhaftes Wirtschaftswachstum mit mehr und besseren Arbeitsplätzen und einem größeren sozialen Zusammenhalt zu erzielen". Im Zuge der Implementation der Lissabon-Strategie führte die OMK ein politisch (nicht rechtlich!) verpflichtendes Verfahren für die Sozialpolitik ein. Im Rahmen dieser Methode verpflichten sich die Mitgliedstaaten auf gemeinsame Ziele, zu deren Erreichung Leitlinien und *Best-Practice*-Modelle entwickelt werden. Zur Messung und Vergleichbarkeit der Wirkung der zur Erreichung dieser Ziele angewandten Politiken werden nationale Berichte erstellt, die von der Kommission im Sinne eines Erfahrungsaustausches zwischen den Mitgliedstaaten koordiniert werden. Die wirtschaftliche Schwäche Europas führte mittlerweile jedoch zu Ernüchterung. Kaum jemand glaubte ernsthaft, dass der ursprüngliche Zeitplan eingehalten werden kann[33] – auch wenn alle Gipfeltreffen des Europäischen Rates regelmäßig Unterstützungserklärungen für die Ziele der Lissabon-Strategie in den Schlussfolgerungen formulierten. Dennoch darf die Sozial- und Beschäftigungsagenda als flankierende Maßnahme der Lissabon-Agenda nicht unterschätzt werden, da sie die Ziele des europäischen Sozialmodells definiert: die Schaffung von qualitativ hochwertigen Arbeitsplätzen, die Modernisierung der Sozialsysteme, die Förderung der Gleichstellung von Frauen und Männern, der Kampf gegen Armut und Diskriminierung.

Im Vertrag von Nizza wurden neue Maßnahmen zur Bekämpfung der sozialen Ausgrenzung und zur Modernisierung der Systeme des sozialen

32 Initiiert auf dem Beschäftigungsgipfel von Luxemburg (November 1997).

33 Siehe dazu v. a. den sog. Kok-Bericht vom November 2004 (Kok et al. 2004).

Schutzes aufgenommen. Auch im Vertrag von Lissabon wurden Veränderungen an der Sozialpolitik der Union unternommen. Die Förderung des sozialen Dialogs ist nunmehr als Ziel der Union festgeschrieben; das EP erhält durch das ordentliche Gesetzgebungsverfahren obligatorische Zustimmungsrechte. Im Bereich der Freizügigkeit der Arbeitnehmer können Ratsentscheidungen fortan mit qualifizierter Mehrheit statt wie zuvor einstimmig getroffen werden.

Der Art. 48 AEUV zur sozialen Absicherung von Arbeitnehmern im Rahmen der Herstellung der Arbeitnehmerfreizügigkeit und Art. 151–164 EGV zu Zielen, Maßnahmen und Instrumenten bilden die rechtliche Grundlage der europäischen Sozialpolitik. Die bisher auf dieser Basis verabschiedeten Richtlinien definieren einen Standard sozialer Rechte, der in keinem Mitgliedsland unterschritten werden darf. Die Gemeinschaft kann – anders als etwa im Binnenmarkt – keine sozialpolitischen Harmonisierungsvorschriften erlassen (Art. 153 Abs. 2 AEUV). Was die Gemeinschaft jedoch zur Verwirklichung der sozialpolitischen Zielsetzungen tun kann, ist die Zusammenarbeit der Mitgliedstaaten zu fördern. Konkret zielt diese unterstützende Politik auf einen umfassenden Austausch von Informationen und bewährten Erfahrungen ebenso ab wie auf die Förderung innovativer Ansätze bei der Lösung sozialpolitischer Probleme. Zusätzlich kann der Rat mittels Richtlinien Mindestvorschriften erlassen. Weiters kennt der EG-Vertrag auch redistributive Maßnahmen wie den Europäischen Sozialfonds[34] (Art. 162 AEUV).

Der Fonds besteht seit 1957 und verfolgt die Bekämpfung der Arbeitslosigkeit durch Maßnahmen zur beruflichen Qualifizierung und Mobilität sowie der Integration in den Arbeitsmarkt. Er verfügt für den Zeitraum von 2007 bis 2013 über ein Finanzvolumen von 75 Milliarden Euro und ist ein Kernstück der EU-Strategie 2020 für Wachstum und Beschäftigung zur Verbesserung der Lebensbedingungen der EU-Bürger durch höhere Qualifizierung und bessere Berufsaussichten.

Ein weiteres Instrument der Sozialpolitik ist der sog. *soziale Dialog*. Der seit 1985 bestehende europäische soziale Dialog führte zu mehr als 300 gemeinsamen Texten und einer Vielzahl gemeinsamer Projekte. Art. 155 Abs. 2 AEUV sieht vor, dass eine Vereinbarung zwischen den europäischen Sozialpartnern (UNICE – seit 2007 BUSINESSEUROPE, CEEP und EGB) durch eine verbindli-

34 Er ist damit einer von vier Strukturfonds der Union: Europäischer Fond für regionale Entwicklung (EFRE), Europäischer Sozialfonds (ESF), Finanzinstrument für die Ausrichtung der Fischerei (FIAF) und Ausrichtungs- und Garantiefonds für die Landwirtschaft (EAGFL).

che Richtlinie vom Rat umgesetzt werden kann.[35] Die Sozialpartner sind auch in die Beschäftigungspolitik eingebunden, wo sie zusammen mit dem Rat und der Kommission einen Beitrag für die Verwirklichung einiger Ziele der Lissabon-Strategie leisten.

Zur Sozialpolitik kann noch die Tätigkeit der Gemeinschaft auf dem Feld der beruflichen Bildung der Jugend gerechnet werden. Durch Programme wie ERASMUS, SOKRATES, TEMPUS und Leonardo da Vinci sollen die Mobilität der Jugend, den Ausbau des Hochschulwesens in Partnerländern und die allgemeine Bildung sowie Sprachkenntnisse gefördert werden. Der Schwerpunkt liegt auf Maßnahmen der finanziellen Förderung (Art. 165 Abs. 4 AEUV).

9.5 Die Gemeinsame Außen- und Sicherheitspolitik

Als größte internationale Handelsmacht, die 25 Prozent des weltweiten Wohlstands erwirtschaftet, kann sich die EU ihrer weltweiten Verantwortung nicht entziehen.[36] Da die Außen- und Sicherheitspolitik aber von jeher zu den Kernbereichen staatlicher Souveränität zählt, war gerade in diesem Bereich die Entwicklung gemeinschaftlicher Politiken äußerst schwierig. Erste Versuche zwischen 1950 und 1962, die jedoch fehlschlugen, waren der Pléven-Plan, die EVG, die EPG und die beiden Fouchet-Pläne. Die im Jahr 1954 gegründete Westeuropäische Union (WEU) stellte den Anfang einer europäischen Sicherheits- und Verteidigungspolitik dar, bestand aber bis weit in die 1990er Jahre nur virtuell. Sie erfüllte kurzfristig die Funktion als ein Forum zur Abstimmung der Sicherheitsinteressen der EU-Mitglieder und bekam eine Rolle in der Erfüllung der sog. Petersberger-Aufgaben.[37] Im Zuge der Verhandlungen für den Vertrag von Amsterdam sollte eine Integration der WEU in die EU erfolgen, die allerdings am kategorischen Nein

35 Die erste Richtlinie, die ein Abkommen zwischen den Sozialpartnern verbindlich umsetzte, war eine Richtlinie über den Elternurlaub (RL 96/34/EG). Weitere Richtlinien, die Vereinbarungen der Sozialpartner umsetzten, betrafen den Bereich der Teilzeitarbeit (RL 97/81/EG) und die befristeten Arbeitsverträge (RL 1999/70/EG).

36 Diese Verantwortung zeigt sich u. a. in den finanziellen Aufwendungen für Hilfsprojekte: monatlich ca. 500 Millionen Euro.

37 Die Petersberger Aufgaben umfassen humanitäre Aufgaben, Rettungseinsätze, friedenserhaltenden und friedensschaffende Aufgaben.

Großbritanniens scheiterte. Erst als Frankreich und Großbritannien sich am bilateralen Gipfel von St. Malo 1998 auf eine europäische Verteidigung einigten, konnte eine solche Integration in Angriff genommen werden. Dies war gleichbedeutend mit einer Übernahme aller WEU-Agenden durch die EU.

Im März 2010 wurde beschlossen, die WEU bis 2011 aufzulösen. Im Dezember 2003 wurde die Europäische Sicherheitsstrategie (ESS) verabschiedet[38], die als Reaktion auf die Spaltung der Union in der Irakfrage interpretiert werden muss. Als Hauptbedrohung Europas werden der Terrorismus, die Verbreitung von Massenvernichtungswaffen und organisierte Kriminalität genannt. Plakativ wird die Stärkung des Multilateralismus auf der Grundlage der Charta der Vereinten Nationen gepriesen. Jenseits eines politischen Wertes kommt der ESS kaum Bedeutung zu.

Seit 1970 existierte die zunächst informelle und durch die EEA institutionalisierte *Europäische Politische Zusammenarbeit* (EPZ). Sie war letztlich aber auch kein effizientes Instrument für eine Gemeinsame Außen- und Sicherheitspolitik. Zahlreiche Deklarationen konnten nicht darüber hinwegtäuschen, dass eine effektive Koordination der nationalen Standpunkte in Krisensituationen (z. B. der sowjetischen Afghanistan-Invasion 1979) durch die EPZ nicht möglich war. Politische Erklärungen mussten mit glaubwürdigen Sanktionen wirtschaftlicher und gegebenenfalls auch militärischer Natur unterstützt werden. Der Zerfall der Sowjetunion und die kriegerischen Auseinandersetzungen zwischen den Nachfolgestaaten des ehemaligen Jugoslawien in den frühen 1990er Jahren führten der EU die Notwendigkeit eines gemeinsamen Vorgehens im Bereich der Außen- und Sicherheitspolitik drastisch vor Augen.

Mit dem Vertrag von Maastricht wurde die EPZ zur GASP weiterentwickelt, in den Titel V der zweiten Säule der EU aufgenommen und eine verteidigungspolitische Komponente hinzugefügt. Die Reformen zielen im Wesentlichen darauf ab, die Verbindlichkeit der GASP für die beteiligten Mitgliedstaaten festzuschreiben und die Effizienz der Entscheidungsstrukturen zu erhöhen. Unerlässlich dazu war, der GASP ein „Gesicht" zu verleihen. Ab 1999 wurde Javier Solana, ehemaliger Generalsekretär der NATO, zum Hohen Vertreter für die GASP bestellt.[39] Er unterstützte den Rat, führte regelmäßig politische Gespräche bzw. Verhandlungen und trug auf diese Weise zu einer stärkeren Sichtbarkeit und Kohärenz im Rahmen der GASP bei. Zusätzlich wird die Union

38 Siehe http://www.consilium.europa.eu/uedocs/cmsUpload/031208ESSIIDE.pdf.

39 Der Hohe Vertreter der GASP war in Personalunion auch Generalsekretär des Rates.

nach außen durch die Troika (Hoher Vertreter, Außenminister der Ratspräsidentschaft und dem für Außenbeziehungen zuständigen Kommissionsmitglied) repräsentiert.

Eine von Solana vor dem Hintergrund der Terroranschläge auf das New Yorker World Trade Center ausgearbeitete und vom Europäischen Rat im Dezember 2003 verabschiedete „Europäische Sicherheitsstrategie" definierte erstmals in umfassender Weise die Prioritäten für die GASP und die *Europäische Sicherheits- und Verteidigungspolitik* (ESVP). Trotz aller Verbesserungen zeigte die Uneinigkeit der Mitgliedstaaten in der Irakkrise 2002/03 deutlich, dass man trotz aller Fortschritte von einem einheitlichen Auftreten im Bereich der GASP nach wie vor weit entfernt war und ist.

Erhebliche Änderungen im Sinne einer höheren Kohärenz gelangen im Vertrag von Lissabon. Der Vertrag bestimmt im Kap. 2, dass sich die „Zuständigkeit der Union [...] auf alle Bereiche der Außenpolitik sowie auf sämtliche Fragen im Zusammenhang mit der Sicherheit der Union, einschließlich der schrittweisen Festlegung einer gemeinsamen Verteidigungspolitik, die zu einer gemeinsamen Verteidigung führen kann", erstreckt (Art. 24 EUV). Die GASP wird vom Europäischem Rat gemeinsam und einstimmig festgelegt. Ein Hoher Vertreter der EU für Außen- und Sicherheitspolitik – derzeit Lady Catherine Ashton – wurde geschaffen und damit die Position des Kommissars für Außenbeziehungen und das Amt des Hohen Vertreters für die GASP fusioniert. Der Hohe Vertreter ist zugleich Vizepräsident der Europäischen Kommission und permanenter Vorsitzender des Rates für Auswärtige Angelegenheiten *(Doppelhut)* (Art. 27 EUV). Ein gleichzeitig geschaffener Europäischer Auswärtiger Dienst, der auf den früheren Delegationen der Kommission aufbaut und zusätzlich mit Personal aus den nationalen diplomatischen Diensten und dem Ratssekretariat ergänzt wird (Budget 2011: 460 Millionen Euro), ist Ashton direkt unterstellt (Art. 27 Abs. 3 EUV). In welcher Weise der Hohe Vertreter mit dem Präsidenten des Europäischen Rates, der auch Außenvertretungsbefugnis hat (Art. 15 EUV), zusammenarbeitet, kann nur die Praxis zeigen.

Die Ziele der GASP sind in Art. 21 Abs. 2 EUV definiert: Wahrung der Interessen, Sicherheit, Werte und Unabhängigkeit der EU, Förderung der Demokratie, Sicherheit, Rechtsstaatlichkeit und nachhaltigen Entwicklung, Förderung der Integration der Weltwirtschaft mit dem Ziel, Armut zu beseitigen, und die Verbesserung der Qualität der Umwelt. Gemäß Art. 31 EUV können im Rahmen der GASP keine Gesetzgebungsakte erlassen werden. Mittels Beschlüsse können Aktionen der Union wie etwa Sanktionen gegen andere

Staaten oder die Entsendung von Wahlbeobachtern (Art. 28 EUV), Standpunkte der Union, die sich mit „einer bestimmten Frage geografischer oder thematischer Art" befassen (Art. 29 EUV), oder Durchführungsbeschlüsse gefasst werden. Darüber hinaus kann der Rat Erklärungen abgeben, die dazu dienen, Stellung zu aktuellen politischen Ereignissen zu beziehen. Ein weiteres wichtiges Instrument sind die völkerrechtlichen Verträge, die die EU als Völkerrechtssubjekt nach Art. 37 EUV mit Drittstaaten oder internationalen Organisationen schließen kann. Die Verhandlungen dazu werden vom Hohen Vertreter geführt, die Ratifikation erfolgt durch einstimmigen Beschluss des Rates. Solche völkerrechtlichen Abkommen der EU sind erst seit dem Vertrag von Lissabon möglich, da die EU erst durch ihn eine Rechtspersönlichkeit erhielt.

Da die GASP sämtliche Fragen der Sicherheit der Union umfasst, ist die Gemeinsame Sicherheits- und Verteidigungspolitik (GSVP[40]) ein Teilbereich der GASP. Sie berührt allerdings nicht den besonderen Charakter der Sicherheits- und Verteidigungspolitik bestimmter Mitgliedstaaten (Art. 42 Abs. 2 EUV). Gemeint sind damit die Neutralität Österreichs, Schwedens und Irlands oder auch die sich aus der Zugehörigkeit zur NATO ergebenden Verpflichtungen. Ebenso wie in der GASP sind die wesentlichen Akteure der GSVP die Mitgliedstaaten in der Form des Europäischen Rates und des Rates. Dem EP kommen lediglich Anhörungsrechte zu; nach Art. 36 EUV muss der Hohe Vertreter ihm regelmäßig Bericht erstatten. Außerdem kann das Parlament Anfragen und Empfehlungen an den Rat richten und führt zweimal jährlich eine Aussprache zu den Fortschritten der GASP durch. Es ist jedoch zu erwarten, dass das EP durch die neuen Budgetrechte auch einen Einfluss auf die GASP und ESVP ausüben wird, da die operativen Ausgaben für die GSVP aus dem EU-Haushalt bestritten werden (Art. 41 EUV).[41]

Ein Organ der GSVP ist das Politische und Sicherheitspolitische Komitee (PSK)[42], das eine Art strategische Schaltstelle der GSVP ist und sich aus den politischen Direktoren der Außenministerien der Mitgliedstaaten zusammensetzt. Weitere Institutionen der GSVP sind der Militärausschuss der EU (EUMC)[43], der das PSK in militärischen Fragen berät und etwaige Operationen militärisch leitet; der Militärstab der EU (EUMS)[44] ist Teil des Generalse-

40 Vormals Europäische Sicherheits- und Verteidigungspolitik (ESVP).

41 Ausgaben, die militärische und verteidigungspolitische Bezüge aufweisen, werden nicht aus dem EU-Haushalt bestritten.

42 Siehe Entscheidung des Rates vom 22. Januar 2001 (2001/78/CFSP).

43 Siehe Entscheidung des Rates vom 22. Januar 2001 (2001/79/CFSP).

44 Siehe Entscheidung des Rates vom 10. Mai 2005 (2005/395/CFSP).

kretariats des Rates und übernimmt im Wesentlichen die Agenden der Petersberger-Aufgaben. Das Ziel der EU im Bereich der militärischen Fähigkeiten sieht vor, innerhalb von 60 Tagen bis zu 60 000 Soldaten für einen Einsatz von mindestens einem Jahr verlegen zu können *(European Headline Goal)*. Außerdem wurden sog. *Battlegroups* eingerichtet. Dabei handelt es sich um Gruppen von ungefähr 1 500 Soldaten, die innerhalb von 10 bis 15 Tagen nach einem Ratsbeschluss einsatzfähig sind.

Seit 2004 hat außerdem die Europäische Verteidigungsagentur (EVA) ihre Arbeit aufgenommen (Art. 42 Abs. 3 und Art. 45 EUV). Ihre Aufgabe ist es, die Zusammenarbeit der EU-Staaten (mit Ausnahme Dänemarks) im Bereich der Rüstung und von Forschung und Technologie zu verbessern.[45] Da die EU nicht über die notwendigen militärischen Mittel verfügt, muss sie mit der NATO zusammenarbeiten und auf deren Ressourcen zurückgreifen. Dabei ergeben sich insofern Probleme, als NATO-Mitglieder wie die Türkei Einfluss auf die GSVP nehmen und diese unter Umständen auch behindern können. In den Vertrag aufgenommen wurde zudem eine Beistandsklausel (Art. 42 Abs. 7). Im zivilen Bereich sind die Organe der Ausschuss für die zivilen Aspekte der Krisenbewältigung (CIVCOM) sowie eine Planungszelle im EUMS (die Civilian Planning and Conduct Capability, CPCC), die die EU-Staaten in der Krisenerkennung und bei zivilen Operationen unterstützen soll.

Als Entscheidungsmechanismus der GASP dominiert – dem intergouvernementalem Prinzip entsprechend – das Prinzip der Einstimmigkeit. Die allgemeinen Leitlinien und strategischen Interessen werden vom Europäischen Rat definiert. Auf dieser Grundlage formuliert dann der Rat (in der Zusammensetzung der Außenminister unter Vorsitz der Hohen Vertreterin für Außen- und Sicherheitspolitik) einstimmig die Beschlüsse im Detail. Ratsmitgliedern kommt jedoch die Möglichkeit der Stimmenthaltung mit förmlicher Erklärung zu (Art. 31 EUV). In diesem Falle muss ein etwaiger GASP-Beschluss von dem betreffenden Staat nicht durchgeführt werden, jedoch hat er alles zu unterlassen, was das Vorgehen der Union behindern könnte. Geben mehrere Mitgliedstaaten, die ein Drittel der Unionsbevölkerung ausmachen, eine solche förmliche Erklärung ab, so wird der Beschluss nicht erlassen. Unter bestimmten Bedingungen kommt QMV zur Anwendung, und zwar wenn z. B. ein Durchführungsbeschluss zu einer schon zuvor beschlossenen Aktion gefasst wird (Art. 31 Abs. 2 EUV). Die Kommission

45 Weitere Agenturen im Bereich der GSVP sind das EU-Institut für Sicherheitsstudien in Paris und das EU-Satellitenzentrum in Torrejon.

besitzt nicht wie in der Ersten Säule ein Initiativmonopol, sondern kann wie jeder Mitgliedstaat Vorschläge unterbreiten (Art. 30 EUV). Der EuGH besitzt im Rahmen der GASP keine Kompetenzen (Art. 24 Abs. 1 EUV).

Der Vertrag von Lissabon eröffnet die (auch institutionelle) Möglichkeit für eine stärkere Kohärenz der europäischen Außen- und Sicherheitspolitik, lässt jedoch auch genügend Interpretationsspielraum, um zu Konflikten zwischen den handelnden Akteuren zu führen. Während es in der Gemeinsamen Außenpolitik aufgrund der unterschiedlichen strategischen Interessen und (historischen) Allianzen für die EU enorm schwierig ist, mit einer Stimme zu sprechen – siehe etwa die Umwälzungen in Nordafrika 2011 –, so scheinen in der GSVP v. a. nationale Budgetlagen einer effizienten Zusammenarbeit und dem Aufbau einer europäischen Verteidigung entgegenzustehen.

9.6 Die Zusammenarbeit in der Innen- und Justizpolitik

Die schrittweise Öffnung der Grenzen im Zuge des freien Personenverkehrs ist seit den 1950er Jahren ein zentrales Anliegen des europäischen Integrationsprojektes. Die Freizügigkeit wurde jedoch in erster Linie aus dem Blickwinkel ökonomischer Überlegungen einer Marktliberalisierung entwickelt. Parallele bzw. ergänzende Maßnahmen hinsichtlich Grenzverkehr, Kriminalitäts- und Terrorismusbekämpfung, Einwanderung und Visapolitik gab es anfänglich nicht. Erste einschlägige Maßnahmen wurden durch das Übereinkommen von Neapel (1967) über die Zusammenarbeit der Zollverwaltungen gesetzt. Der nächste Schritt erfolgte im Jahre 1975 durch die Gründung der *Trevi-Gruppe*. Sie zielte auf eine zwischenstaatliche Kooperation bei der Bekämpfung des – zu dieser Zeit besonders aktiven irischen, deutschen, italienischen, baskischen und palästinensischen – Terrorismus ab. Seit 1985 wurden die Agenden der Trevi-Gruppe auf die Bekämpfung der organisierten Kriminalität und der illegalen Einwanderung ausgeweitet. Darüber hinaus gibt es seit 1984 regelmäßige Treffen der Innen- und Justizminister, die sich über grenzüberschreitende Kooperation der Polizei- und Zollbehörden beraten.

Ebenfalls in den 1980er Jahren wurde versucht, Liberalisierungsschritte auch in Bezug auf die Abschaffung der Grenzkontrollen zwischen den Mitgliedstaaten zu erreichen. Aufgrund der Weigerung Dänemarks, Großbritanniens und Irlands vereinbarten die EG-Gründungsmitglieder, mit Ausnahme Italiens, im Jahre 1985 in der luxemburgischen Stadt Schengen, einen Raum ohne Grenzen zu schaffen.[46] Aufgrund eines weiteren Übereinkommens aus dem Jahr 1990, dem sog. Durchführungsübereinkommen, wurden schließlich die Kontrollen an den Binnengrenzen zwischen den Unterzeichnerstaaten aufgehoben und eine einzige Schengen-Außengrenze etabliert. Um Personenfreizügigkeit mit Kontroll- und Sicherheitsüberlegungen (z. B. Bekämpfung der organisierten Kriminalität) zu vereinbaren, wurde das Schengener-Informationssystem eingerichtet, das den Austausch personenbezogener Daten zwischen den Polizei-, Zoll- und Justizbehörden erleichtern soll.[47] All diesen Integrationsschritten in diesem Bereich ist gemein, dass sie außerhalb der Verträge stattfanden, wodurch es keine Mitwirkung des EP sowie Kontrolle durch den EuGH gab.

Dies änderte sich erst durch die Aufnahme der Innen- und Justizpolitik als Dritte Säule in den Vertrag von Maastricht. Der Vertrag von Amsterdam brachte insofern beachtliche integrationspolitische Fortschritte, als einzelne Bereiche wie Visa- und Asyl- und Einwanderungspolitik sowie die justizielle Zusammenarbeit in Zivilsachen und der Schutz der EU-Außengrenzen von der intergouvernementalen Dritten in die supranationale Erste Säule integriert wurden. Ebenso wurde durch ein dem Vertrag von Amsterdam beigefügtes Protokoll (Nr. 2) der – bis dahin außerhalb des Unionsrecht existierende – Schengen-Besitzstand in das EU-Recht einbezogen. Der Europäische Rat von Tampere (1999) betonte, dass die Errichtung des Raumes der Freiheit, der Sicherheit und des Rechts (RFSR) einen absolut prioritären Punkt der politischen Agenda darstellt.

46 Da sowohl dem Schengen-Besitzstand noch der WWU sämtliche Mitgliedstaaten angehören, gelten beide Politikbereiche als klassische Beispiele der flexiblen Integration (siehe dazu Kap. 6.5.2). Ein relativ rezentes Beispiel von flexibler Integration außerhalb des EU-Vertrags ist der zwischen Deutschland, Österreich, den Benelux-Staaten, Frankreich und Spanien im Mai 2005 abgeschlossene Vertrag von Prüm über die Vertiefung der grenzüberschreitenden Zusammenarbeit bei der Bekämpfung des Terrorismus, der Kriminalität und der illegalen Migration (Kietz/Maurer 2006).

47 Mittlerweile nehmen auch Dänemark, Großbritannien und Irland an einzelnen Bereichen des Schengen-Besitzstandes teil. Da zwischen den skandinavischen EU-Mitgliedstaaten Dänemark, Finnland und Schweden mit den Nicht-EU-Staaten Island und Norwegen eine sog. Nordische Passunion besteht, wurde im Jahre 1996 eine Assoziierung vereinbart, sodass große Teile des Schengen-Besitzstandes auch für diese beiden Nicht-EU-Mitglieder gilt. Ein ähnliches Abkommen wurde auch mit der Schweiz abgeschlossen, das derzeit aber noch nicht in Kraft ist.

Die Bestimmungen über die *Polizeiliche und justizielle Zusammenarbeit in Strafsachen* (PJZS) – so die etwas sperrige Bezeichnung der Dritten Säule im Vertrag von Nizza – verfolgten das Ziel, den EU-Bürgern in einem RFSR ein hohes Maß an Sicherheit zu bieten. Erreicht werden sollte dieses Ziel (1) durch eine engere Zusammenarbeit der Polizei- und Zollbehörden der Mitgliedstaaten unter Einschaltung von Europol; (2) durch eine engere Zusammenarbeit der Justizbehörden unter Einschaltung von Eurojust sowie (3) durch eine Annäherungen der nationalen Strafvorschriften (Art. 67 EUV). Da der RFSR sowohl die intergouvernementalen Bestimmungen der PJZS als auch die supranationalen Regelungen in Titel IV des EG-Vertrags (Visa, Asyl, Einwanderung und andere Politiken betreffend den freien Personenverkehr) umfassten, nahm er eine Position „zwischen intergouvernementalem Unionsrecht und supranationalen Gemeinschaftsrecht ein" (Streinz 2005: 378).

Der Vertrag von Lissabon übernahm die Bestimmungen der Innen- und Justizpolitik in den Titel V „Raum der Freiheit, der Sicherheit und des Rechts" (RFSR) (AEUV, Titel V), führt damit die Teilbereiche Grenzschutz, Einwanderungs- und Asylpolitik und die PJZS zusammen und gibt ihnen einen einheitlichen Rechtsrahmen. Titel V gliedert sich fünf Kapitel: in die Allgemeinen Bestimmungen (Art. 67–76 AEUV), Politik im Bereich Grenzkontrollen, Asyl und Einwanderung (Art. 77–80 AEUV), Justizielle Zusammenarbeit in Zivilsachen (Art. 81 AEUV), Justizielle Zusammenarbeit in Strafsachen (Art. 82–86 AEUV) und die Polizeiliche Zusammenarbeit (Art. 87–89).

Rechtsinstrumente sind nunmehr Verordnungen, Richtlinien etc. (Art. 288 AEUV), die weitgehend gemäß den Bestimmungen des ordentlichen Gesetzgebungsverfahrens erlassen werden. Bemerkenswert ist der Übergang zu Mehrheitsentscheidungen im Rat im sensiblen Bereich der Angleichung des nationalen Strafrechts durch europäische Mindeststandards und der gegenseitigen Anerkennung von Gerichtsbeschlüssen und Urteilen (Art. 82 AEUV). Es bestehen aber auch gewisse Ausnahmen vom ordentlichen Gesetzgebungsverfahren: So werden Maßnahmen zur operativen Zusammenarbeit der mitgliedstaatlichen Strafverfolgungsbehörden weiterhin einstimmig vom Rat und nur nach Anhörung des EP beschlossen (Art. 87 Abs. 3 AEUV). Selbiges gilt für die Strafverfolgung über nationale Grenzen (Art. 89 AEUV). Und in einigen Fällen entscheidet der Rat einstimmig nach Zustimmung des EP, so z. B. bezüglich der Einrichtung und die Kompetenzen einer Europäischen Staatsanwaltschaft (Art. 86 AEUV). In der zivilrechtlichen Zusammenarbeit gelten die Ausnahmen vom ordentlichen Gesetzgebungsverfahren für Maßnahmen im Familienrecht, bei Bestimmungen betreffend Pässe und Aufenthaltstitel (Art. 77 Abs. 3 AEUV).

In einigen Bereichen (Erlass von Mindestvorschriften im Strafrecht, operative Polizeizusammenarbeit, Einrichtung einer Europäischen Staatsanwaltschaft), wo der Rat nunmehr mittels QMV entscheidet, wurde eine „Notbremse" eingeführt. Dies erlaubt einem Mitgliedstaat bei schwerwiegenden Bedenken, den Europäischen Rat mit einem Legislativentwurf zu befassen, um Einvernehmen herzustellen (Art. 82 Abs. 3 AEUV). Misslingt dieser Schlichtungsversuch, kann eine Mindestzahl von neun Mitgliedstaaten auf vereinfachtem Weg eine verstärkte Zusammenarbeit (Art. 20 EUV) auf der Grundlage des vorliegenden Gesetzesentwurfes eingehen. Damit kann eine Gruppe von Staaten die Integration in diesen Bereichen fortführen, ohne durch das fortbestehende Vetorecht der anderen Staaten gehindert zu werden.

Lissabon ändert auch die Rolle der Kommission. Zwar gibt es weiterhin ein mit den Mitgliedstaaten geteiltes Initiativrecht, es ist aber nun nicht mehr möglich, dass ein einzelner Mitgliedstaat eine Legislativinitiative startet, vielmehr ist ein Viertel der Mitgliedstaaten dafür notwendig. Ihrer Rolle als Hüterin der Verträge kann die Kommission nun auch im Bereich der PJZS gerecht werden. So kann sie Vertragsverletzungsverfahren gegen Mitgliedstaaten im Falle säumiger Umsetzung von Rechtsakten einleiten (nach Ablauf einer fünfjährigen Übergangsfrist). Ebenfalls gestärkt werden das EP, die nationalen Parlamente und der EuGH. Durch die im Lissabonner Vertrag vorgesehene Anwendung des ordentlichen Gesetzgebungsverfahrens auf die PJZS und auf den Bereich der legalen Anwendung wird das EP gestärkt. Es kann auch die Organisation und die Kompetenzen der EU-Agenturen Europol und Eurojust mitentscheiden. Auch in der auswärtigen Dimension des RFSR erhält das EP neue Rechte: Nunmehr sind alle internationalen Übereinkommen zustimmungspflichtig, die Bereiche betreffen, in denen sich der Erlass interner Vorschriften nach dem ordentlichen Gesetzgebungsverfahren oder Zustimmungsverfahren vollzieht (Art. 218 AEUV). Als bestes Beispiel bisher dient hierfür das umstrittene Abkommen zwischen der EU und den USA über den Austausch von Fluggastdaten. Diese neuen Rechte des EP bergen also durchaus Konfliktpotenzial mit dem über Jahre alleinig entscheidenden Rat.[48]

48 Vgl. etwa den Konflikt zwischen EP und Rat über den Zugang von Strafverfolgungsbehörden zum Visainformationssystem (VIS).

Nationalen Parlamenten kommt im Bereich der PJZS v. a. in Bezug auf die Subsidiaritätskontrolle besondere Bedeutung zu. Für eine Subsidiaritätsprüfung sind lediglich ein Viertel der Stimmen der nationalen Parlamente notwendig (anstelle eines Drittels wie in anderen Politikbereichen). Darüber hinaus erhalten nationale Parlamente besondere Informationsrechte in der ZJIP. Der EuGH erhält umfassende Zuständigkeit in der PJZS – er hat allerdings keine Zuständigkeit für die Überprüfung der Gültigkeit und Verhältnismäßigkeit von nationalen Strafverfolgungsbehörden. Nach Art. 10 des Protokolls Nr. 36 über die Übergangsbestimmungen gelten die Befugnisse des Gerichtshofs und der Kommission bezüglich der bereits angenommenen Rechtsakte allerdings erst fünf Jahre nach dem Inkrafttreten des Vertrags von Lissabon, also ab dem 1. Dezember 2014.

Im Bereich der institutionellen Neuerungen führt Lissabon einen ständigen Fachausschuss im Rat ein (COSI) (Art. 71 AEUV), bestehend aus Mitarbeitern der nationalen Ministerien. Hauptaufgabe des COSI ist es, die Koordinierung der operativen Maßnahmen der Mitgliedstaaten im Bereich der inneren Sicherheit zu erleichtern. Diese Koordinierungsrolle erstreckt sich u. a. auf die Zusammenarbeit der Polizei- und Zollbehörden, auf den Schutz der Außengrenzen sowie auf die justizielle Zusammenarbeit in Strafsachen. Der Ausschuss berichtet dem Rat in regelmäßigen Abständen über seine Tätigkeiten; dieser informiert seinerseits laufend das EP und die nationalen Parlamente.

Für einige Staaten ist die im Lissabonner Vertrag anvisierte Integration im Bereich der Justiz- und Innenpolitik zu weitreichend. Großbritannien, Irland und Dänemark behalten ihre weitgehende *opt-outs* in der Grenzschutz-, Asyl-, Einwanderungspolitik und der zivilrechtlichen Zusammenarbeit. Zusätzlich erhielten sie ein *opt-out* für die polizeiliche und strafrechtliche Zusammenarbeit (siehe z. B. Protokolle Nr. 21 und 22).

Die mit dem Vertrag von Amsterdam begonnene Supranationalisierung der europäischen Justiz- und Innenpolitik wird durch Lissabon fortgesetzt. Der Art. 67 Abs. 1 AEUV betont jedoch auch die Notwendigkeit der Wahrung nationaler Rechtsordnungen und Rechtstraditionen. Ziel ist also nicht eine vollkommene Harmonisierung, sondern eine effiziente Zusammenarbeit.

Weiterführende Literatur

Europäische Kommission (erscheint jährlich). *Gesamtbericht über die Tätigkeit der Europäischen Union*, Brüssel–Luxemburg: Amt für amtliche Veröffentlichung der EG.

Wallace, H./Pollack, M. A./Young, A. R. (Hg.) (2005). *Policy-Making in the European Union*, Oxford: Oxford University Press.

Wessels, W./Weidenfeld, W. (erscheint jährlich). *Jahrbuch der Europäischen Integration*, Bonn: Europa Union.

Websites

http://europa.eu/scadplus/scad_de.htm – Überblick auf die verschiedenen von der EU berührten Politikbereiche.

http://ec.europa.eu/index_de.htm – DG der Kommission.

http://www.consilium.europa.eu/homepage.aspx?lang=de – DG des Rates.

10 Literatur

Abromeit, H. (1998). *Democracy in Europe: legitimising politics in a non-state polity,* New York: Berghahn.

Akrill, R. W. (2000). CAP Reform 1999: A Crisis in the Making?, in: *Journal of Common Market Studies* 38/2, 343–353.

Alegre, S./Leaf, M. (2004). Mutual Recognition in European Judicial Co-operation: A Step Too Far Too Soon? Case Study – the European Arrest Warrant, in: *European Law Journal* 10/2, 200–217.

Alter, K. (1998). Explaining National Court Acceptance of European Court Jurisprudence: A Critical Evaluation of Theories of Legal Integration, in: A.-M. Slaughter/A. Stone Sweet/J. H. H. Weiler (Hg.). *The European Court and National Courts. Doctrine and Jurisprudence: Legal Change in its Social Context,* Oxford–Portland: Hart, 225–250.

Andersen, S. S./Burns, T. R. (1996). The European Union and the Erosion of Democracy: A Study of Post-Parliamentary Governance, in: S. Andersen/K. A. Eliassen (Hg.). *The European Union: How Democratic Is It?,* London: Sage, 227–252.

Andeweg, R. (1995). The Reshaping of National Party Systems, in: J. Hayward (Hg.). *The Crisis of Representation in Europe,* London: Cass 1995, 58–78.

Aspinwall, M. D./Schneider, G. (Hg.) (2001). *The Rules of Integration: Institutionalist Approaches to the Study of Europe,* New York: Manchester University Press.

Bach, M. (1999). *Die Demokratisierung Europas. Verwaltungseliten, Experten und demokratische Legitimation in Europa,* Frankfurt/M.: Campus.

Becker, P. (2006). Fortschreibung des Status quo – Die EU und ihr neuer Finanzrahmen Agenda 2007, in: *Integration* 29/2, 106–121.

Beetham, D./Lord, C. (1998). *Legitimacy and the EU,* London–New York: Longman.

Begg, I./Schelkle, W. (2004). Can Fiscal Policy Co-ordination be Made to Work Effectively?, in: *Journal of Common Market Studies* 42/5, 1047–1055.

Bellamy, R./Castiglione, D. (2000). Democracy, Sovereignty and the Constitution of the European Union: The Republican Alternative to Liberalism, in: Z. Bañkowski/A. Scott (Hg.). *The European Union and Its Order: The Legal Theory of European Integration,* Oxford: Blackwell, 169–190.

— /Castiglione, D. (2000a). The Normative Turn in European Union Studies: Legitimacy, Identity and Democracy, in: RUSEL 38 (http://www.ex.ac.uk/shipss/politics/research/rusel.htm).

Berger, P. L./Luckmann, T. (1966). *The Social Construction of Reality: A Treatise in the Sociology of Knowledge,* New York: Doubleday.

Bernhard, A. (2005). Das Industrieunfallrecht als Beispiel für die Umsetzung von EU-Recht im Umweltbereich in Österreich, in: B. Bapuly/S. Puntscher-Riekmann/P. Slominski (Hg.). *Europäisierung durch Recht: zwischen Anspruch und Wirklichkeit,* Baden-Baden: Nomos, 39–63.

Best, E. (2003). *Alternative Regulations or Complementary Methods? Evolving Options in European Governance,* Maastricht: Eipascope No. 1.

Beveridge, F./Nott, S. (1998). A hard look at soft law, in: P. Craig/C. Harlow (Hg.). *Lawmaking in the European Union,* London–The Hague–Boston: Kluwer, 285–309.

Beyme, K. v. (1992). Parlament, Demokratie, und Öffentlichkeit. Die Visualisierung demokratischer Grundprinzipien im Parlamentsbau, in: I. Flagge/W. J. Stock (Hg.). *Architektur und Demokratie. Bauen für die Politik von der amerikanischen Revolution bis zur Gegenwart,* Stuttgart: Hatje, 33–45.

— (1997). *Der Gesetzgeber. Der Bundestag als Entscheidungszentrum,* Opladen: Westdeutscher Verlag.

— /Sinnot, R./Svensson, P. (1998). *People and Parliament in the European Union: Participation, Democracy and Legitimacy,* Oxford: Clarendon.

— /Cotta, M. (Hg.) (2000). *The Nature of Party Government. A Comparative European Perspective,* London: Palgrave.

Bodewig, T./Voß, T. (2003). Die „offene Methode der Koordinierung" in der Europäischen Union – „schleichende Harmonisierung" oder notwendige „Konsentierung" zur Erreichung der Ziele der EU?, in: *Europarecht* 38/2, 310–326.

Bogdandy, A. v./Bast, J./Westphal, D. (2003). Die vertikale Kompetenzordnung im Entwurf des Verfassungsvertrags, in: *Integration* 26/3, 414–427.

Bogdanor, V. (1986). The Future of the European Community: Two Models of Democracy, in: *Government and Opposition* 22/2, 344–370.

Borrás, S./Jacobsson, K. (2004). The Open Method of Co-ordination and New Governance Patterns in the EU, in: *Journal of European Public Policy* 11/2, 185–208.

Böckenfoerde, E. (1999). *Staat, Nation, Europa. Studien zur Staatslehre, Verfassungstheorie und Rechtsphilosophie,* Frankfurt/M.: Suhrkamp.

Börzel, T. A. (2000). *Private Actors on the Rise? The Role of Non-State Actors in Compliance with International Institutions,* Preprints aus der Max-Planck-Projektgruppe Recht der Gemeinschaftsgüter Nr. 14, Bonn.

— (2001). Non-compliance in the European Union: pathology or statistical artefact?, in: *Journal of European Public Policy* 8/5, 803–824.

— (2002). Wenn sich Staaten nicht an die Regeln halten. Gewollte und ungewollte Regelverstöße gegen das EU-Gemeinschaftsrecht (http://web.fu-berlin.de/europa/forschung/dfg/projektantrag_dfg.pdf).

Bostock, D. (2002). Coreper Revisited, in: *Journal of Common Market Studies* 40/2, 215–234.

Brunn, G. (2002). *Die Europäische Einigung von 1945 bis heute,* Stuttgart: Reclam.

Bulmer, S. (1993). The Governance of the European Union: A New Institutionalist Approach, in: *Journal of Public Policy* 13/4, 351–380.

— (1985). The European Council's First Decade: Between Interdependence and Domestic Politics, in: *Journal of Common Market Studies* 23/2, 89–104.

Buto, M./Pench, L. R. (2004). Why Do Large Countries Flout the Stability Pact? And What Can be Done About it?, in: *Journal of Common Market Studies* 42/5, 1025–1032.

Chayes, A./Chayes, A. H. (1995). *The New Sovereignty. Compliance with International Agreements,* Cambridge, MA: Harvard University Press.

Checkel, J. (1999). Social construction and integration, in: *Journal of European Public Policy* 26/4, 545–560.

Christiansen, T. (1997). Tensions of European Governance: Politicised Bureaucracy and Multiple Accountability in the European Commission, in: *Journal of European Public Policy* 3/4, 435–452.

— (2001). The European Commission. Administration in turbulent times, in: J. Richardson (Hg.). *European Union. Power and Policy-Making,* London–New York: Routledge, 95–114.

Christoffersen, P. S. (2009). The Role of the European Council in Institutional and Policy Developments in the European Union, in: D. Phinnemore/A. Warleigh-Lack (Hg.). *Reflections on European Integration. 50 Years of the Treaty of Rome,* Houndmills: Palgrave Macmillan, 74–92.

Chryssochoou, D. N. (1998). *Democracy in the European Union,* London: Tauris Academic Studies.

Cini, M. (2001). The soft law approach: Commission rule-making in the EU's state aid regime, in: *Journal of European Public Policy* 8/2, 192–207.

Cipriani, G. (2011). *The EU Budget: Responsibility without Accountability?,* Centre for European Policy Studies.

Collier, D./Levitsky, S. (1992). Democracy with Adjectives: Conceptual Innovation in Comparative Research, in: *World Politics* 49/3, 430–451.

Corbett, R./Jacobs, F./Shackleton, M. (2011[8]). *The European Parliament,* London: Harper.

Coultrap, J. (1999). From parliamentarism to pluralism: models of democracy and the European Union's democratic deficit, in: *Journal of Theoretical Politics* 11/1, 107–135.

Craig, P. (2000). The Fall and Renewal of the Commission: Accountability, Contract and Administrative Organisation, in: *European Law Journal* 6/2, 98–116.

— /Harlow, C. (Hg.) (1998). *Lawmaking in the European Union,* London–The Hague–Boston: Kluwer Law International.

— /Búrca, G. d. (2003). *EU Law. Text, Cases, and Materials,* Oxford: Oxford University Press.

Cram, L. (2001). Whither the Commission? Reform, renewal and the issue-attention cycle, in: *Journal of European Public Policy* 8/5, 770–786.

Crum, B./Fossum, J. E. (2009). The Multilevel Parliamentary Field: a framework for theorizing representative democracy in the EU, in: *European Political Science Review* 1/2, 249–271.

Curtice, J. (1989). The 1989 European Elections: Protest or Green Tide?, in: *Electoral Studies* 8/3: 217–230.

Curtin, D. (1997). *Postnational Democracy. The European Union in Search for a Political Philosophy,* The Hague: Kluwer.

Dashwood, A. (2004). The Relationship between the Member States and the European Union/European Community, in: *Common Market Law Review* 41/2, 355–381.

Daugbjerg, C. (1999). Reforming the CAP, in: *Journal of Common Market Studies* 39/3, 407–428.

Decker, F. (2002). Governance Beyond the Nation-State: Reflections on the Democratic Deficit in the European Union, in: *Journal of European Public Policy* 9/2, 256–272.

Dehousse, F./Coussens, W./Grevi, G. (2004). *Integrating Europe. Multiple Speeds – One Directions?,* Brussels: European Policy Centre Working Paper Nr. 9.

Diedrichs, U. (2006). Europäische Kommission, in: W. Weidenfeld/W. Wessels (Hg.). *Europa von A bis Z. Taschenbuch der europäischen Integration,* Baden-Baden: Nomos, 150–159.

DiMaggio, P. J./Powell, W. W. (Hg.) (1991). *The Institutionalism in Organizational Analysis,* Chicago: University of Chicago Press.

Dinan, D. (1994). *An Ever Closer Union?,* Boulder: Rienner.

— (Hg.) (2006). *Origins and Evolution of the European Union,* Oxford: Oxford University Press.

Downs, G. W./Rocke, D. M./Barsoom, P. N. (1996). Is the Good News About Compliance Good News About Cooperation?, in: *International Organization* 50/3, 379–406.

Dyson, K. (2003). Die Wirtschafts- und Währungsunion als Prozess der Europäisierung: Konvergenz, Unterschiede und Unvorhersehbarkeit, in: M. Jachtenfuchs/B. Kohler-Koch (Hg.). *Europäische Integration,* Opladen: Leske + Budrich, 449–478.

Eberlein, B./Grande, E. (2003). Die Europäische Union als Regulierungsstaat: Transnationale Regulierungsnetzwerke und die Informalisierung des Regierens in Europa, in: M. Jachtenfuchs/B. Kohler-Koch (Hg.). *Europäische Integration,* Opladen: Leske + Budrich, 417–447.

Economist, The (1998). *Coreper, Europe's Managing Board,* 8. 8. 1998, 46.

Egeberg, M. (1999). Transcending Intergouvernmentalism? Identity and Role Perceptions of National Officials, in: *Journal of European Public Policy* 6/3, 456–474.

Eijk, C. v. d./Franklin, M. N. (1996). *Choosing Europe? The European Electorate and National Politics in the Face of Union,* Ann Arbor: University of Michigan Press.

Eiselt, I./Slominski, P. (2006). Sub-Constitutional Engineering: Negotiation, Content and Legal Value of Interinstitutional Agreements in the EU, in: *European Law Journal* 12/2, 209–225.

Eising, R./Kohler-Koch, B. (1999). Introduction. Network Governance in the European Union, in: B. Kohler-Koch/R. Eising (Hg.). *The Transformation of Governance in the European Union,* London–New York: Routledge, 3–13.

Enderlein, H. (2004). Break it, Don't Fix it!, in: *Journal of Common Market Studies* 42/5, 1039–1046.

Eriksen, O. E./Fossum, J. E. (Hg.) (2000). *Democracy in the European Union. Integration through Deliberation?,* London–New York: Routledge.

Europäische Kommission (erscheint jährlich). *Gesamtbericht über die Tätigkeit der Europäischen Union*, Brüssel–Luxemburg: Amt für amtliche Veröffentlichung der EG.

— (1985). *Vollendung des Binnenmarktes*, KOM(85) 310 endg., Brüssel.

— (1987). *Die Einheitliche Akte muss ein Erfolg werden – eine neue Perspektive für Europa*, KOM(1987) 100 endg., Brüssel.

— (1996). *Commission Report to the European Council on the Application of the Subsidiarity and Proportionality Principles, on Simplification and on Consolidation, 'Better Lawmaking'*, CSE (96).

— (1997). *Vierzehnter Jahresbericht über die Kontrolle der Anwendung des Gemeinschaftsrechts (1996)*, KOM(1997) 299 endg., Brüssel.

— (2000). *Die Reform der Kommission. Ein Weißbuch. Teil I*, KOM(2000) 200 endg./2.

— (2001). *Europäisches Regieren. Ein Weißbuch*, KOM(2001) 428 endg., Brüssel.

— (2002). Mitteilung der Kommission, Aktionsplan *Vereinfachung und Verbesserung des Regelungsumfelds*, KOM(2002) 278, Brüssel.

— (2002a). Mitteilung der Kommission an das Europäische Parlament und den Europäischen Bürgerbeauftragten über die *Beziehungen zum Beschwerdeführer bei Verstößen gegen das Gemeinschaftsrecht*, KOM(2002) 141 endg., Brüssel.

— (2002b). *Die Finanzverfassung der Europäischen Union*, Brüssel.

— (2002c). Mitteilung der Kommission, *Rahmenbedingungen für die europäischen Regulierungsagenturen*, KOM(2002) 718 endg., Brüssel.

— (2004). *Finanzierung der Europäischen Union. Bericht der Kommission über das Funktionieren des Eigenmittelsystems*, KOM(2004) 505 endg., Brüssel.

— (2004a). Mitteilung der Kommission an den Rat und das Europäische Parlament. *Stärkung der Economic Governance und Klärung der Umsetzung des Stabilitäts- und Wachstumspakts*, KOM(2004) 581, Brüssel.

— (2005). 22. Jahresbericht der Kommission über die Kontrolle der Anwendung des Gemeinschaftsrechts (2004), KOM(2005) 570 endg., Brüssel.

— (2005a). *Aufteilung der EU-Ausgaben 2004 nach Mitgliedstaaten*, Brüssel.

Europäisches Parlament (2001). *Tätigkeitsbericht 1. August 2000 bis 31. Juli 2001 der Delegationen im Vermittlungsausschuss*, PE 287.593 (http://www.europarl.eu.int/code/information/activity_reports/activity_report_2001_de.pdf).

— (2004). *Tätigkeitsbericht 1. Mai 1999 bis 30. April 2004 der Delegationen im Vermittlungsausschuss*, PE 287.644 (http://www.europarl.eu.int/code/information/activity_reports/activity_report_2004_de.pdf).

— (2009). Mitentscheidung und Vermittlung. Ein Leitfaden zur Arbeit des Parlaments als Mitgesetzgeber nach dem Vertrag von Lissabon, November 2009.
Europäischer Rat (1992). *Schlussfolgerungen des Vorsitzes des Europäischen Rates von Edinburgh,* 11./12. 12. 1992.
— (1993). *Schlussfolgerungen des Vorsitzes des Europäischen Rates von Kopenhagen,* 21./22. 6. 1993.
— (1999). *Schlussfolgerungen des Vorsitzes des Europäischen Rates von Tampere,* 15./16. 10. 1999.
— (2000). *Schlussfolgerungen des Vorsitzes des Europäischen Rates von Lissabon,* 23./24. 3. 2000.
— (2001). *Schlussfolgerungen des Vorsitzes des Europäischen Rates von Laeken,* 14./15. 12. 2001.
— (2002). *Schlussfolgerungen des Vorsitzes des Europäischen Rates von Sevilla,* 21./22. 6. 2002.
— (2005). *Schlussfolgerungen des Vorsitzes des Europäischen Rates von Brüssel,* 22./23. 3. 2005.
Everson, M. (1998). Beyond the Bundesverfassungsgericht. On the Necessary Cunning of Constitutional Reasoning, in: *European Law Journal* 4/4, 389–410.
Falkner, G. (2002). How intergovernmental are Intergovernmental Conferences? An example from the Maastricht Treaty reform, in: *Journal of European Public Policy* 9/1, 98–119.
— /Müller, W. C. (Hg.) (1998). *Österreich im europäischen Mehrebenensystem. Konsequenzen der EU-Mitgliedschaft für Politiknetzwerke und Entscheidungsprozesse,* Wien: Signum.
Fishkin, J. S. (1991). *Democracy and Deliberation: New Directions for Democratic Reform,* New Haven, CT: Yale University Press.
— (1995). *The Voice of the People: Public Opinion and Democracy,* New Haven, CT: Yale University Press.
Frenz, W. (2011). *Europarecht,* Berlin–Heidelberg: Springer.
Garret, G. (1992). International Cooperation and Institutional Choice: The European Community's Internal Market, in: *International Organization* 46/2, 533–558.
Gas, T. (2006). Die Verfassungswidrigkeit des Europäischen Haftbefehlgesetzes – gebotener Grundrechtsschutz oder euroskeptische Überfrachtung?, in: *Europarecht* 41/2, 285–298.
Gehler, M. (2010). *Europa. Ideen, Institutionen, Vereinigung,* München: Olzog.

Gehring, T./Krapohl, S. (2007). Supranational regulatory agencies between independence and control: the EMEA and the authorization of pharmaceuticals in the European Single Market, in: *Journal of European Public Policy* 14/2: 208–226.

Geradin, D./Petit, N. (2004). *The Development of Agencies at EU and National Levels: Conceptual Analysis and Proposals for Reform*, Jean Monnet Working Paper 1/04, New York.

Giering, C./Janning, J. (2001). Flexibilität als Katalysator der Finalität? Die Gestaltungskraft der „Verstärkten Zusammenarbeit" nach Nizza, in: *Integration* 24/2, 146–155.

Gil Ibañez, A. (1999). *The Administrative Supervision and Enforcement of EC Law: Powers, Procedure and Limits*, Oxford–Portland: Hart.

Gillingham, J. (2003). *European Integration, 1950–2003: Superstate or New Market Economy?*, Cambridge: Cambridge University Press.

Grabitz, E./Iliopoulos, C. (1984). Typologie der Differenzierungen und Ausnahmen im Gemeinschaftsrecht, in: E. Grabitz (Hg.). *Abgestufte Integration. Eine Alternative zum herkömmlichen Integrationskonzept?* Kehl/Rh.–Straßburg: Engel, 31–46.

Grande, E. (2000). Multi-Level Governance: Institutionelle Besonderheiten und Funktionsbedingungen des europäischen Mehrebenensystems, in: E. Grande/M. Jachtenfuchs (Hg.). *Wie problemlösungsfähig ist die EU Regieren im europäischen Mehrebenensystem*, Baden-Baden: Nomos, 11–30.

Green Cowles, M./Caporaso, J./Risse, T. (Hg.) (2001). *Transforming Europe. Europeanization and Domestic Change*, Ithaca–London: Cornell University Press.

Greenwood, J. (2003). *Interest Representation in the European Union*, Houndmills: Palgrave Macmillan.

Greven, M. T. (1998). Mitgliedschaft, Grenzen und politischer Raum: Problemdimensionen der Demokratisierung der Europäischen Union, in: B. Kohler-Koch (Hg.). *Regieren in entgrenzten Räumen*, Opladen: Westdeutscher Verlag, 249–270.

— /Pauly, L. W. (2000). *Democracy beyond the state?: The European dilemma and the emerging global order*, Lanham, Md.: Rowman & Littlefield.

Griffiths, R. (1990). Die Benelux-Staaten und die Schumanplan-Verhandlungen, in: L. Herbst/W. Bührer/H. Sowade (Hg.). *Vom Marshallplan zur EWG. Die Eingliederung der Bundesrepublik Deutschland in die westliche Welt*, München: Oldenbourg, 263–278.

Griller, S. (1997). *Grundzüge des Rechts der Europäischen Union*, Wien–New York: Springer.

Grimm, D. (1995). Does Europe Need a Constitution?, in: *European Law Journal* 1/3, 282–302.

Groeben, H. v. d. (1987). Aufgaben der Wissenschaft für die Orientierung einer europäischen Wirtschaftspolitik, in: P. R. Weilemann (Hg.). *Hans von der Groeben. Die Europäische Gemeinschaft und die Herausforderungen unserer Zeit. Aufsätze und Reden 1967–1987*, Baden-Baden: Nomos.

Groß, T. (2005). Die Kooperation zwischen europäischen Agenturen und nationalen Behörden, in: *Europarecht* 40/1, 54–68.

Gustavsson, S. (1998). Defending the democratic deficit, in: A. Weale/M. Nentwich (Hg.). *Political Theory and the European Union. Legitimacy, Constitutional Choice and Citizenship*, London–New York: Routledge, 63–80.

Haan, J. d./Eijffinger, S. C. W. (2000). The Democratic Accountability of the European Central Bank: A Comment on Two Fairy-tales, in: *Journal of Common Market Studies* 38/3, 393–407.

Haas, E. B. (1958). *The Uniting of Europe. Political, Social and Economic Forces 1950–1957*, Stanford: Stanford University Press.

Habermas, J. (1992). *Faktizität und Geltung. Beiträge zur Diskurstheorie des Rechts und des demokratischen Rechtsstaats*, Frankfurt/M.: Suhrkamp.

— (1999). Drei normative Modelle der Demokratie, in: J. Habermas. *Die Einbeziehung des Anderen. Studien zur politischen Theorie*, Frankfurt/M.: Suhrkamp.

Hall, P. A. (1986). *Governing the Economy: The Politics of State Intervention in Britain and France*, New York: Oxford University Press.

— /Taylor, R. C. R. (1996). Political Science and the Three New Institutionalisms, in: *Political Studies* 44/4, 936–957.

Haltern, U. (2005). *Europarecht. Dogmatik im Kontext*, Tübingen: Mohr Siebeck.

— (2007²). *Europarecht. Dogmatik im Kontext*, Tübingen: Mohr Siebeck.

Hanrieder, W. (1995²). *Deutschland, Europa, Amerika. Die Außenpolitik der Bundesrepublik Deutschland 1949–1994*, Paderborn: Schöningh.

Harratsch, A./Koenig, C./Pechstein, M. (2010⁷). *Europarecht*, Tübingen: Mohr Siebeck.

Hayes-Renshaw, F./Aken, W. v./Wallace, H. (2006). When and Why the EU Council of Ministers Votes Explicitly, in: *Journal of Common Market Studies* 44/1, 161–194.

— /Wallace, H. (2006²). *The Council of Ministers*, Houndsmills: Palgrave Macmillan.

Heipertz, M./Verdun, A. (2005). The SGP – Theorizing a Case in European Integration, in: *Journal of Common Market Studies* 43/5, 985–1008.

Henderson, D. (1998). The UK Presidency: An Insider's View, in: *Journal of Common Market Studies* 36/4, 563–572.

Herdegen, M. (2011). *Europarecht,* München: Beck.

Hix, S. (1998). The Study of the European Union II: The "new governance" agenda and its rivals, in: *Journal of European Public Policy* 5/1, 38–65.

— (1998a). Elections, Parties and Institutional Design: A Comparative Perspective on European Union Democracy, in: *West European Politics* 21/3, 19–52.

— (1999). Dimensions and Alignments in European Union Politics: Cognitive Constraints and Partisan Responses, in: *European Journal of Political Research* 35/1, 69–106.

— (2001). Legislative Behaviour and Party Competition in the European Parlament. An Application of Nominate to the EU, in: *Journal of Common Market Studies* 39/4, 663–688.

— (2002). Constitutional-Agenda-Setting Through Discretion in Rule Interpretation: Why the European Parliament Won at Amsterdam, in: *British Journal of Political Sciences* 32/2, 259–280.

— (2003). Parteien, Wahlen und Demokratie in der EU, in: M. Jachtenfuchs/ B. Kohler-Koch (Hg.). *Europäische Integration,* Opladen: Leske + Budrich, 151–180.

— (2005). *The Political System of the European Union,* Houndmills: Palgrave Macmillan.

— /Lord, C. (1997). *Politcial Parties in the European Union,* London: Macmillan.

— /Noury, A./Roland, G. (2002). A "Normal" Parliament?: Party Cohesion and Competition in the European Parliament 1979–2001, in: EPRG *Working Paper* Nr. 9.

— /Noury, A./Roland, G. (2005). Powers to the Parties: Cohesion and Competition in the European Parliament 1979–2001, in: *British Journal of Political Science* 35/2, 209–234.

— /Noury, A./Roland, G. (2006). Dimensions of Politics in the European Parliament, in: *American Journal of Political Science* 50/2: 494–511.

— /Noury, A./Roland, G. (2007). *Democratic Politics in the European Parliament,* Cambridge: Cambridge University Press.

Hoffmann, S. (1966). Obstinate or Obsolete? The Fate of the Nation-State and the Case of Western Europe, in: *Daedalus* 3, 862–915.

— (1982). Reflections on the Nation-State in Western Europe Today, in: *Journal of Common Market Studies* 21/1,2, 21–37.

— (1995). *The European Sisyphus. Essays on Europe, 1964–1994,* Boulder, Col.: Westview.

Holzinger, K. (2005). Institutionen und Entscheidungsprozesse der EU, in: K. Holzinger et al. *Die Europäische Union. Theorien und Analysekonzepte,* Paderborn: Schöningh, 81–152.

— et al. (2005). *Die Europäische Union. Theorien und Analysekonzepte,* Paderborn: Schöningh.

Hooghe, L. (2001). *The European Commission and the Integration of Europe. Images of Governance,* Cambridge: Cambridge University Press.

— /Marks, G. (2001). *Multilevel Governance and European Integration,* Oxford: Rowman & Littlefield.

Hummer, W./Obwexer, W. (1999). Die „EU-Ratspräsidentschaft", in: *Europarecht* 34/4, 409–451.

— /Obwexer, W. (1999a). Der „geschlossene" Rücktritt der Europäischen Kommission. Von der Nichtentlastung für die Haushaltsführung zur Neuernennung der Kommission, in: *Integration* 22/2, 77–94.

Hurd, I. (1999). Legitimacy and Authority in International Politics, in: *International Organization* 53/2, 379–408.

Inglehart, R. (1973). Public Opinion and Regional Integration, in: L. N. Lindberg/S. N. Scheingold (Hg.). *Regional Integration, Theory and Research,* Cambridge, Mass.: Harvard University Press, 160–191.

Jachtenfuchs, M. (1998). Democracy and Governance in the European Union, in: *European Integration Online Papers* 1(2).

— /Diez, T./Jung, S. (1998). Which Europe? Conflicting Models of a Legitimate European Order, in: *European Journal of International Relations* 4/4, 409–445.

— /Kohler-Koch, B. (2004). Governance and Institutional Development, in: A. Wiener/T. Diez (Hg.). *European Integration Theory,* Oxford: Oxford University Press, 97–115.

Jacqué, J. P. (2003²). *Droit institutionnel de l'Union européenne,* Paris: Dalloz.

— (2010). Der Vertrag von Lissabon – neues Gleichgewicht oder institutionelles Sammelsurium, in: *Integration* 2, 103–116.

Jann, W./Wegrich, K. (2003). Phasenmodell und Politikprozesse. Der Policy Cycle, in: K. Schubert/N. C. Bandelow (Hg.). *Lehrbuch der Politikfeldanalyse,* München–Wien: Oldenbourg, 71–104.

Januschkowetz, E. (2003). *Das Demokratieproblem der Europäischen Union. Der Stufenbau der Staatsgewalt als Lösung,* Wien: Manz.

Joerges, C. (1996). Taking the Law Seriously: On Political Science and the Role of Law in the Process of European Integration, in: *European Law Journal* 2/2, 105–135.

Judge, D./Earnshaw, D. (2003). *The European Parliament,* Houndmills: Palgrave Macmillan.

Judt, T. (2005), *Postwar. A History of Europe since 1945,* London: Penguin.

Jupille, J./Caporaso, J. (1999). Institutionalism and the European Union: Beyond International Relations and Comparative Politics, in: *Annual Review of Political Science* 2, 429–444.

Kassim, H. (2004). The Secretariat General of the European Commission, 1958–2003, in: A. Smith (Hg.). *Politics and the European Commission. Actors, Interdependency, Legitimacy,* London–New York: Routledge, 47–66.

Katzenstein, P. J. (1993). Coping with Terrorism: Norms and Internal Security in Germany and Japan, in: J. Goldstein/R. O. Keohane (Hg.). *Ideas and Foreign Policy. Beliefs, Institutions and Political Change,* Ithaca: Cornell University Press, 265–296.

Kielmansegg, P. (2003^2). Integration und Demokratie, in: M. Jachtenfuchs/Kohler-Koch, B. (Hg.). *Europäische Integration,* Opladen: Leske + Budrich, 49–84.

Kietz, D./Maurer, A. (2006). Von Schengen nach Prüm. Sogwirkung verstärkter Kooperation und Anzeichen der Fragmentierung in der EU, in: *SWP-Aktuell* 24.

— /Maurer, A. (2007). The European Parliament in Treaty Reform: Predefining IGCs through Interinstitutional Agreements, in: *European Law Journal 13/1,* 20–46.

King, A. (1976). Modes of Executive – Legislative Relations: Greta Britain, France and West Germany, in: *Legislative Studies Quearterly* 1/1, 11–36.

Kirchhof, P. (2001). Demokratie ohne parlamentarische Gesetzgebung?, in: *Neue Juristische Wochenschrift* 18, 1332–1334.

Knill, C. (2005). Die EU und die Mitgliedstaaten, in: K. Holzinger et al. *Die Europäische Union. Theorien und Analysekonzepte,* Paderborn: Schöningh, 153–180.

Knipping, F. (2004). *Rom, 25. März 1957. Die Einigung Europas. 20 Tage im 20. Jahrhundert,* München: dtv.

Koenig, C./Haratsch, A. (2003). *Europarecht,* Tübingen: Mohr Siebeck.

Kohler-Koch, B./Schmidberger, M. (1996). Integrationstheorien, in: D. Nohlen (Hg.). *Lexikon der Politik,* Bd. 5, München: Beck, 152–162.

— /Conzelmann, T./Knodt, M. (2004). *Europäische Integration – Europäisches Regieren,* Wiesbaden: VS.

— /Rittberger, B. (2006). *The "Governance" Turn in EU Studies,* Arena Seminar, 23. 5. 2006 (http://www.arena.uio.no/events/seminarpapers/2006/KohlerKoch_May06.pdf).
— /Rittberger, B. (2007). *Debating the Democratic Legitimacy of the European Union,* Lanham: Rowman & Littlefied.
— /Quittkat, C. (2011). *Die Entzauberung partizipativer Demokratie. Zur Rolle der Zivilgesellschaft bei der Demokratisierung von EU-Governance,* Frankfurt/M.–New York: Campus.
Kok, W., et al. (2004). *Facing the Challenge: The Lisbon Strategy for Growth and Enlargement: Report of the High Level Group,* Brussels: European Commission.
Kreppel, A. (2002). *The European Parliament and the Supranational Party System: A Study in Institutional Development,* Cambridge: Cambridge University Press.
Kröger, S. (2009). The Open Method of Coordination: Underconceptualisation, Overdetermination, De-Politicisation and Beyond, in: *European Integration Online Papers,* Special Issue 1, Vol. 13, Art. 5.
Kuhlmann, K. (1997). *Die Haushaltsdisziplin in den Europäischen Gemeinschaften,* Sinzheim: Pro Universitate.
Küsters, H. (1988). Die Verhandlungen über das institutionelle System zur Gründung der Europäischen Gemeinschaft für Kohle und Stahl, in: K. Schwabe (Hg.). *Die Anfänge des Schuman Plans 1950/51 – The Beginnings of the Schumann Plan,* Baden-Baden: Nomos, 73–102.
Laffan, B. (1997). *The Finances of the European Union,* Houndsmills: Macmillan.
— (2000). The big budgetary bargains: from negotiation to authority, in: *Journal of European Public Policy* 7/5, 725–743.
— /Lindner, J. (2005). The Budget, in: H. Wallace/W. Wallace/M. A. Pollack (Hg.). *Policy-Making in the European Union,* Oxford: Oxford University Press, 191–212.
— /Lindner, J. (2010⁶). The Budget: Who Gets What, When, and How?, in: H. Wallace/M. A. Pollack/A. R. Young (Hg.). *Policy-Making in the European Union,* Oxford: Oxford University Press, 207–228.
Läufer, T. (1990). *Die Organe der EG – Rechtsetzung und Haushaltsverfahren zwischen Kooperation und Konflikt. Ein Beitrag zur institutionellen Praxis der EG,* Bonn: Europa Union.
Le Cacheux, J. (2005). *European Budget: the poisonous budget rebate debate,* Notre Europe, Studies & Research No. 41.
Lempp, J. (2006). *"Coreper enlarged". Coreper and Council Working Parties after Enlargement,* Workshopbeitrag Committee governance in an enlarged European Union, Central European University, Budapest, 6. 5. 2006.

— (2007). "Coreper enlarged": how Enlargement Affected the Functioning of the Committee of Permanent Representatives, in: *European Political Economy Review* 6, 32–52.

— /Altenschmidt, J. (2008). The Prevention of Deadlock through Informal Processes of "Supranationalization": The Case of Coreper, in: *Journal of European Integration* 30/4, 511–526.

Lenaerts, K. (2004). "In the Union We Trust": Trust Enhancing Principles of Community Law, in: *Common Market Law Review* 41/2, 317–343.

Lewis, J. (1998). *The Institutional Problem-Solving Capacities of the Council: The Committee of Permanent Representatives and the Methods of Community,* MPIfG Discussion Paper 98/1.

— (2000). The Methods of Community in EU Decision-Making and Administrative Rivalry in the Council's Infrastructure, in: *Journal of European Public Policy* 7/2, 261–289.

Lijphart, A. (1999). *Patterns of Democracy: Government Forms and Performances in Thirty-Six Countries,* New Haven: Yale University Press.

Lindberg, L. (1963). *The Political Dynamics of European Economic Integration,* Stanford: Stanford University Press.

— /Scheingold, S. (Hg.) (1970). *Europe's Would-Be Polity: Patterns of Change in the European Community,* Englewood Cliffs: Prentice Hall.

Linder, J. (2006). *Conflict and Change in EU Budgetary Politics,* London: Routledge.

Linsenmann, I./Meyer, C. (2002). Dritter Weg, Übergang oder Teststrecke? Theoretische Konzeption und Praxis der offenen Politikkoordinierung, in: *Integration* 25/4, 285–296.

Lipgens, W. (Hg.) (1986). *45 Jahre Ringen um die Europäische Verfassung. Dokumente 1939–1984,* Bonn: Europa Union.

Lodge, J. (1996). The European Parliament, in: S. S. Andersen/K. Eliassen (Hg.). *The European Union. How democratic is it?,* London: Sage, 187–214.

Lord, C. (1998). *Democracy in the European Union,* Sheffield: Sheffield Academic.

— (2001). Democracy in a Contested Polity, in: *Journal of Common Market Studies* 39/4, 641–661.

— (2010). The aggregating function of political parties in EU decision-making, in: *Living Reviews in European Governance* 5/3 (http://www.living reviews. org/lreg-2010-3).

Lorenzmeier, S. (2011[4]). *Europarecht. Schnell Erfasst,* Heidelberg: Springer.

Loth, W. (1996[3]). *Der Weg nach Europa. Geschichte der europäischen Integration 1939–1957,* Göttingen: Vandenhoeck & Ruprecht.

— (2002). *Entwürfe einer europäischen Verfassung. Eine historische Bilanz,* Bonn: Europa Union.

Ludlow, P. (1998). The 1998 UK Presidency: A View from Brussels, in: *Journal of Common Market Studies* 36/4, 573–583.

Magnette, P. (2005). *What is the European Union? Nature and Prospect,* Houndmills: Palgrave Macmillan.

Majone, G. (1996). *Regulating Europe,* London: Routledge.

— (1996a). Theories of regulation, in: G. Majone (Hg.). *Regulating Europe,* London: Routledge, 28–46.

— (1996b). Regulatory legitimacy, in: G. Majone (Hg.). *Regulating Europe,* London: Routledge, 284–301.

— (1997). From the positive to the Regulatory state, in: *Journal of Public Policy* 17/2, 139–167.

— (1998). Europe's "Democratic" Deficit: The Question of Standards, in: *European Law Journal* 4/1, 5–28.

— (2000). The Credibility Crises of Community Regulation, in: *Journal of Common Market Studies* 38/2, 273–302.

— (2002). Delegation of Regulatory Powers in a Mixed Polity, in: *European Law Journal* 8/3, 319–339.

March, J./Olsen, J. (1989). *Rediscovering Institutions. The Organizational Basis of Politics,* New York: Free.

Marks, G./Hooghe, L./Blank, K. (1996). European Integration from the 1980s: State-Centric v. Multiple-Level Governance, in: *Journal of Common Market Studies* 34/3, 341–378.

Marsh, M./Mikhaylov, S. (2010). European Parliament elections and EU governance, in: *Living Reviews in European Governance* 5/4 (http://www.livingreviews.org/lreg-2010-4).

Maurer, A. (2001). *Parlamentarische Demokratie in der Europäischen Union. Der Beitrag des Europäischen Parlaments und der nationalen Parlamente,* Baden-Baden: Nomos.

— (2002). *Trainer Programm EU.* Carl Duisberg Gesellschaft e.V.

— (2002a). *Parlamentarische Demokratie in der Europäischen Union. Der Beitrag des Europäischen Parlamentes und der nationalen Parlamente,* Baden-Baden: Nomos.

— (2002b). *Parlamentarische Demokratie in der Europäischen Union: Der Beitrag des Europäischen Parlaments und der Parlamente der Mitgliedstaaten,* Baden-Baden: Nomos.

— (2006). *Nachsitzen, Sitzenbleiben oder Klassenverweis? Realisierungsperspektiven für den Europäischen Verfassungsvertrag,* Berlin: Stiftung Wissenschaft und Politik.

— /Wessels, W. (Hg.) (2001). *National Parliaments on the Ways towards Europe: Losers or Latecomers?,* Baden-Baden: Nomos.

— /Kietz, D./Völkel, C. (2005). Interinstitutional Agreements in the CFSP: Parliamentarization through the Back Door?, in: *European Foreign Affairs Review* 10/2, 175–195.

Mazey, S./Richardson, J. (1997). The Commission and the lobby, in: G. Edwards/D. Spence (Hg.). *The European Commission,* London: Cartermill International, 178–198.

Milward, A. (1984). *The Reconstruction of Western Europe 1945–1951,* London: Methuen.

— (1994). *The European Rescue of the Nation State,* London: Routledge.

Mitrany, D. (1943). *A Working Peace System: An Argument for the Functional Development of International Organization,* London: Royal Institute of International Affairs.

Moberg, A. (2002). The Nice Treaty and Voting Rules in the Council, in: *Journal of Common Market Studies* 40/2, 259–282.

Monar, J. (2002). Justice and Home Affairs, in: G. Edwards/G. Wiessala (Hg.). *Journal of Common Market Studies. Annual Review of the EU 2001/2002,* Oxford: Blackwell, 121–136.

Monnet, J. (1988). *Erinnerungen eines Europäers,* Baden-Baden: Nomos.

Moravcsik, A. (1993). Preferences and Power in the European Community. A Liberal Intergouvernmentalist Approach, in: *Journal of Common Market Studies* 31/4, 473–524.

— (1998). *The Choice for Europe. Social Purpose and State Power from Messina to Maastricht,* Ithaca: Cornell University Press.

— (1999). Is something rotten in the state of Denmark? Constructivism and European integration, in: *Journal of European Public Policy* 6/4, 669–681.

— (2002). In Defence of the "Democratic Deficit": Reassessing Legitimacy in the European Union, in: *Journal of Common Market Studies* 40/4, 603–624.

Morgenthau, H. (1985[6]). *Politics Among Nations: The Struggle for Power and Peace,* New York: Knopf.

Mosler, H. (1966). Die Entstehung des Modells supranationaler und gewaltenteilender Staatenverbindungen in den Verhandlungen über den Schuman-Plan, in: E. v. Caemmerer/H. Schlochauer/E. Steindorff (Hg.). *Probleme des Europaeischen Rechts. Festschrift für Walter Hallstein zu seinem 65. Geburtstag,* Frankfurt/M.: Klostermann.

Neunreither, K. (1994). The democratic deficit of the European Union: Towards closer cooperation between the European Parliament and the national Parlaments, in: *Government and Opposition* 29/3, 299–314.

Nicoll, W. (1986). From Rejection to Repudiation: EC Budgetary Affairs in 1985, in: *Journal of Common Market Studies* 25/1, 31–49.

— (1988). The Long March of the EC's 1988 Budget, in: *Journal of Common Market Studies* 27/2, 161–169.

— (1994). Representing the States, in: A. Duff/J. Pinder/R. Pryce (Hg.). *Maastricht and Beyond. Building the European Union,* London: Routledge, 190–206.

Nohlen, D./Schulze, O. R. (Hg.) (2004). *Lexikon der Politikwissenschaft,* Bd. 2, N–Z, München: Beck.

Norris, P. (1997). Representation and the democratic deficit, in: *European Journal of Political Research* 32/2, 273–282.

North, D. C. (1990). *Institutions, Institutional Change and Economic Performance,* Cambridge: Cambridge University Press.

Nugent, N. (2001). *The European Commission,* Houndmills: Palgrave.

— (2003^5). *The Government and Politics of the European Union,* Houndmills: Palgrave Macmillan.

Öhlinger, T./Potacs, M. (2001). *Gemeinschaftsrecht und staatliches Recht. Die Anwendung des Europarechts im innerstaatlichen Bereich,* Wien: Orac.

Page, E. (1997). *People who run Europe,* Oxford: Clarendon.

Pappi, F./Henning, C. (1999). The Organization of Influence on the EC's Common Agricultural Policy: A Network Approach, in: *European Journal of Political Research* 33, 257–281.

Peters, B. G. (2001). Agenda-setting in the European Union, in: J. Richardson (Hg.). *European Union. Power and policy-making,* London–New York: Routledge, 77–94.

— (2008). *The Two Futures of Governing. Decentering and Recentering Processes in Governing,* Institute for Advanced Studies: Vienna.

Peterson, J./Shackleton, M. (2006^2). *The Institutions of the European Union,* Oxford: Oxford University Press.

Pierson, P. (1996). The Path to European Integration: a Historical Institutionalist Analysis, in: *Comparative Political Studies* 29/2, 123–163.

— (2000). Increasing Returns, Path Dependence, and the Study of Politics, in: *American Political Science Review* 94/2, 251–267.

Piris, J.-C. (2000). *Does the European Union have a Constitution? Does it need one?*, Harvard Jean Monnet Working Paper No. 5.

Pollack, M. A. (1996). The New Institutionalism and EU Governance: The Promise and Limits of Institutionalist Analysis, in: *Governance* 9/4, 429–458.

— /Ruhlman, M. (2009). The Heroic Age of European Integration is Over: Institutional And Policy Developments, 1957–2007, in: D. Phinnemore/ A. Warleigh-Lack (Hg.). *Reflections on European Integration. 50 Years of the Treaty of Rome*, Houndmills: Palgrave Macmillan, 43–73.

Pollak, J. (2007). *Repräsentation ohne Demokratie?*, Wien–New York: Springer.

— /Puntscher-Riekmann, S. (2002). Small States and Big States in the European Union, in: G. Bischof/A. Pelinka (Hg.). *Austria in the EU – a first evaluation after five years* (Contemporary Austrian Studies Vol. X), New Brunswick: Transaction, 67–91.

— /Slominski, P. (2003). Influencing EU Politics? The Case of the Austrian Parliament, in: *Journal of Common Market Studies* 41/3, 707–729.

— /Slominski, P. (2006). *Das politische System der EU*, Wien: WUV/UTB.

— /Slominski, P. (2009). Zwischen De- und Reparlamentarisierung: Der österreichische Nationalrat und seine Mitwirkungsrechte in EU-Angelegenheiten, in: *Österreichische Zeitung für Politikwissenschaft* 2, 193–212.

Pujas, V. (2003). The European Anti-Fraud Office (OLAF): a European policy to fight against economic and financial fraud, in: *Journal of European Public Policy* 10/5, 778–797.

Radaelli, C. (2003). *The Open Method of Coordination: A New Governance Architecture for the European Union?*, Swedish Institute for European Policy Studies No. 1.

Reif, K./Schmitt, H. (1980). Nine Second Order National Elections: A Conceptual Framework for the Analysis of European Election Result, in: *European Journal of Political Research* 8/1, 3–44.

— (1984). National Electoral Cycles and European Elections, in: *Electoral Studies* 3, 244–255.

— (1994). Ein Ende des „Permissive Consensus“? Zum Wandel europapolitischer Einstellungen in der öffentlichen Meinung der EG-Mitgliedstaaten, in: R. Hrbek (Hg.). *Der Vertrag von Masstricht in der wissenschaftlichen Kontroverse*, Baden-Baden: Nomos, 23–40.

Rieger, E. (2005[5]). Agricultural Policy. Constrained Reforms, in: H. Wallace/ W. Wallace/M. Pollack (Hg.). *Policy-Making in the European Union*, Oxford: Oxford University Press, 161–190.

Riker, W. (1980). Implications from the disequilibrium of majority rule for the study of institutions, in: *American Political Science Review* 74/2, 432–446.

Risse, T. (2003). The Euro between National and European Identity, in: *Journal of European Public Policy* 10/4, 487–505.

— et al. (1999). To Euro or Not to Euro? The EMU and Identity Politics in the European Union, in: *European Journal of International Relations* 5/2, 147–187.

Rittberger, B. (2003). The Creation and Empowerment of the European Parliament, in: *Journal of Common Market Studies* 41/2, 203–225.

— /Schimmelfennig, F. (2005). Integrationstheorien. Entstehung und Entwicklung der EU, in: K. Holzinger et al. *Die Europäische Union. Theorien und Analysekonzepte*, Paderborn: Schöningh, 19–80.

Rosamond, B. (2000). *Theories of European Integration*, Houndsmills: Macmillan.

Saeter, M. (1974). *Europa politisch. Alternativen, Modelle und Motive der Integrationspolitik*, Berlin: Berlin.

Sandholtz, W. (1996). Membership Matters: Limits of the Functional Approach to European Institutions, in: *Journal of Common Market Studies* 34/3, 403–429.

— /Stone Sweet, A. (Hg.) (1998). *European Integration and Supranational Governance*, Oxford: Oxford University Press.

Scharpf, F. W. (1985). Die Politikverflechtungs-Falle. Europäische Integration und deutscher Föderalismus im Vergleich, in: *Politische Vierteljahresschrift* 26/4, 323–356.

— (1995). Demokratische Politik in Europa, in: *Staatswissenschaften und Staatspraxis* 6/4, 565–591.

— (1999). *Regieren in Europa. Effektiv und demokratisch?*, Frankfurt/M.–New York: Campus.

Schmidt, M. G. (1994). Nationale Politikprofile und Europäische Integration, in: O. Gabriel/F. Brettschneider (Hg.). *Die EU-Staaten im Vergleich. Strukturen, Prozesse, Politikinhalte*, Opladen: Westdeutscher Verlag, 422–439.

— (2000[3]). *Demokratietheorien. Eine Einführung*, Opladen: Leske + Budrich.

Schmitter, P. C. (1969). Three Neo-Functional Hypotheses about International Integration, in: *International Organization* 23/1, 161–167.

— (2004). Neo-Functionalism, in: A. Wiener/T. Diez. *European Integration Theory*, Oxford: Oxford University Press, 45–73.

Schneider, H. (1977). *Leitbilder der Europapolitik 1. Der Weg zur Integration,* Bonn: Europa Union.
— (1998). Schlussbetrachtung: Zur Diskussion differenzierter Integration, in: F. Breuss/S. Griller (Hg.). *Flexible Integration in Europa. Einheit oder „Europa à la carte"?,* Wien–New York: Springer, 229–254.
Schoutheete, P. d. (2002). The European Council, in: J. Peterson/M. Shackleton (Hg.). *The Institutions of the European Union,* Oxford: Oxford University Press, 21–46.
Schwarze, J. (2011). Soft Law im Recht der Europäischen Union, in: *Europarecht,* 46/1, 3–18.
Schweitzer, M. (2000[7]). *Staatsrecht III. Staatsrecht, Völkerrecht, Europarecht,* Heidelberg: Müller.
— /Hummer, W. (1996[5]). *Europarecht,* Neuwied: Luchterhand.
Sciarra, S. (1999). The Employment Title in the Amsterdam Treaty: A Multi-Language Legal Discourse, in: D. O'Keefe/P. Twomey (Hg.). *Legal Issues of the Amsterdam Treaty,* Oxford–Portland: Hart 157–170.
Seidelmann, R. (1995). Democracy Building in the European Union. Conditions, Problems, and Options, in: M. Télo (Hg.). *Démocratie et Construction Européenne,* Brüssel: Ed. de l'Univ. de Bruxelles, 73–89.
Senden, L. (2004). *Soft Law in European Community Law,* Oxford–Portland: Hart.
Settembri, P. (2005). Transparency and the EU Legislator, in: *Journal of Common Market Studies* 43/3, 607–636.
Shackleton, M. (2000). The Politics of Codecision, in: *Journal of Common Market Studies* 38/2, 325–342.
Shepsle, K. (1989). Institutional equilibrium and equilibrium institutions, in: H. Weisberg (Hg.). *Political Science: The Science of Politics,* New York: Agathon, 51–81.
Siedentopf, H./Ziller, J. (1988). *L'Europe des Administrations? La mise en oeuvre de la législation communautaire dans les Etats membres,* 2 Bde., Bruxelles: Bruylant.
Smith, B. P. G. (2002). *Constitution Building in the European Union. The process of Treaty Reform,* The Hague–London–New York: Kluwer Law International.
Smith, J. (1999). *Europe's Elected Parliament,* Sheffield: Sheffield Academic Press UACES.
Snyder, F. (1990). *New Directions in European Community Law,* London: Weidenfeld & Nicolson.
— (1993). The Effectiveness of European Community Law, in: *Modern Law Review* 56/1, 19–54.

— (1994). Soft Law and Institutional Practice in the European Community, in: S. Martin (Hg.). *The Construction of Europe. Essays in Honour of Emile Noël,* Dordrecht–Boston–London: Kluwer, 197–225.

— (1999). EMU Revisited: Are we Making a Constitution? What Constitution are we making?, in: P. Craig/G. d. Búrca (Hg.). *The Evolution of EU Law,* Oxford: Oxford University Press, 417–477.

Spence, D. (2000). Plus ça change, plus c'est la meme chose? Attempting to reform the European Commission, in: *Journal of European Public Policy* 7/1, 1–25.

— (2006[3]). *The European Commission,* London: Harper.

Stirk, P. M./Weigall, D. (Hg.) (1999). *The Origins and Development of European Integration. A Reader and Commentary,* London: Pinter.

Stone Sweet, A. (2000). *Governing with Judges. Constitutional Politics in Europe,* Oxford: Oxford University Press.

— (2004). *The Judicial Construction of Europe,* Oxford: Oxford University Press.

— /Sandholtz, W. (1997). European Integration and Supranational Governance, in: *Journal of European Public Policy* 4/3, 297–317.

— /Sandholtz, W./Fligstein, N. (Hg.) (2001). *The Institutionalization of Europe,* Oxford: Oxford University Press.

Streinz, R. (2005[7]). *Europarecht,* Heidelberg: Müller.

Stubb, A. (1996). A Categorization of Differentiated Integration, in: *Journal of Common Market Studies* 34/2, 283–295.

— /Wallace, H./Peterson, J. (2003). The Policy-Making Process, in: E. Bomberg/A. Stubb (Hg.). *The European Union: How Does It Work?,* Oxford: Oxford University Press, 136–156.

Tallberg, J. (2004). The Power of the Presidency: Brokerage, Efficiency and Distribution in EU Negotiations, in: *Journal of Common Market Studies* 42/5, 999–1022.

Thomassen, J./Schmitt, H. (1999). Introduction: Political Representation and Legitimacy in the European Union, in: H. Schmitt/J. Thomassen (Hg.). *Political Representation and Democratic Legitimacy in the European Union,* Oxford: Oxford University Press, 3–21.

Thun-Hohenstein, C./Cede, F./Hafner, G. (2005). *Europarecht. Ein systematischer Überblick mit den Auswirkungen des Vertrages von Nizza,* Wien: Manz.

Tsebelis, G. (2002). *Veto Players. How Political Institutions Work,* Princeton: Princeton University Press.

Tuytschaever, F. (1999). *Differentiation in European Union Law,* Oxford–Portland: Hart.

Vos, E. (2005). Independence, Accountability and Transparency of European Regulatory Agencies, in: D. Geradin/R. Muñoz/N. Petit (Hg.). *Regulation through Agencies in the EU. A New Paradigm of European Governance,* Cheltenham: Elgar, 120–137.

Wallace, H. (1993). European Governance in Turbulent Times, in: *Journal of Common Market Studies* 31/3, 293–303.

— (1996). Government without Statehood, in: H. Wallace/W. Wallace (Hg.). *Policy-Making in the European Union,* Oxford: Oxford University Press, 439–460.

— (2005). An Institutional Anatomy and Five Policy Modes, in: H. Wallace/W. Wallace/M. A. Pollack (Hg.). *Policy-Making in the European Union,* Oxford: Oxford University Press, 49–90.

— /Smith, J. (1995). Democracy or Technocracy? European Integration and the Problem of Popular Consent, in: J. Hayward (Hg.). *The Crises of Representation in Europe,* London: Cass, 137–157.

— /Pollack, M. A./Young, A. R. (Hg.) (2005). *Policy-Making in the European Union,* Oxford: Oxford University Press.

Wallace, W. (Hg.) (1990). *The Dynamics of European Integration,* London: Pinter.

Walker, N. (1998). Sovereignty and Differentiated Integration in the European Union, in: *European Law Journal* 4/4, 355–388.

Weiler, J. H. H. (1995). *Democracy and Federalismus in European Integration,* Bern: Staempfli.

— (1998). European models: Polity, people and system, in: P. Craig/C. Harlow (Hg.). *Lawmaking in the European Union,* London: Kluwer, 3–31.

— (1999). *The Constitution of Europe. "Do the new clothes have an emperor?" and other essays on European integration,* Cambridge: Cambridge University Press.

— (2001). Federalism Without Constitutionalism: Europe's Sonderweg, in: K. Nicolaidis/R. Howse (Hg.). *The Federal Vision. Legitimacy and Levels of Governance in the United States and the European Union,* Oxford: Oxford University Press, 54–70.

— (2002). A Constitution for Europe? Some Hard Choices, in: *Journal of Common Market Studies* 40/4, 563–580.

— /Haltern, U./Mayer, F. (1995). European Democracy and Its Critique, in: *West European Politics* 18/3, 4–39.

Wessels, W. (1992). Staat und (westeuropäische) Integration. Die Fusionsthese, in: M. Kreile (Hg.). *Die Integration Europas,* PVS Sonderheft 23, Opladen: Westdeutscher Verlag, 36–61.

Wessels, W. (2000). *Die Öffnung des Staates. Modelle und Wirklichkeit grenzüberschreitender Verwaltungspraxis 1960–1995*, Opladen: Leske + Budrich.

— (2008). *Das politische System der Europäischen Union*, Wiesbaden: VS.

— /Weidenfeld, W. (erscheint jährlich). *Jahrbuch der Europäischen Integration*, Bonn: Europa Union.

Westlake, M. (1994). *A Modern Guide to the European Parliament*, London: Pinter.

— (1997). "Mad Cows and Englishmen" – The Institutional Consequences of the BSE Crisis, in: *Journal of Common Market Studies* 35/Annual Review, 11–36.

— /Galloway, D. (2004). *The Council of the European Union*, London: Harper.

Wiener, A. (1998). *"European" Citizenship Practice: Building Institutions of a Non-state*, Boulder, Col., Westview.

— /Diez, T. (2004). *European Integration Theory*, Oxford: Oxford University Press.

— /Diez, T. (2009^{2}). *European Integration Theory*, Oxford: Oxford University Press.

Williams, S. (1991). Sovereignty and Accountability in the European Community, in: R. O. Keohane/S. Hoffmann (Hg.). *The New European Community: Decisionmaking and Institutional Change*, Boulder: Westview (erstmals in: *Political Quarterly* 61/3, 299–317).

Wincott, D. (1995). Institutional Interaction and European Integration: Towards an Everyday Critique of Liberal Intergovernmentalism, in: *Journal of Common Market Studies* 33/4, 597–609.

— (1998). Does the European Union Pervert Democracy? Questions of Democracy in New Constitutionalist Thought on the Future of Europe, in: *European Law Journal* 4/4, 411–428.

Zürn, M./Joerges, C. (Hg.) (2005). *Law and Governance in Postnational Europe. Compliance Beyond the Nation-State*, Cambridge: Cambridge University Press.

Zweifel, T. D. (2002). …Who is without sin cast the first stone: the EU's democratic deficit in comparison, in: *Journal of European Public Policy* 9/5, 812–840.

11 Tabellen und Schaubild

12 Abkürzungen

ABl.	Amtsblatt der Europäischen Gemeinschaften; seit 1. Februar 2003 Amtsblatt der EU
AdR	Ausschuss der Regionen
AEUV	Vertrag über die Arbeitsweise der Europäischen Union
AStV	Ausschuss der Ständigen Vertreter (der Mitgliedstaaten) (= COREPER)
BIP	Bruttoinlandsprodukt
BNE	Bruttonationaleinkommen
BVerfG	(deutsches) Bundesverfassungsgericht
BVerfGE	Entscheidung des (deutschen) Bundesverfassungsgerichts
bzw.	beziehungsweise
CDU	Christdemokratische Union
CEEP	Europäischer Zentralverband der öffentlichen Wirtschaft (Centre européen des entreprises à participation publique et des entreprises d'intérêt économique général)
COPA	Ausschuss der berufsständischen landwirtschaftlichen Organisationen der Europäischen Union
COREPER	Comité des représentants permanents (= AStV)
COSAC	Konferenz der Europaausschüsse (Conférence des Organes Spécialisés en Affaires Communautaires)
d.h.	das heißt
EAG	Europäische Atomgemeinschaft (= EURATOM)
EAGFL	Europäischer Ausrichtungs- und Garantiefonds für die Landwirtschaft
ECU	European Currency Unit

EEA	Einheitliche Europäische Akte
EFRE	Europäischer Fonds für Regionale Entwicklung
EFTA	Europäische Freihandelsassoziation (European Free Trade Area)
EG	Europäische Gemeinschaft
EGB	Europäischer Gewerkschaftsbund (European Trade Unions Confederation, ETUC)
EGKS	Europäische Gemeinschaft für Kohle und Stahl
EGV	Vertrag zur Gründung der Europäischen Gemeinschaft
EMRK	Europäische Menschenrechtskonvention
endg.	endgültig
EP	Europäisches Parlament
EPG	Europäische Politische Gemeinschaft
EPU	Europäische Politische Union
EPZ	Europäische Politische Zusammenarbeit
ERT	European Round Table of Industrialists
ESF	Europäischer Sozialfonds
ESVP	Europäische Sicherheits- und Verteidigungspolitik
ESZB	Europäisches System der Zentralbanken
EU	Europäische Union
EuG	Gericht (vormals: Gericht erster Instanz der Europäischen Gemeinschaften)
EuGH	Gerichtshof (vormals: Gerichtshof der Europäischen Gemeinschaften)
EUMC	European Union Military Committee
EURATOM	Europäische Atomgemeinschaft (= EAG)
Europol	Europäisches Polizeiamt
Eurojust	Europäische Stelle für justizielle Zusammenarbeit
Eurostat	Statistisches Amt der Europäischen Gemeinschaften
EUV	EU-Vertrag
EVG	Europäische Verteidigungsgemeinschaft
EVP-ED	Fraktion der Europäischen Volkspartei (Christdemokraten) und Europäische Demokraten
EWG	Europäische Wirtschaftsgemeinschaft
EWGV	Vertrag zur Gründung der Europäischen Wirtschaftsgemeinschaft
EWI	Europäisches Währungsinstitut
EWS	Europäisches Währungssystem
EZB	Europäische Zentralbank

f., ff.	folgende(n)
FIAF	Finanzinstrument für die Ausrichtung der Fischerei
FBI	Federal Bureau of Investigation
GASP	Gemeinsame Außen- und Sicherheitspolitik
GAP	Gemeinsame Agrarpolitik
GATT	Allgemeines Zoll- und Handelsabkommen (General Agreement of Tariffs and Trade)
GD	Generaldirektion(en)
GG	(deutsches) Grundgesetz
GOEP	Geschäftsordnung des Europäischen Parlamentes (16. Auflage, ABl. 2005 L 44/1)
GOR	Beschluss des Rates vom 22. März 2004 zur Festlegung seiner Geschäftsordnung (2004/338/EG, Euratom)
i. V. m.	in Verbindung mit
IWF	Internationaler Währungsfonds
lit.	litera
MEP	Mitglied(er) des Europäischen Parlaments (EP-Abgeordnete)
Mio.	Millionen
Mrd.	Milliarden
NATO	Nordatlantikpakt (North Atlantic Treaty Organisation)
NGOs	Nicht-Regierungsorganisationen (Non-Governmental Organisations)
NRA	Nationale Regulierungsagentur(en)
OEEC	Organisation für Europäische Wirtschaftliche Zusammenarbeit (Organisation for European Economic Cooperation)
OLAF	Europäisches Amt für Betrugsbekämpfung (Office européen de lutte anti-fraude)
OSZE	Organisation für Sicherheit und Zusammenarbeit in Europa
PJZS	Polizeiliche und justizielle Zusammenarbeit in Strafsachen
PSK	Politisches und sicherheitspolitisches Komitee

RFSR	Raum der Freiheit, der Sicherheit und des Rechts
RL	Richtlinie
Rn.	Randnummer
Rs.	Rechtssache
Slg.	Sammlung der Rechtsprechung des EuGH
sog.	so genannte
SPE	Fraktion der Sozialdemokratischen Partei Europas
SWP	Stabilitäts- und Wachstumspakt
TEN	Transeuropäische Netze
TREVI	Terrorisme, Radicalisme, Extremisme et Violence Internationale
u. a.	unter anderem
UAPME	Europäischer Verband für Handwerk und kleine und mittlere Unternehmen (Union Européenne de l'Artisanat et des Petites et Moyennes Entreprises
UdSSR	Union der Sozialistischen Sowjetrepubliken (Sowjetunion)
UNICE	Union der Industrie- und Arbeitgeberverbände in Europa (Union des Industries de la Communauté européenne) (seit 2007 Businesseurope)
v. a.	vor allem
verb.	verbundene
VO	Verordnung
VVE	Vertrag über eine Verfassung für Europa
WEU	Westeuropäische Union
WSA	Wirtschafts- und Sozialausschuss
WTO	Welthandelsorganisation (World Trade Organisation)
WWU	Wirtschafts- und Währungsunion
Z	Ziffer
z. B.	zum Beispiel
zit. n.	zitiert nach

13 Glossar

Acquis communautaire (Gemeinschaftlicher Besitzstand): Der gemeinschaftliche Besitzstand umfasst das gesamte EU-Recht (Primärrecht, Sekundärrecht, ungeschriebenes Recht), die Judikatur des Gerichtshofes, die im Rahmen der Union angenommenen Erklärungen und Entschließungen sowie die von der Gemeinschaft geschlossenen internationalen Abkommen. Die Übernahme des *acquis communautaire* ist eine zentrale Voraussetzung, um der EU beizutreten.

AStV (Ausschuss der Ständigen Vertreter): Der AStV – oder Coreper (Comité des représentants permanents) – besteht aus Botschaftern der Mitgliedstaaten bei der EU. Seine Aufgabe besteht in der Vorbereitung der Ratsentscheidungen sowie der Koordinierung der zahlreichen Fachausschüsse. Der AStV operiert auf zwei Ebenen: Während sich im AStV I die Stellvertreter der Ständigen Vertreter mit fachspezifischen Inhalten beschäftigen, behandelt der AStV II auf der Ebene der Ständigen Vertreter grundsätzliche Fragen.

COSAC (Conférence des Organes spécialisés en Affaires communautaires): Konferenz der Europaausschüsse, die sich aus Vertretern der Europaausschüsse der nationalen Parlamente der EU-Mitgliedstaaten und Vertretern des Europäischen Parlaments (EP) zusammensetzt. Jeder Mitgliedstaat der EU und das Europäische Parlament (EP) ist mit sechs, die Beitrittskandidaten mit je drei parlamentarischen Beobachtern vertreten. Erstmals verankert im Protokoll Nr. 9 zum Vertrag von Amsterdam. Die COSAC kann jeden ihr zweckmäßig erscheinenden Beitrag für die Organe der EU zur Kenntnis bringen und Vorschläge im Zusammenhang mit der Errichtung eines Raums der Freiheit, der Sicherheit und des Rechts prüfen sowie Überlegungen zur Rechtsetzung der Union, v. a. über die Anwendung des Subsidiaritätsprinzips, vorlegen.

Delors-I-Paket, Delors-II-Paket: Die auf den damaligen Präsidenten der Europäischen Kommission zurückgehende Reform des EU-Haushalts

(Delors-I-Paket) führte im Jahre 1988 einen mehrjährigen Finanzrahmen (finanzielle Vorausschau), eine Begrenzung der Agrarausgaben und die Aufstockung der Strukturfonds ein. Zusätzlich wurde eine auf dem BSP (nunmehr: BNE) der Mitgliedstaaten basierende vierte Einnahmenkategorie eingeführt. Das Delors-I-Paket beendete die jahrelangen Haushaltsstreitigkeiten zwischen Rat und EP. Das Delors-II-Paket (1992) festigte die Reform von 1988 und unterstützte die Umsetzung des Vertrags von Maastricht.

Diskriminierungsverbot: Der AEU-Vertrag (Art. 18) kennt ein allgemeines und umfassendes Diskriminierungsverbot aus Gründen der Staatsangehörigkeit. Ergänzt wurde es durch den Vertrag von Amsterdam dahingehend, dass nun der Rat darüber hinausgehende Vorkehrungen gegen Diskriminierungen aus Gründen des Geschlechts, der Rasse, der ethnischen Herkunft, der Religion oder der Weltanschauung, einer Behinderung, des Alters oder der sexuellen Ausrichtung treffen kann (nunmehr Art. 10 AEUV).

ECOFIN: Der Rat „Wirtschaft und Finanzen" (Ecofin) tagt einmal monatlich und beschäftigt sich mit der Koordinierung der Wirtschaftspolitik, der EU-Haushaltspolitik, den öffentlichen Finanzen der Mitgliedstaaten, der Steuerkoordination und den Finanzbeziehungen zu Drittstaaten. Die Finanzminister jener Mitgliedstaaten, die den Euro als Währung eingeführt haben, treffen sich informell bereits einen Tag vor dem Ecofin-Rat, um Fragen der WWU zu erörtern.

Europäische Agenturen: Die selbständigen, durch Sekundärrechtsakt eingerichteten Agenturen haben primär spezifisch technische, wissenschaftliche und verwaltungstechnische Aufgaben. Es wird zwischen Regulierungsbehörden und sonstigen Regulierungstellen, EURATOM-Agenturen und -Einrichtungen, Exekutivagenturen und Finanzaufsichtsbehörden unterschieden. Sie haben ihren Standort in verschiedenen Mitgliedstaaten. Die Aufgabenbereiche reichen von der Erleichterung des Binnenmarktes (z. B. Europäische Behörde für Lebensmittelsicherheit), der Förderung des sozialen Dialogs auf europäischer Ebene (z. B. Europäisches Zentrum für die Förderung der Berufsbildung), der Durchführung von EU-Programmen (z. B. Europäische Agentur für den Wiederaufbau), der spezifischen Beobachtung (z. B. Grundrechte-Agentur) bis zu der 2011 geschaffenen Europäischen Bankenaufsichtsbehörde.

Europäische Atomgemeinschaft (EAG): Die 1957 gemeinsam mit der EWG gegründete EAG zielt auf die Kontrolle und Koordinierung der zivilen

Nuklearwirtschaft in den Mitgliedstaaten. Mit dem Fusionsvertrag von 1965 wurden die Organe von EWG, EAG und EGKS zusammengelegt.

Europäische Gemeinschaft für Kohle und Stahl (EGKS): 1951 als erste der Europäischen Gemeinschaften zwischen Deutschland, Frankreich, Italien und den Benelux-Ländern gegründet. Nach Ablauf der Vertragslaufzeit der auch Montanunion genannten EGKS wurden ihre Regeln am 23. Juli 2003 in den EGV übernommen.

Europäischer Stabilitätsmechanismus (ESM): Der Vertrag zur Einrichtung des ESM wurde am 21. Juli 2011 auf einem Gipfeltreffen von den 17 Mitgliedstaaten der Eurozone unterzeichnet und soll bis Mitte 2012 von den Parlamenten der einzelnen Staaten ratifiziert werden. Er wird dann als offizielles Instrument den im Mai 2010 als Provisorium gegründeten Europäischen Stabilisierungsmechanismus ablösen. Mitgliedstaaten, die aufgrund außergewöhnlicher Ereignisse, die sich ihrer Kontrolle entziehen, von Schwierigkeiten betroffen sind, können um finanziellen Beistand im Rahmen des Mechanismus ersuchen. Ein solcher Fall kann z. B. bei einer Verschlechterung der internationalen Wirtschafts- und Finanzlage eintreten. Mittels Notkrediten und Haftungsgarantien wird überschuldeten Mitgliedstaaten über temporäre Zwangslagen hinweggeholfen. Die Inanspruchnahme des ESM ist an die Verpflichtung des Mitgliedstaates gebunden, makroökonomische Anpassungsprogramme und eine nachhaltige Staatsschuldenreduktion zu unternehmen. Darüber hinaus muss eine enge technische und finanzielle Zusammenarbeit mit dem Internationalen Währungsfonds erfolgen.

Europol: Die Aufgaben des im Jahr 1999 gegründeten Europäischen Polizeiamts mit Sitz in Den Haag sind in erster Linie die Bekämpfung der organisierten Kriminalität und des Terrorismus. Dies soll durch eine Koordinierung und Unterstützung (z. B. durch Informationsaustausch) der Strafverfolgungsaktivitäten der Mitgliedstaaten erfolgen. Europol führt derzeit keine eigenständigen Ermittlungen durch.

Finalität: Die europäische Integration ist im Wesentlichen als ein Prozess zu verstehen. Seit Beginn wird jedoch auch die Frage nach der endgültigen politischen und geografischen Gestalt – ihre Finalität – diskutiert. Zwei Extrempunkte können bestimmt werden: die Entwicklung der EU zu einer Föderation oder zu einer intergouvernementalen Staatengemeinschaft.

Flexible Integration: Flexible Integration ist ein Überbegriff für Formen der Zusammenarbeit einiger Mitgliedstaaten in einem bestimmten Politikbereich. Sie wird dann aktuell, wenn einige Mitgliedstaaten weitergehende Vertiefungsschritte befürworten, andere diese jedoch ablehnen. Beispiele dafür sind die WWU und das Schengener Abkommen. Erst mit dem Vertrag von Amsterdam wurde die flexible Integration durch die Aufnahme der Bestimmungen über eine „verstärkte Zusammenarbeit" primärrechtlich verankert. Andere Bezeichnungen für flexible Integration sind etwa „Europa à la carte", „Europa mit variabler Geometrie", „Europa der unterschiedlichen Geschwindigkeiten".

Gemeinschaftsmethode: Das Zusammenwirken der Organe im Rahmen der Ersten Säule (EG) wird Gemeinschaftsmethode genannt. Sie zeichnet sich aus durch (1) Initiativmonopol der Kommission, (2) Beschlüsse werden im Mitentscheidungsverfahren gemeinsam von Rat (mit qualifizierter Mehrheit) und vom EP (mit einfacher Mehrheit) gefasst, (3) der EuGH wahrt die Rechtsstaatlichkeit. Die Gemeinschaftsmethode unterscheidet sich wesentlich von intergouvernementalen und politikkoordinierenden Entscheidungsprozessen.

Grünbuch: Diskussionspapiere der Europäischen Kommission zu einem spezifischen Thema mit dem Zweck, auf diesem Gebiet eine öffentliche und wissenschaftliche Diskussion herbeizuführen und grundlegende politische Ziele in Gang zu setzen. Häufig werden eine Reihe von Ideen oder Fragen aufgeworfen und Einzelne sowie Organisationen zu Beiträgen aufgefordert. Der nächste Schritt ist oft ein Weißbuch, welches offizielle Vorschläge zusammenfasst.

Grundfreiheiten: Das Ziel der früheren EG-Vertrages (nunmehr: AEUV) war es, einen Gemeinsamen Markt zu schaffen und damit wirtschaftliche Schranken zu beseitigen. Im Zentrum steht die Verwirklichung der vier Grundfreiheiten, nämlich des freien Warenverkehrs, des freien Personenverkehrs, der Dienstleistungsfreiheit und des freien Kapitalverkehrs.

Grundrechtecharta: Die Charta wurde am 7. Dezember 2000 in Nizza proklamiert und durch einen Konvent aus Vertretern der nationalen Regierungen, der nationalen Parlamente, des EP und der Kommission ausgearbeitet. Diese Rechte sind von den Organen und Institutionen der Union ebenso wie von den Mitgliedstaaten zu achten und zu garantieren, wenn sie EU-Recht umsetzen. Die Charta ist seit Lissabon rechtsverbindlich. Ausnahmen gibt es derzeit noch für Polen, Tschechische Republik und das Vereinigte Königreich.

Harmonisierung: Um die Funktionsfähigkeit des Binnenmarktes zu gewährleisten, sollten – primär durch Richtlinien – die Rechtsvorschriften der Mitgliedstaaten angeglichen werden. Angesichts des für notwendig erachteten Harmonisierungsumfanges modifizierte die Kommission Mitte der 1980er Jahre ihre Strategie und betonte verstärkt die Bedeutung des Prinzips der gegenseitigen Anerkennung. Möglich wurde dies durch das Cassis-de-Dijon-Urteil des EuGH im Jahre 1979.

Hoher Vertreter der Union für die Außen- und Sicherheitspolitik: Im Vertrag von Amsterdam (1997) wurde festgelegt, dass der Generalsekretär des Rates in Personalunion auch das Amt des Hohen Vertreters für GASP übernimmt. Der Hohe Vertreter ist einer der Vizepräsidenten der Kommission und gleichzeitig Vorsitzender des Rates für Auswärtige Angelegenheiten. In seinen Verantwortungsbereich fällt die Gestaltung der Außen- und Sicherheitspolitik, worin er von einem Europäischen Auswärtigen Dienst unterstützt wird.

Konvergenzkriterien: Der Vertrag von Maastricht (1992) sieht zur Verwirklichung der Wirtschafts- und Währungsunion (WWU) vier Kriterien vor, die jeder Mitgliedstaat, der an der Eurozone teilnehmen will, erfüllen muss. (1) Das öffentliche Defizit darf drei Prozent des Bruttoinlandsprodukts nicht überschreiten und der öffentliche Schuldenstand darf nicht mehr als 60 Prozent des Bruttoinlandsprodukts betragen. (2) Der Grad an Preisstabilität muss anhaltend hoch sein und die durchschnittliche Inflationsrate darf um nicht mehr als 1,5 Prozentpunkte über der Inflationsrate der drei Mitgliedstaaten liegen, die auf dem Gebiet der Preisstabilität das beste Ergebnis erzielt haben. (3) Der durchschnittliche langfristige Nominalzinssatz darf um nicht mehr als zwei Prozentpunkte über dem entsprechenden Satz in den drei Mitgliedstaaten liegen, die auf dem Gebiet der Preisstabilität das beste Ergebnis erzielt haben. (4) Die im Rahmen des Wechselkursmechanismus vorgesehenen normalen Bandbreiten müssen zumindest in den letzten zwei Jahren vor der Prüfung ohne starke Spannungen eingehalten worden sein. Über die ökonomische Bedeutung und Sinnhaftigkeit der Kriterien zur Sicherung der wirtschaftlichen Zusammenhalts der Euroländer herrscht unter Wirtschaftswissenschaftlern Uneinigkeit.

Kopenhagener Kriterien (Beitrittskriterien): Der Europäische Rat von Kopenhagen formulierte 1993 drei Kriterien, die potenzielle Beitrittsländer erfüllen müssen. Erstens müssen Demokratie, Rechtsstaatlichkeit, Menschenrechte und Minderheitenschutz durch stabile politische Institutionen gewährleistet sein. Zweitens muss eine funktionsfähige Marktwirtschaft vorhanden sein und die Fähigkeit, dem Wettbewerbsdruck und den Marktkräften innerhalb der Union standzuhalten. Drittens muss der *acquis cummunautaire* vollständig übernommen und die Ziele der Union unterstützt werden.

Lissabon-Strategie: Im März 2000 durch den Rat beschlossen, sollte die Lissabon-Strategie dazu beitragen, Europa bis zum Jahr 2010 zum wettbewerbsfähigsten und dynamischsten wissensbasierten Wirtschaftsraum der Welt machen. Um dieses Ziel zu erreichen, wurde die Lissabon-Strategie initiiert. Sie umfasst Bereiche wie beschäftigungspolitische Maßnahmen, Strukturreformen, Forschung, Bildung und Mobilität. 2003 wurde als Optimierung die „Europäische Aktion für Wachstum" verabschiedet. Ein Zwischenbericht im Jahr 2004 kritisierte den mangelnden Reform- und Investitionswillen der Mitgliedsländer. Im Jahr 2010 wurde als Nachfolgder die „Europa 2020"-Strategie verabschiedet. Ziel ist intelligentes, nachhaltiges und integratives Wachstum mit einer besseren Koordinierung der nationalen und europäischen Wirtschaft.

Luxemburger Kompromiss: Frankreich wollte den im EWGV vorgesehenen Übergang von einstimmigen Entscheidungen zu Mehrheitsabstimmungen nicht akzeptieren. Darüber hinaus konnte im Juli 1965 bezüglich der europäischen Agrarfinanzierungen keine Einigkeit erzielt werden. Dies nutzte Frankreich unter Präsident de Gaulle dazu, seinen Vertreter aus dem Rat zurückzuziehen *(Politik des leeren Stuhls)*, um eine Entscheidung zu verhindern. Diese Krise wurde durch den Luxemburger Kompromiss beigelegt. Dieser sah als rechtlich unverbindliche Übereinkunft vor, dass ein Staat in für ihn „sehr wichtigen Interessen" nicht überstimmt werden soll, sondern „die Erörterung fortgesetzt werden muss, bis ein einstimmiges Einvernehmen erzielt worden ist" (siehe Schlusskommuniqué der außerordentlichen Tagung des Ministerrats, Luxemburg, 29. Januar 1966). Mit diesem Kompromiss wurde das Einstimmigkeitserfordernis de facto festgeschrieben. Erst Mitte der 1980er Jahre wurden die Beschlussfassungen mit qualifizierter Mehrheit nach und nach auf weitere, immer wichtigere Bestimmungen ausgedehnt, sodass Mehrheitsbeschlüsse inzwischen die übliche Abstimmungsform sind und die Einstimmigkeitsbeschlüsse zur Ausnahme geworden sind.

Petersberger Erklärung: Die Petersberger Erklärung (Juni 1992) durch den WEU-Ministerrat sieht vor, dass die WEU künftig nicht nur im Auftrag der UNO oder OSZE Einsätze durchführen, sondern unter bestimmten Bedingungen auch Frieden schaffende Kampfeinsätze vornehmen kann.

Schengener Abkommen: Das in der luxemburgischen Stadt Schengen unterzeichnete Abkommen (1985) und Übereinkommen (1990) zielt darauf ab, die Kontrollen zwischen den Grenzen der Unterzeichnerstaaten aufzuheben. Während nicht alle EU-Mitgliedstaaten zurzeit Vertragspartner von Schengen sind, erstreckt sich der Schengenraum auch auf die Nicht-EU-Mitglieder Norwegen und Island. Diese außerhalb der Verträge entstandene Form der flexiblen Integration wurde durch den Vertrag von Amsterdam in den EU-Vertrag überführt. Die Freizügigkeit des Personenverkehrs wurde jedoch durch den Aufbau des Schengener Informationssystems ergänzt, das einen umfassenden Datenaustausch zwischen den Unterzeichnerstaaten hinsichtlich gesuchter Personen und Gegenstände ermöglicht.

Stabilitäts- und Wachstumspakt: Der für die dritte Stufe der WWU vorgesehene Stabilitäts- und Wachstumspakt soll die Haushaltsdisziplin der beteiligten Mitgliedstaaten auch nach Einführung des Euro sicherstellen. Die Mitgliedstaaten haben sich dabei zu einem mittelfristigen Haushaltsziel eines nahezu ausgeglichenen oder einen Überschuss aufweisenden Haushalts verpflichtet. Weiters ist vorgesehen, dass der Rat im Falle eines übermäßigen Haushaltsdefizits eines Mitgliedstaates gegen diesen Sanktionen verhängen kann.

Subsidiarität: Das Prinzip der Subsidiarität besagt, dass politische Entscheidungen auf einer möglichst niedrigen Ebene fallen sollen. Es wurde durch den Vertrag von Maastricht in das Gemeinschaftsrecht aufgenommen. Der diesbezüglich einschlägige Art. 5 EU-Vertrag normiert, dass in jenen Bereichen, die nicht in die ausschließliche Zuständigkeit der Gemeinschaft fallen, diese nur dann tätig werden darf, wenn die Ziele der betreffenden Maßnahme auf mitgliedstaatlicher Ebene nicht ausreichend erreicht werden können und sie daher wegen ihres Umfanges oder ihrer Wirkung besser auf Gemeinschaftsebene erreicht werden können. Durch den Vertrag von Lissabon erhalten die nationalen Parlamente einige Mitwirkungsmöglichkeiten bei der Überwachung der Einhaltung des Subsidiaritätsprinzips.

Unionsbürgerschaft: Als Unionsbürger gilt, wer die Staatsangehörigkeit eines Mitgliedstaates besitzt. Die Unionsbürgerschaft umfasst folgende Rechte: das Recht, sich im gesamten Gebiet der Union frei zu bewegen und aufzuhalten; das aktive und passive Wahlrecht bei Kommunalwahlen sowie bei den Wahlen zum Europäischen Parlament in dem Mitgliedstaat, in dem er seinen Wohnsitz hat; den diplomatischen und konsularischen Schutz im Hoheitsgebiet eines dritten Landes, in dem der Mitgliedstaat, dessen Staatsangehörigkeit er besitzt, nicht vertreten ist;

das Petitionsrecht und das Recht, sich an den Europäischen Bürgerbeauftragten zu wenden. Die Unionsbürgerschaft tritt nicht an die Stelle der Staatsangehörigkeit, sondern ergänzt sie.

Vertrag über eine Verfassung für Europa (VVE): Der VVE wurde durch einen Konvent zur Zukunft Europas – zusammengesetzt aus Vertretern der Staats- und Regierungschefs (15), Vertretern der nationalen Parlamente der Mitgliedstaaten (30), Vertretern des EP (16) und Vertretern der Kommission (2) – im Juli 2003 abgeschlossen und von der Regierungskonferenz 2003/04 verabschiedet. Die damaligen zehn mittel- und osteuropäischen Länder waren ebenfalls jeweils mit einem Vertreter des Staats- oder Regierungschefs und mit jeweils zwei Parlamentariern vertreten. Sie hatten dieselben Rechte, konnten einen etwaigen Konsens jedoch nicht verhindern. Der VVE diente dem Zweck, die Verträge der EU zu konsolidieren, die Handlungsinstrumente und Verfahren zu vereinfachen sowie die Transparenz der Entscheidungsfindung zu erhöhen. Die Diskussion, inwieweit diese Ziele erreicht wurden, sind ebenso noch im Gange wie die Frage, ob die EU eine Verfassung benötigt. Der VVE konnte durch die negativen Referenden in Frankreich (Mai 2005) und den Niederlanden (Juni 2005) nicht ratifiziert werden.

Weißbuch: Die von der Kommission veröffentlichen Weißbücher enthaltenen konzeptionelle Vorschläge zu bestimmten Politikbereichen. Sie knüpfen zum Teil an Grünbücher an, die einen Konsultationsprozess auf europäischer Ebene in Gang setzen.

Westeuropäische Union (WEU): Die WEU entstand aus dem 1954 zur Verteidigung gegen Deutschland geschaffenen Brüsseler Pakt (1948). Ihre Aufgaben umfassen primär die Beistandspflicht im Falle eines Angriffs auf Europa sowie die Wahrung der Sicherheit und des Friedens in Europa. Sie umfasst 28 Mitglieder mit unterschiedlichem Status: Mitgliedstaaten, assoziierte Mitglieder, Beobachter und assoziierte Partner. Zehn Länder der EU-15 sind Mitgliedstaaten, die fünf übrigen Länder – Österreich, Dänemark, Finnland, Irland und Schweden – haben Beobachterstatus. Die sechs assoziierten Mitglieder sind Ungarn, Island, Norwegen, Polen, die Tschechische Republik und die Türkei. Die sieben assoziierten Partner schließlich sind Bulgarien, Estland, Lettland, Litauen, die Slowakei, Slowenien und Rumänien. Durch die Entwicklung eigener verteidigungspolitischer Strukturen und Kapazitäten der EU im Rahmen der ESVP werden die Aufgaben der WEU schrittweise auf die EU übertragen. 2011 wurde die WEU aufgelöst, ihre Aufgaben von der EU übernommen.

14 Index